Helmut Lammer / Marion Lammer

SCHWARZE FORSCHUNGEN

Helmut Lammer / Marion Lammer

SCHWARZE FORSCHUNGEN

Geheime Versuche unter Ausschluß der Öffentlichkeit

Mit 48 meist farbigen Fotos,
4 Tabellen, 26 Textdokumenten
und 15 Zeichnungen

Herbig

Bildnachweis:

Fotos:

Archiv Autoren: 1–6, 11–13, 15, 16, 20, 23, 26, 27, 29–31, 33, 34, 37, 38, 41–44, 46; Dr. Richard Boylan: 32; Blanche Chavoustie: 24, 28; FAS: Vor- und Nachsatz / Weltraum-Laserwaffe; GEO: 36; Linda Moulton Howe: 39; Janine Jones: 25, 47, 48; Melinda Leslie: 40; Michelle: 21, 22; NASA: 19; Dr. Richard Sauder: 7, 8; Christa Tilton: 35; US Air Force: 9, 10, 17, 45; US Air Force/Paul Dimare: 18; Wissenschaft ohne Grenzen: 14.

Abbildungen:

ACHES-MC: 6, 9–13, 16–18, 22, 28–30, 35, 38–40, 41, 44; Archiv Autoren: 2–5, 21, 23–26; Dr. Richard Boylan: 1; Harlan Girard: 19; Janine Jones: 45; Jonesy: 7, 20, 31, 36, 37, 42; Dr. Alvin Lawson: 32, 33, 34; Michelle: 8; Dr. Colin Ross: 27; Lynne Moss-Scharman: 14, 15; US Air Force: 43.

Vor- und Nachsatz: Laserwaffe. Eine totale Kontrolle des erdnahen Weltraumes bedeutet die absolute Macht auf der Erde.

Gedruckt auf chlorfrei gebleichtem Papier

Umschlaggestaltung: Wolfgang Heinzel
Umschlagbild: Hubertus Mall, Stuttgart (Foto oben),
und Röntgenbild von Janine Jones (Foto unten)
Satz: Schaber Satz- und Datentechnik, Wels
Gesetzt aus 10,5/12,5 Punkt Stempel Garamond
auf Apple Mac in QuarkXPress
Druck: Jos. C. Huber KG, Dießen
Binden: R. Oldenbourg, München
Printed in Germany
ISBN 3-7766-2081-1

»Nam qui satis habet virium
ad omnes protegendos, satis quoque habet
ad omnes opprimendos.«

»Denn wer genügend Macht hat,
um alle zu schützen, hat auch genügend Macht,
um alle zu unterdrücken.«

Gedanken zur nationalen Sicherheit
des Staatsphilosophen Thomas Hobbes,
17. Jahrhundert

»… Hypnose ist gut, aber nicht unfehlbar. Wenn man einmal ein Implantat in das Gehirn eines Menschen eingesetzt hat, ist diese Person für ihr ganzes Leben kontrollierbar…«

Der an militärisch-geheimdienstlichen Mind-Control-Projekten arbeitende Hypnosearzt Dr. George Estabrooks propagierte schon in seinem 1961 erschienenen Buch »The Future of the Human Mind«, daß man den Menschen Gehirnimplantate einsetzen sollte, damit sie in die politisch richtigen Bahnen gelenkt werden können. Die zuvor zitierten Zeilen stammen aus seinem 1961 erschienenen Werk.

»… ITES (Implementierbares Telemetrisches Endo System) ist ein bio-medizinisches Präparat, das direkt dem Menschen ins Gehirn implantiert wird und dazu dient, Krankheiten in vorbeugender Weise rechtzeitig und frühzeitig zu erkennen. ITES ist also ein Meßsystem, das verschiedene relevante Meßdaten, im Menschen implantiert, aufnimmt… Man hätte ein Gesamtsystem, das unter dem Begriff Homecare *eingeordnet werden könnte…«*

Prof. Josef Binder, Universität Bremen, über ein in Deutschland entwickeltes Gehirnimplantat, das zum Vorbeugen von Krankheiten laut österreichischem Wissenschaftsmagazin »Modern Times«, vom 9. Januar 1998, als Wächter der Gesundheit in Zukunft allen Bundesbürgern eingesetzt werden soll.

Inhalt

Blanche Chavoustie: Vorwort

Seit ich festgestellt habe, daß ich für geheime *Mind-Control*-Projekte mißbraucht wurde, habe ich keine Mühe und Mittel gescheut, um herauszufinden, wieso und warum man diese Forschungen betreibt. Was ich entdeckte, ist erschreckend, in der Tat *fürchterlich*. Es gibt keine Worte, die diese Situation beschreiben können.

Seit Anfang dieses Jahrhunderts streben offenbar einflußreiche medizinische und militärisch-politische Gruppen danach, Techni-

---

Blanche Chavoustie arbeitete mehr als 30 Jahre als Lehrerin, Schriftstellerin und Psychotherapeutin. Sie besitzt akademische Grade und Fachausbildungen in Psychoanalyse, Hypnose, Biofeedback und Holotropic Breathwork von der Penn State University, der Syracuse University, dem Washington Square Institute und dem Florida Institute of Technology. Sie arbeitete mit dem bekannten UFO-Entführungsforscher und Harvard-Psychiater Prof. John Mack, dem anerkannten Psychotherapeuten Dr. Stanislav Grof, sowie anderen Hypno-Therapeuten und Forschern an verschiedenen Universitäten, Forschungseinrichtungen und Parapsychologielabors zusammen.

Seit Blanche Chavoustie 1990 ohne ersichtlichen Grund gekidnappt und ins Cornell Medical Center gebracht wurde, fand sie heraus, daß sie seit ihrer Kindheit ohne ihr Wissen durch die im Buch beschriebenen *Mind-Control*-Experimente mißbraucht wurde.

1996 traf sie das kanadische *Mind-Control*-Opfer Lynne Moss-Sharman, mit der sie gemeinsam die Arbeit der Traumatherapeutin Valerie Wolf fortsetzte. Valerie Wolf legte zusammen mit zwei ihrer Patienten im Rahmen der 1995 von Präsident Bill Clinton eingesetzten Anhörungen über ehemalige geheime Strahlungsexperimente vor dem amerikanischen Kongreß Zeugnis über solche geheimen Experimente ab. Blanche Chavoustie gründete daraufhin mit Lynne Moss-Sharman und einem Netzwerk von Opfern und Psychotherapeuten die Organisation Advocacy Committee for Human Experimentation Survivors of *Mind-Control* (ACHES-MC), damit anderen Personen, die Opfer von geheimen Regierungsexperimenten wurden, geholfen werden kann.

Obwohl ACHES-MC Hunderte Briefe und einen Videofilm mit Interviews von *Mind-Control*-Opfern, Statements von Medizinern und Traumatherapeuten sowie einen Ausschnitt der zuvor erwähnten Kongreßanhörungen an verschiedene Menschenrechtsorganisationen, Regierungsbehörden und hochrangige Politiker verschickt hat, gab es bis zum heutigen Tag keine Äußerungen. ACHES-MC strengt eine Fortsetzung der offenen Anhörungen bezüglich der Deklassifikation von geheimen Experimenten an Menschen vor dem US-Kongreß und eine Offenlegung von *Schwarzen Projekten* an.

ken und Waffen zu entwickeln, mit denen man die Menschheit psychologisch kontrollieren kann. Einige bezeichnen dieses Vorhaben als *Kampf um die Weltherrschaft*. Andere beziehen sich auf die Entwicklung eines *globalen Bewußtseins*.

Dr. Helmut und Marion Lammer haben in ihren Recherchen großen Mut und Weitblick bewiesen, wobei sie Einblicke in die wahren Absichten dieses Bestrebens gaben. *Schwarze Forschungen* ist ein extrem wichtiges Buch. Es ist die zur Zeit umfassendste und einsichtsvollste Dokumentation, die bisher publiziert wurde, in der die Pläne einer geheimen Schattenregierung, die in Zukunft jeden auf der Erde kontrollieren möchte, offengelegt werden.

In einem Vortrag mit dem Titel »Globales Bewußtsein und zukünftiger Friede«, der vor der Concordia Association am 13. Juni 1916 in Japan von dem weltbekannten Fachmann für multiple Persönlichkeiten, Dr. Morton Prince, vorgetragen wurde, teilte er seinen Zuhörern mit, daß ein neuer Weg gefunden werden muß, damit ein dauerhafter Weltfrieden hergestellt werden kann.[1]

Er vertrat die Ansicht, daß man ein solches Vorhaben nicht mit militärischen Streitkräften, Wettrüsten oder Gesetzen zur Erhaltung des Friedens durchführen könne. Solche Methoden gewährleisteten nur einen zeitlich begrenzten Weltfrieden. Um einen Weltfrieden auf lange Zeit aufrechterhalten zu können, müßten andere Mittel gefunden werden.

Dr. Prince erklärte, da der Mensch von seinem Unterbewußtsein regiert werde, werde es in der Zukunft möglich sein, Kriege zu vermeiden, indem man steuert oder bestimmt, was in das Unterbewußtsein der Menschen einfließen soll. Er erklärte, wenn die Völker ein internationales Bewußtsein entwickelt hätten, das gemeinsame Idole, gemeinsame Ideale, die Kooperation einer internationalen Polizei, ein gemeinsames Verständnis und einen gemeinsamen Willen aufweise, sei ein globales Bewußtsein erreicht.

Er beendete seinen Vortrag mit den Worten: »Globales Bewußtsein, das ist der Traum, den ich habe, der Traum, den die Psychologie zuläßt. Möge dieser Traum wahr werden.«

1926 wurde Dr. Morton Prince zum Vorsitzenden der Abteilung für *Abnormale Psychologie* an der renommierten Harvard-Universität gewählt. Dort führte er gemeinsam mit dem Hypnosefachmann Dr. George Estabrooks Forschungen und Experimente zur künstlichen Erzeugung von multiplen Persönlichkeiten durch. Dr. Prince starb 1929, und seine Ideen gingen an Dr. Estabrooks über, welcher ein Interesse an der unsozialen Anwendung von Hypnose entwickelte. Er arbeitete für diverse Geheimdienste wie für das Office of Strategic Services (OSS), die Central Intelligence Agency (CIA), den Marine-Geheimdienst, das FBI und die Royal Canadian Mountain Police (RCMP).
Als 1933 in Deutschland das erste Konzentrationslager in Betrieb genommen wurde, wurden in den Todeslagern zwölf Jahre lang Experimente zur Gehirnwäsche mit halluzinogenen Drogen, mit Elektrizität und Folter an den Insassen durchgeführt. Als der *Zweite Weltkrieg* endete, wurden die Vorbereitungen zur globalen Machtausübung fortgesetzt, indem man deutsche Ärzte und Geheimdienstpersonal für das Projekt *Paperclip* trotz deren krimineller Vergangenheit in die USA brachte.[2] Ihr neues Schlachtfeld war das von Dr. Morton Prince forcierte Unterbewußtsein.
Diese Projekte wurden im Rahmen der psychologischen Kriegsführung (PSYWAR) als *Schwarze Projekte* geführt, wobei sogar die eigene Bevölkerung inklusive deren Kinder zum Ziel wurde. Deklassifizierte Dokumente beschreiben die Gefühle, die eine PSYWAR-Zielgruppe durchlebt. Stellen Sie sich vor, wie man sich fühlt, wenn man durch ein inszeniertes Szenario geht, das zu völliger Hilflosigkeit führt. Welche Auswirkungen wird ein solches Szenario auf ein Baby oder ein Kleinkind haben?
Der PSYWAR-Fachmann Christopher Simpson zitiert in seinem Buch *Science of Coercion* aus frühen PSYWAR-Dokumenten, die er durch das FOIA-Gesetz erhielt, die Ziele dieser Techniken.[3]
PSYWAR verwendet, anders als orthodoxe militärische Operationen, folgende moralische und physikalische Techniken:
1. Mit allen nur erdenklichen Methoden die Kampfkraft des Feindes zerschlagen.

2. Entziehe dem Feind die Unterstützung aller Verbündeten und Neutralen.
3. Stärke in den eigenen Truppen und Verbündeten den Willen zum Sieg.

PSYWAR verwendet alle zur Verfügung stehenden Mittel, um das Bewußtsein seines Gegners beeinflussen zu können. Die dabei verwendeten Technologien verursachen psychologische Effekte, obwohl sie selbst anderen Ursprungs sind. In diesem Licht betrachtet sind Propaganda, Untergraben der Staatssicherheit, Sabotage, Verdeckte Operationen, Guerilla-Kriegsführung, Gegenspionage sowie politischer, wirtschaftlicher und rassistischer Druck sehr effektive Waffen. Sie sind deshalb so effektiv, weil sie Streit, Zwietracht, Mißtrauen, Angst und Hoffnungslosigkeit in der Zielgruppe erzeugen, ohne daß diese Faktoren im Bewußtsein der Propaganda oder der PSYWAR-Behörden entstanden. Heute weiß man, daß eine Zielgruppe von amerikanischen PSYWAR-Fachleuten die eigene Bevölkerung der USA und deren Verbündete war bzw. ist.

Der zuvor erwähnte Dr. George Estabrooks schrieb 1940 einen Brief an den Direktor der RCMP, um eine geheime Mannschaft, bestehend aus unwissenden kanadischen, hypno-kontrollierten Spionen, kreieren zu können.[4] Er schrieb in seinem Brief: »Eine Vorführung wäre einfach zu arrangieren, wenn mich die RCMP mit potentiellen Subjekten in Verbindung bringt. Zum Beispiel könnten Sie uns erlauben, daß wir einen Tag lang ein Spital für dieses Vorhaben benützen können.«

Dr. George Estabrooks veröffentlichte 1944 die Novelle *Death in the Mind*, welche das Training und die Verwendung solcher Superspione im Krieg beschrieb. Später tauchten Hinweise auf, die nahelegen, daß solche Spione während der späten dreißiger Jahre im Einsatz waren. 1951 widmete Dr. Estabrooks seine Aufmerksamkeit der Erschaffung von hypno-programmierten Spionen im zivilen Leben – für PSYWAR-Operationen im eigenen Land.

In einem seiner Bücher schrieb er: »... Hypnose kann die destruktiven Kräfte des Unterbewußtseins anzapfen... Wenn das Unterbewußtsein Wünsche oder Ängste der hypnotisierten

Person unterdrückt, kann der Hypnotiseur beim Subjekt Handlungen hervorrufen, die auf diesen verdrängten Wunsch- oder Angstvorstellungen beruhen. Wir benötigen ein Experiment, welches eindeutige Ergebnisse liefert. Ein solches Experiment könnte den Hypnotiseur mit dem Gesetz in Konflikt bringen.«[5]

In einem 1954 über das Projekt *Paperclip* als geheim verfaßten Bericht an das Weiße Haus steht: »Es ist nun klar, daß wir einem Gegner (die ehemalige Sowjetunion) ins Angesicht sehen, dessen Ziel die Beherrschung der Welt ist ... In diesem Spiel gibt es keine Regeln ... Wir müssen lernen, wie wir unsere Gegner sabotieren, ihre Moral untergraben und mit noch effektiveren Methoden, als sie gegen uns vorgehen, vernichten.«[6]

Im selben Jahr, als dieser geheime Bericht erschien, begann die CIA ein Projekt, in dem unfreiwillige und unwissende Personen zu ahnungslosen politischen Killern ausgebildet wurden. Seit dieser Zeit gab es viele Spekulationen bezüglich politischer Attentate, bei denen möglicherweise hypno-programmierte Killer eine Rolle spielten.[7]

Dr. Estabrooks erklärte 1961 in seinem Buch *Future of the Human Mind*, daß Neurowissenschaftler durch die Anwendung von Elektroden fähig sind, ihren Patienten Dinge vorspielen zu können, die sich in der Wirklichkeit gar nicht ereignen.[8] Solche Patienten reagieren mit Hilfe elektronischer Kommandos auf diese imaginären Ereignisse. In bezug auf die zukünftige Anwendung solcher Fernbeeinflussungstechniken meinte er: »... Wir werden nichts anderes als eine Art biologische Roboter haben, die ohne Widerstand Dinge verrichten, die wir gegenwärtig nicht ausführen.« Mit diesen Robotern sind Menschen gemeint, die elektronisch stimulierte Handlungen wie eine Marionette ausführen.

Zu Beginn des 21. Jahrhunderts stehen wir der größten Gefahr, mit der die Menschheit bis jetzt konfrontiert wurde, gegenüber. Wir befinden uns an einem Punkt, wo diejenigen, die das Wissen, den Reichtum und die Macht haben, ohne ethische Bedenken unter den Ahnungslosen auswählen können, wer als menschli-

ches Versuchskaninchen dienen wird. Wir haben einen Zeitabschnitt erlangt, wo jeder – unabhängig von seiner Intelligenz, Ausbildung oder seinen Werten – zum Opfer solcher Projekte werden kann.
Das Publikmachen solcher Geheimnisse ist der erste Schritt, diesen Trend zu korrigieren. Ein Lob für Dr. Helmut und Marion Lammer für diese tapfere und sorgfältige Recherche, die sie durchführten, damit die dunkle unheimliche Stille, die die *Schwarzen Projekte* umgibt, gelüftet wird.

Blanche Chavoustie:
Mitbegründerin des Advocacy Committee for
Human Experimentation Survivors of *Mind-Control*,
August 1998, Syracuse, New York, USA

Einleitung

In unserem Buch *Verdeckte Operationen*[1] ist immer wieder von streng geheimen militärischen Forschungsprojekten die Rede, die von den gewählten Volksvertretern nicht genehmigt wurden. Da solche offiziell nicht bewilligten *Schwarzen Projekte*, oder sogenannte Unacknowledged Special Access Projects (USAPs), unter Ausschluß der Öffentlichkeit durchgeführt werden, stellt sich die nicht unwichtige Frage, was denn nun wirklich alles vor den Staatsbürgern geheimgehalten werden kann und ob solche Vorgehensweisen mit den demokratischen Grundregeln verträglich sind. Viele Leser, Journalisten und Politiker stellen sich die Frage, wie so etwas in demokratischen Staaten wie den USA, Kanada, England und anderen europäischen Ländern möglich sein kann.

Die jüngsten Enthüllungen aus Schweden, Finnland und Norwegen scheinen die in *Verdeckte Operationen*[1] präsentierten Hinweise bezüglich geheimer Implantierungsprojekte vom schwedischen Geheimdienst zu bestätigen. Der staatliche schwedische Fernsehsender SVT enthüllte im April 1998, daß in Schweden zwischen 1944 und 1963 mehr als 4500 Menschen gegen ihren Willen am Gehirn operiert wurden[2]. In Finnland sind einem danach ausgestrahlten Rundfunkbericht zufolge von 1946 bis 1996 rund 1500 Menschen ohne ihre Zustimmung umstrittenen Gehirnoperationen unterzogen worden, die massive Veränderungen ihrer Persönlichkeit auslösten.[3]

In Schweden wurden dem Bericht zufolge nicht nur psychisch Kranke entgegen geltenden Gesetzen einer Lobotomie unterzogen, sondern auch mindestens 500 Menschen ohne psychiatrische Erkrankungen sowie hyperaktive oder in der Entwicklung zurückgebliebene Kinder. Das belegen Unterlagen und Dokumente aus chirurgischen Abteilungen von mehreren psychiatrischen Kliniken. In einigen Fällen wollten Ärzte kommunistische Sympathisanten zu schwedischen Sozialisten umoperieren.

Diese politischen Aspekte weisen eindeutig die Handschrift des schwedischen Geheimdienstes auf. Interessanterweise fallen diese Erkenntnisse mit Enthüllungen über eine enge Kooperation Schwedens mit den Nationalsozialisten zusammen. Viele der in die Regierung gewählten Personen waren über solche Machenschaften nicht informiert. Der schwedische Oppositionsabgeordnete Dan Ericsson, der sich im Parlament für eine Entschädigung der Opfer einsetzt, meint, daß die gegenwärtigen Enthüllungen nur die Spitze eines Eisberges sind.

Es hat durchaus den Anschein, als ob manche militärisch-wissenschaftlichen Projekte von einer außergesetzlich und überparteilich agierenden Schattenregierung betrieben und finanziert werden. Diese parallel zu den offiziellen Regierungen handelnden Personen setzen sich offenbar aus dem militärisch-industriellen Umkreis zusammen, sind sehr mächtig, besitzen sehr viel Geld und üben einen großen politischen und wirtschaftlichen Einfluß auf die offiziellen Regierungsvertreter aus. Verdeckt durchgeführte Operationen können ohne *Schwarze Projekte* nicht existieren.

Wir zeigen auf, wie sich diese militärisch-politischen Strukturen während des *Zweiten Weltkrieges* zu formieren begannen, ihre Macht im anschließenden *Kalten Krieg* ausbauten und wie man die bei diesen Projekten entwickelten Technologien in der Zukunft für eine weltweite Machtausübung einsetzen könnte.

Das erste bekannte *Schwarze Projekt* war die geheime Entwicklung der Atombombe. Kurz nach dem Krieg folgten weitere, wie die in *Verdeckte Operationen*[1] beschriebenen Projekte: *Paperclip* (Einbürgerung von Kriegsverbrechern und Wissenschaftlern aus Deutschland und Japan in die USA), *CHATTER*, *BLUEBIRD*, *ARTICHOKE*, *MKULTRA* (Bewußtseinskontroll-Experimente), paranormale Projekte (Fernwahrnehmung, ESP, Psychokinese), biologische und genetische militärische Forschungen, die Errichtung von unterirdischen Militärbasen und Forschungseinrichtungen und die Entwicklung exotischer Waffensysteme (gerichtete Energiewaffen, Partikelstrahlwaffen) sowie für Radar unsichtbare Schiffe, Flugzeuge und UFO-ähnliche Flugkörper. Alle diese

Projekte wurden und werden unter Ausschluß von offiziellen Regierungsstellen als *Schwarze Projekte* durchgeführt.[4]
Wir fanden heraus, daß eine Abkoppelung von der gewählten Regierung deshalb gelang, weil man aus Gründen der nationalen Sicherheit den Großteil dieser Projekte in den quasi-privaten Sektor übertragen hat. Als Folge dieser Transaktionen wurde es möglich, hochrangigen Militärs, Politikern und Wissenschaftlern neu entwickelte Technologien zu verschweigen oder Experimente ohne ethische Bedenken an Menschen durchzuführen. Aufgrund des *Special Access*-Status dieser Projekte ist es möglich, Personen, die nicht die nötige *Need to Know*-Befugnis haben, von der Wahrheit fernzuhalten, indem man sie belügt oder Projekte ganz einfach verleugnet.
Es ist auch nutzlos, wenn man Anträge zur Freigabe von Informationen (FOIA-Anträge) bezüglich *Schwarzer Projekte* stellt, da sie sich in quasi-privater Hand befinden und FOIA-Anträge nur für staatliche Behörden und Forschungseinrichtungen relevant sind. Sollte sich wirklich UFO-Hardware im Besitz der USA befinden[1,4,5,6], findet man diese nicht in einer regierungseigenen Forschungsanlage, sondern in den unterirdischen Fabriken der diversen Luft- und Raumfahrt-Unternehmen, welche auch die Tarnkappenflugzeuge entwickelt haben und gegenwärtig die in *Verdeckte Operationen*[1] vorgestellten UFO-ähnlichen Flugkörper bauen. Wir haben aufgezeigt, daß diese Firmen große unterirdische Fabriken auf privat erworbenen Grundstücken errichtet haben, von denen einige als Rinderfarmen getarnt sind und in Wirklichkeit neueste High-Tech-Forschungsanlagen verbergen.
Viele *Schwarze Projekte* sind so konzipiert, daß bis auf wenige Personen niemand wirklich weiß, für welchen Zweck man das jeweilige Experiment oder die bestimmten Waffensysteme entwickelt. Daß es Verbindungen zwischen UFO- und PSI-Phänomen und solchen Projekten gibt, steht außer Zweifel. Es ist kein Zufall, daß die großen amerikanischen Luft- und Raumfahrt-Unternehmen UFO-ähnliche Flugkörper entwickeln. Gegen diese militärischen Untertassen scheint der F-117-Tarnkappenjäger oder der B2-Bomber ein Oldtimer zu sein.

Ein Großteil dieser neuen Technologien soll zukünftig in einer sogenannten *Cyber Situation* zum Einsatz kommen. Die im August 1996 erschienene militärische Studie *Air Force 2025* beschreibt ein Zukunftsszenario, das eher in die Science-fiction-Welt des *Cyberpunk* passen würde. In dieser militärischen Studie werden die Aufgabenbereiche und Technologien der amerikanischen Luftwaffe für die kommenden Jahre dargelegt. Cyber-Soldaten sollen mit Hilfe von Gehirnimplantaten gerichtete Energiewaffen von Satelliten aus anfordern und so in künftige Krisen oder Schlachten weltweit eingreifen können.[7] Die Verfasser dieser Studie betonen, daß man bis zum Jahr 2025 die zur Zeit bestehenden ethischen Bedenken bezüglich implantierbarer Bio-Chips ausgeräumt haben möchte.

In *Verdeckte Operationen*[1] haben wir den ehemaligen Bio-Chip-Entwickler Dr. Sanders zitiert, der vorgibt, geheimen Treffen mit Henry Kissinger und hochrangigen CIA-Vertretern beigewohnt zu haben. Bei diesen Treffen wurden Argumente gesucht, damit die Öffentlichkeit bezüglich des Gebrauchs von Bio-Chips nicht ablehnend reagieren wird. Laut Dr. Sanders kamen die CIA-Leute auf die Idee, daß die Bevölkerung zusagen wird, wenn man mit einem Bio-Chip das Problem der vermißten Kinder lösen kann. In der Zwischenzeit scheinen sich die in *Verdeckte Operationen*[1] präsentierten Hinweise zu bestätigen.

Nur drei Monate nach der Veröffentlichung unseres Buches wurde dieses Vorhaben erstmals von einem amerikanischen Präsidenten offiziell bestätigt. Bill Clinton verlautbarte am 17. Dezember 1997 bei der Ehrung von 14 amerikanischen Wissenschaftlern, daß seine Regierung 96 Millionen Dollar für drei Projekte zur Verfügung stellen wird.[8] Diese Projekte sind:

1. Supercomputer von der Größe eines Mikro-Chips.
2. Die Entwicklung eines Videophones.
3. Identifikationssysteme, die mit Hilfe von Radiowellen vermißte Kinder lokalisieren können.

Im Punkt (3) wird der von Dr. Sanders vorhergesagte Trend bestätigt. In der Zwischenzeit gibt es private Anbieter, wie *Kid-Track*, die eine lückenlose Überwachung von Kindern, Senioren,

Frauen, Exekutivbeamten etc. via Satellit anbieten. Neben den zuvor erwähnten Anwendungen dieser Bio-Chips behauptet Dr. Sanders außerdem, daß hochrangige Politiker in Zukunft ein implantierbares Identifikationssystem für jeden Staatsbürger einführen möchten. Sollten sich diese Vorhaben bewahrheiten, würden wir in eine Richtung vorstoßen, die sogar die kühnsten Prognosen von *George Orwell* übertreffen. Leider scheinen die großen Medien und die Journalisten diese Entwicklungen in naiver Weise zu verschlafen.

Am 9. Januar 1998 strahlte das österreichische Wissenschaftsmagazin *Modern Times* in ORF2 einen Beitrag über die Entwicklung von implantierbaren Gehirn-Bio-Chips aus.[9] Die wenigsten Menschen wissen, daß die deutsche Bundesregierung etwa 36 Millionen DM für die Entwicklung dieses Gehirnimplantates zur Verfügung stellte. Das in der Sendung vorgestellte Implantat ist 0,8 mal 2 Millimeter groß und in der Lage, alle wichtigen medizinischen Werte im Körper eines Menschen zu messen und die gewonnenen Daten drahtlos zu einer Datenbank zu funken oder den zuständigen Arzt mittels Handy zu verständigen.

Laut Prof. Josef Binder von der Universität Bremen ist dieses Implementierbare Telemetrische Endosystem (ITES) in der Lage, Krankheiten in präventiver Weise rechtzeitig und frühzeitig zu erkennen. ITES ist ein Meßsystem, das verschiedene relevante Meßdaten im implantierten Menschen aufnimmt. So kann dieser Bio-Chip alle wichtigen medizinischen Körperwerte messen: Blut-, Hirn- und Augendruck, Puls, Sauerstoffversorgung und Blutzuckergehalt.

Die eigentliche Vision für die Mediziner ist jedoch die Vorsorge. Laut ORF-Bericht wird der Mensch des Jahres 2000 ganz normal mit eingesetzten Bio-Chips leben. Ein kleiner Schnitt von 3 Millimeter Länge reicht aus, um das System in die Blutbahn zu bringen. Jede Veränderung des Blutbildes kann erfaßt und bei Veränderungen Alarm gegeben werden.

Beim deutschen Bundesgesundheitsministerium genießt dieses Projekt einen außerordentlichen Rang, da man die Bio-Chips in naher Zukunft mit dem menschlichen Organismus verwachsen lassen möchte. Wenn man biologisch verträgliche Chipoberflächen entwickelt, an denen Nerven wachsen, kann man Prothesen steuern oder, wie in *Verdeckte Operationen*[1] angedeutet, biologische Prozeßkontrollwaffen entwickeln, die einen Menschen völlig manipulieren und zu Handlungen zwingen, die er sonst nicht ausführen würde.

Leider wurde bei der TV-Dokumentation vergessen, die Zuseher auf die Konsequenzen dieser wissenschaftlichen Errungenschaft aufmerksam zu machen. Falls wirklich jedem Staatsbürger in der nahen Zukunft ein solches ITES implantiert wird, ist *jeder* an dieses medizinische *Homecare System* angeschlossene Mensch vollständig überwachbar! Eine Behörde, die sich zu diesem System Zugang verschafft, würde immer wissen, wo sich die betreffenden Personen aufhalten und welche Anstrengungen sie gerade unternehmen. Nebenbei könnte man den Bio-Chip extern stören oder die medizinischen Werte im Körper von außen manipulieren.

Daß solche Forschungen im militärischen Bereich schon vor Jahren entwickelt und durchgeführt wurden, haben wir in *Verdeckte Operationen*[1] ausführlich nachgewiesen.

Jeder, der einen wissenschaftlichen Beruf ausübt, weiß, daß die in der Studie *Air Force 2025* vorgestellten Vorhaben über Jahrzehnte geplant und entwickelt werden müssen. Wir sind der Ansicht, daß man sich gegenwärtig in einer Phase befindet, in der man Teile dieser Technologien der Bevölkerung schmackhaft macht – siehe Clinton Ansprache[8], Gehirnimplantate für medizinische Vorsorge[9], Armbänder und Bio-Chips zum Identifizieren und Lokalisieren von Haustieren[10,11,12], vermißten Kindern[1,8], Terroristen, Kriminellen etc.[14] – und exotische, noch nicht ausgereifte Technologien wie Virtual Reality Bio-Chips[1,7] in *Schwarzen Projekten* entwickelt und testet. Unsere gegenwärtigen Recherchen weisen auf folgende *Schwarze Projekte* hin, die man aus Gründen der Tarnung mit einer Aura des Mysteriösen umgibt:

1. Die Entwicklung von UFO-ähnlichen Flugkörpern, die Erforschung von Antigravitationsantrieben, psychotronischen PSI-Waffen und biologischen Prozeßkontroll-Waffen.

2. Die Erzeugung von auf Traumata beruhenden persönlichkeitsgespaltenen Psycho-Agenten.
3. Die Entwicklung von phantastischen Bewußtseinskontroll- und Verhaltenskontroll-Technologien.
4. Bio-Chips zur Lokalisierung, Überwachung, Kontrolle und Virtual-Reality-Szenarien für künftige Cyber-Soldaten.
5. Die Entwicklung von biologisch-genetischen Kampfstoffen zur gezielten Bekämpfung ethnischer Volksgruppen oder Bevölkerungsschichten.
6. Ethisch nicht vertretbare genetische Experimente und möglicherweise Klon-Versuche an Menschen.

Man findet Hinweise, daß alle sechs Punkte in Verbindung mit dem UFO-Phänomen stehen, wobei ein Schwerpunkt dieser Projekte eindeutig im UFO-Entführungsphänomen liegt.[12,13]
Andererseits weiß man, daß bei Personen mit angeblichen UFO-Entführungserlebnissen anscheinend paranormale Fähigkeiten wie Telepathie, Levitation, Psychokinese, Präkognition, außerkörperliche Erfahrungen, Fernwahrnehmung und spontane Heilung eine große Rolle spielen. Es liegt deshalb nahe, daß Wissenschaftler, die an bewußtseinsverändernden Waffensystemen arbeiten, ebenfalls ein Interesse an Personen mit angeblichen UFO-Entführungserlebnissen zeigen, um die bei diesen Personen auftretenden Fähigkeiten erforschen zu können. Alle angeführten Forschungsprogramme wurden in eine große Menge von Desinformationen, phantastischen Spekulationen und Lügen eingebettet, um ernsthafte Forscher, Politiker und die Öffentlichkeit auf falsche Spuren leiten zu können.
In *Verdeckte Operationen*[1] haben wir einen Brief zwischen dem ehemaligen Geheimdienstmitarbeiter Dr. Scott Jones und dem wissenschaftlichen Berater von Präsident Bill Clinton, Dr. John Gibbons, veröffentlicht. Der Brief gelangte infolge der Initiative des amerikanischen Multimilliardärs Laurance Rockefeller zur Freigabe von UFO-Informationen durch das FOIA-Gesetz an die Öffentlichkeit. In diesem Brief wurde der Präsidentenberater vor einer Gruppe innerhalb der amerikanischen Regierung gewarnt, die in die Erforschung von Bewußtseinskontroll-Techno-

logien im Zusammenhang mit angeblichen UFO-Phänomenen verwickelt zu sein scheint.
Diesmal präsentieren wir einen Brief vom 9. Mai 1994, der vom ehemaligen amerikanischen Verteidigungsminister Melvin Laird verfaßt wurde. Der Brief ist an Laurance Rockefeller gerichtet und gelangte ebenso wie der Gibbons-Brief durch das FOIA-Gesetz an die Öffentlichkeit. Die Übersetzung des Briefes lautet:
»Es hat mich gefreut, daß ich Deinen Brief vom 25. April bekommen habe. Ich denke auch, daß es das Beste ist, den wissenschaftlichen Berater des Präsidenten Dr. Jack (John) Gibbons miteinzubeziehen. Die ganze Frage bezüglich der Deklassifikation von Regierungsprojekten, welche im Zusammenhang mit unidentifizierten fliegenden Objekten stehen, scheint in die richtige Spur zu weisen. Ich glaube, Dein Brief an den Präsidenten ist völlig richtig formuliert. Ich bin sicher, wenn die Geheimhaltung aufgehoben wird, werden manche Personen enttäuscht sein, da man für diese Phänomene sehr gute Erklärungen finden wird. Eine Durchsicht wird diejenigen enttäuschen, die extreme, nicht überprüfbare Erklärungen vertreten. Eine Deklassifikation wird ihre Ansichten zum Großteil diskreditieren. Eine Aufhebung der Geheimhaltung wird die Spekulationen einiger Berichte beenden. Ich bin sicher, daß Dr. Gibbons in dieser Angelegenheit voll kooperieren wird. Mit besten Wünschen und persönlichen Grüßen verbleibe ich in Aufrichtigkeit, Melvin Laird.«
Interessanterweise scheint Melvin Laird über geheime Projekte, die mit dem UFO-Phänomen im Zusammenhang stehen, Bescheid zu wissen. Er schreibt außerdem, daß, sollte die Geheimhaltung solcher Projekte aufgehoben werden, einige Personen enttäuscht sein würden, da man andere Erklärungen bezüglich dieser Phänomene finden würde.
Diese von hochrangigen Personen gegebenen Hinweise scheinen unsere Vermutungen zu bestärken, daß es *Schwarze Projekte* gibt, die UFO- und PSI-Phänomene als Tarnung benützen. Im Zuge unserer Recherchen stießen wir auf Hinweise, die nahelegen, daß mindestens drei Interessensgruppen in diese Verschleierungen verwickelt sind.

Washington, D.C. 20036-3101

EJM
EKCP

May 9, 1994

Dear Laurance:

It was good to get your letter of April 25th. I do think you are proceeding properly by going through the President's Science Advisor, Dr. Jack Gibbons. The whole question of declassification of any government projects which might have been associated with unidentified flying objects seems to be on the right track. I think your letter to the President is worded quite properly.

I am sure that should classification be lifted, some individuals will be disappointed as certain of these phenomena will be pretty well explained. Any review will certainly disappoint some individuals who have built up some rather extreme antidotal and uncollaborated accounts which the removal of classification might discredit to a large extent. Removal of undue classification will remove the speculation of some of these reports. I am sure Dr. Gibbons will cooperate fully on this matter.

With best wishes and kindest personal regards, I am

Sincerely,

Melvin R. Laird

The Honorable Laurance S. Rockefeller
30 Rockefeller Plaza
Room 5600
New York, New York 10112

Abb. 1: Der Brief wurde vom früheren amerikanischen Verteidigungsminister Melvin Laird verfaßt und ist an den Multimilliardär Laurance Rockefeller gerichtet. Aus dem Inhalt dieses Briefes kann man schließen, daß er über UFO-Projekte Bescheid weiß, diese aber nichts mit außerirdischen Wesen zu tun haben müssen.

Eine Gruppe scheint an streng geheimen High-Tech-Bewußtseins- und Verhaltenskontroll-Experimenten sowie an paranormalen Phänomenen für zukünftige Waffentechnologien (psychotronische Waffen) interessiert zu sein. Wir fanden Hinweise auf Experimente zur völligen Isolierung von der Umgebung, für das Atmen von Flüssigkeiten, zur Manipulation der Temporallappen und Methoden zum Erzeugen von multiplen, gespaltenen Persönlichkeiten für militärisch-geheimdienstliche Zwecke.

Eine zweite Gruppe scheint in genetische Forschungen verwickelt zu sein. Wir haben glaubhafte Personen in unseren Daten, die behaupten, daß sie genetisch veränderte Tiere, menschliche Föten und ausgewachsene Menschen in militärischen Untergrundbasen sahen, die sich in Behälter befanden, die mit einer Nährlösung gefüllt waren. Es ist durchaus möglich, daß im geheimen menschliche Klone für bio-technologische oder militärische Zwecke gezüchtet werden.

Die dritte Gruppe scheint ein Interesse an Personen mit angeblichen UFO-Entführungserlebnissen zu haben. Diese Personen schrecken auch nicht vor brutalen Verhören, dem Verwenden von Implantaten und modernsten Gehirnwäsche-Methoden zurück. Wir werden erstmals Hypothesen bezüglich dieser militärischen Verhöre präsentieren und aufzeigen, daß die angeblichen Außerirdischen möglicherweise gar nicht so fremdartig sind, wie man uns einreden möchte.

Wir stießen auch auf Hinweise, daß die dritte Gruppe mit den beiden anderen Gruppen zusammenarbeitet und Informationen, die man von den überwachten Personen erhält, weitergibt. Wir meinen, daß es an der Zeit wäre, etwas Licht ins Dunkel dieser Projekte zu bringen, da wir sonst auf eine *Schöne Neue Welt* zusteuern, die möglicherweise gar nicht so schön sein wird, wie man sie uns zu verkaufen versucht. Da außer den USA keine Großmacht mehr existiert, sollte man meinen, daß herkömmliche Geheimhaltung von militärischen Projekten ausreichen sollte, um die nationale Sicherheit der Staaten zu gewährleisten, und *Schwarze Projekte* verzichtbar sind!

Obwohl viele der in diesem Buch behandelten Vorkommnisse in

Übersee stattfinden, sollten auch die Einwohner in anderen Ländern infolge der Globalisierung ein Interesse haben, diese unserer Meinung nach bedenklichen Entwicklungen zu verfolgen, da die in den *Schwarzen Projekten* entwickelten militärischen Errungenschaften und ihre zivil verwendbaren Ableger *weltweit* einsetzbar sind und in Zukunft jeden betreffen werden.
Sollten sich die Zukunftsträume dieser im Hintergrund international agierenden militärisch-politischen Elite in den kommenden Jahren verwirklichen, könnten sich die Bedenken des Staatsphilosophen Thomas Hobbes aus dem 17. Jahrhundert tatsächlich bewahrheiten:
»Denn wer genügend Macht hat, um *alle* zu schützen, hat auch genügend Macht, um *alle* zu unterdrücken.«

Dr. Helmut und Marion Lammer
Bruck/Mur, Januar 1999

I

Von Atombomben, Psychotronik, Antigravitation, verschwundenen Schiffen und Experimenten mit Raum und Zeit

»Die außerordentliche Geheimhaltung erforderte bestimmte Maßnahmen, um alle Informationen bezüglich des Atombombenprojektes von jedem fernzuhalten — besonders vom Kongreß, der bis Februar 1944 völlig im dunkeln gehalten wurde.«

Diese Worte stammen von General Leslie L. Groves, der während des Zweiten Weltkrieges leitender Commander des streng geheimen Atombomben-Projektes Manhattan *war.*

»Es ist eindeutig klar, daß ein Staat, welcher als erster psychotronische Waffen besitzt, absolute Macht ausüben wird.«

Major I. Chernishev, Major der russischen Armee, betont die militärische Wichtigkeit von psychotronischer Forschung; zitiert vom militärischen Armee Journal Orienteer, Februar 1997.

1 *Das Manhattan-Projekt und seine Folgen*

Am 9. Oktober 1941 erklärte Dr. Vannevar Bush dem amerikanischen Präsidenten Franklin D. Roosevelt die Kräfte und Energien, die bei einer Atombombenexplosion freigesetzt werden. Laut Dr. Bush war der Bau einer solchen Bombe der wichtigste Schritt, um den *Zweiten Weltkrieg* zu gewinnen und die Welt danach zu kontrollieren. Nach seiner Präsentation beim amerikanischen Präsidenten wurde zwei Monate vor dem japanischen Angriff auf Pearl Harbor das erste *Schwarze Projekt* geboren – die Entwicklung und der Bau der Atombombe.

Dr. Vannevar Bush wollte die Entwicklung der ersten Atombombe unter Einhaltung der äußersten Geheimhaltung und mit größter Eile durchführen. Für dieses Vorhaben bewilligte Präsident Roosevelt einen speziellen Fond. Von diesem Fond flossen etwa 2,2 Milliarden Dollar in das *Manhattan*-Projekt. Diese geheim aufgetriebenen Gelder dienten laut *Manhattan*-Projekt-Commander, General Leslie R. Groves, als Baustein für zukünftige *Schwarze Projekte*.[1]

Das *Manhattan*-Projekt wurde ein unsichtbarer Staat im Staat. Tausende Wissenschaftler und Hilfskräfte arbeiteten Tag und Nacht unter der Leitung des Physikers Dr. Robert Oppenheimer an der Fertigstellung der ersten Atombombe. Nicht einmal die Senatoren wurden in dieses Projekt eingeweiht.

Aufgrund der enormen Geheimhaltung war es möglich, daß das Departement of Energy (DOE) 1942 radioaktive Studien an Menschen durchführen konnte, ohne daß diese etwas von ihrem Schicksal erfuhren. Erst als am 7. Dezember 1993 vom Secretary of Energy, Hazel O'Leary, das DOE beauftragt wurde, ehemals geheimgehaltene Dokumente bezüglich des *Manhattan*-Projektes zu deklassifizieren, bekam man etwas von den Ausmaßen dieser Experimente mit. Das DOE deklassifizierte 1993 etwa 32 Millionen Dokumente, die sich mit diesen Projekten beschäftigten.[2,3,4]

Es stellte sich heraus, daß vielen Menschen, darunter auch Kindern, ohne deren Wissen Plutonium und andere radioaktive Substanzen injiziert wurden. Dadurch erhielten die Wissenschaftler Aufschlüsse über die durch Strahlung verursachten Gewebeänderungen. Dem Maler Albert Stevens aus Healsburg, Kalifornien, wurden am 14. Mai 1945 in einem Spital tödliche Dosen Plutonium verabreicht, an denen er etwas später aufgrund eines Tumors starb.

Laut Pressemeldungen war Hazel O'Leary von den Ausmaßen dieser Versuche überrascht. Alleine in der ersten Woche nach Bekanntwerden, daß die Regierung eine Untersuchungskommission bezüglich der radioaktiven Experimente infolge der Atombombenentwicklung durchführt, meldeten sich 10000 ehemals betroffene Menschen bei O'Leary. Schließlich führten die Untersuchungen 1994 zu offenen Anhörungen vor dem amerikanischen Kongreß.[5,6]

Während die Strahlungsexperimente an unwissenden Menschen und die Entwicklungen an der Atombombe 1944 weiter vorangetrieben wurden, stand zu Ende des Krieges fest, daß Deutschland mit Sicherheit keine eigene Atombombe entwickeln konnte. Aus diesem Grund wurden einige wenige Kongreßmitglieder in das Geheimnis eingeweiht.

Am 16. Juli 1945 ordnete der an den Los Alamos National-Laboratorien beschäftigte Physiker Dr. Robert Oppenheimer den Test der ersten Atombombe in der Wüste von New Mexico an. Nicht einmal ein Monat, nachdem die erste Bombe auf dem *Trinity*-Testgelände explodiert war, wurden die japanischen Städte Hiroshima und Nagasaki durch Atombombeneinsätze zerstört, und der *Kalte Krieg* mit der Sowjetunion begann.

2 *Psychotronik: Die sowjetische Antwort auf die Atombombe*

In den fünfziger Jahren kamen innerhalb des Militärs Gerüchte auf, daß die Sowjetunion unter Stalin begonnen habe, noch schrecklichere Waffen als die Atombombe zu entwickeln. Unter diesen Waffen versteht man sogenannte psychotronische Geräte und Anordnungen, mit denen man parapsychologische Phänomene künstlich verstärken und als Waffe einsetzen kann. Es ist als sehr wahrscheinlich anzusehen, daß die Entwicklung der Atombombe als Auslöser dieser *Voodoo*-Kriegsführung gelten darf.

Wir werden in anderen Kapiteln des Buches aufzeigen, daß viele dieser paranormalen Projekte mit Bewußtseinskontroll- und Verhaltenskontroll-Experimenten zu tun hatten und unter entsprechenden Geheimdienstprojekten, wie dem in *Verdeckte Operationen*[12] erwähnten CIA-Projekt *MKULTRA*, geführt wurden. Manche Gerüchte wurden sogar von hochrangigen sowjetischen Militärs und Politikern wie Nikita Chruschtschow verbreitet.[7]

So behauptete Chruschtschow Ende der fünfziger Jahre vor westlichen Pressevertretern, daß die Sowjetunion Wunderwaffen entwickle, die gefährlicher als Atombomben seien und möglicherweise das ganze Leben auf der Erde auslöschen könnten. Weitere noch spektakulärere Gerüchte rankten sich um Entwicklung und Tests eines *nuklearen Howitzers*. Mit diesem psychotronischen Gerät sollte es möglich sein, die Auswirkungen einer Atomexplosion durch den Hyperraum in beliebig entfernte Gebiete zu transportieren.

Aufgrund dieser Gerüchte war die USA gezwungen, ebenfalls ihre militärischen Forschungen in grenzwissenschaftliche und metaphysische Bereiche zu erweitern. Da diese Bereiche in der Öffentlichkeit und den etablierten Wissenschaften nicht ernstgenommen werden, mußte man die Forschungen als *Schwarze Projekte* betreiben, damit der Kongreß und die Öffentlichkeit nichts davon erfuhren.

Forscher auf dem Gebiet der Psychotronik meinen, daß außer elektromagnetischen Feldern weitere fundamentale Feldkomponenten existieren. Diese virtuellen Hyperfelder sollen wiederum das elektromagnetische Feld und virtuelle Photonen, die Ladung, erzeugen. In der Quantenmechanik stellt man sich die Entstehung von Ladung als subquantische Emissionen und Absorption

dieser virtuellen Photonen vor. Elektronenströme können in Stromkreisen, das menschliche Nervensystem eingeschlossen, gestört werden, so daß sie ihre Ladung verlieren.
In der Psychotronik nimmt man an, daß das menschliche Bewußtsein ein virtueller Zustand ist, der von denselben virtuellen Photonen getragen wird. Der Begriff der Psychoenergetik beschreibt die Verbindung zwischen Bewußtsein und Materie. Deshalb scheint es keine Unterschiede zwischen Bewußtseinsmuster und diesen virtuellen Zuständen zu geben. Das psychotronische Muster kann deshalb in elektromagnetische Signale umgewandelt werden und soll imstande sein, Gegenstände und lebende Systeme zu beeinflussen.
Man weiß heute, daß die Sowjets ein großes Interesse an den Erfindungen des tschechischen Psychotronik-Forschers Robert Pavlita zeigten. Pavlita konstruierte sogenannte psychotronische Generatoren, mit deren Hilfe er unter anderem psychokinetische und telepathische Effekte verstärkt haben will.[8]
Ein Psychotronik-Generator soll bei ESB-Experimenten hervorragend funktioniert haben. Diese Maschine besitzt einen rotierenden Zeiger, der auf kreisförmig angeordnete Karten gerichtet ist. Es ist ein Empfänger von psychotronischen Energien, die von einer paranormal veranlagten Person im Nebenzimmer ausgesandt werden. Das Medium konzentriert sich auf eine bestimmte Karte, und der Zeiger des Generators zeigt auf die gedachte Karte. Versuche mit Psychokinesemedien sollen mit Hilfe dieser psychotronischen Generatoren sogar Bakterien und Insekten vernichtet haben.
Lieutenant Colonel Thomas E. Bearden ist zum Beispiel überzeugt, daß die Sowjetunion mit einer psychotronischen Superwaffe das amerikanische Unterseeboot USS Thresher vernichtete. Laut Bearden sollen die Sowjets im Uralgebirge nicht weit von Kyshtym in einer geheimen Forschungsanlage Chelyabinsk Ende der fünfziger Jahre eine psychotronische Waffe mit der Bezeichnung *Howitzer* entwickelt haben.[9]
Mit dieser Waffe soll es möglich sein, ein weit entferntes Objekt zu vernichten, wenn man ein Foto desselben Objektes zerstört

UNCLASSIFIED

DDC REPORT BIBLIOGRAPHY SEARCH CONTROL NO. 091643

AD-A027 866 5/6 5/10
SYSTEM DEVELOPMENT CORP HUNTSVILLE ALA

An Approach to Understanding Psychotronics. (U)

DESCRIPTIVE NOTE: Technical briefing,
JUN 76 87P Bearden,Thomas E. ;

UNCLASSIFIED REPORT

DESCRIPTORS: *Parapsychology, *Logic, *Perception(Psychology), *Brain, *Observers, *Detection, *Equations, Charged particles, Models, Holograms, Mass, Time, Life(Biology), Cosmology, Photons, Four dimensional, Quantum theory, Interactions, Physics (U)
IDENTIFIERS: *Psychotronics, Metaphysics, Fourth law of logic, Identity of opposites, Aristotlean laws of logic, Many worlds interpretation, Biofields, Orthogonal problem, Metaphysics, Mind, Body problem, Orthogonal, Orthogonal three dimensional spatial frames, Debroglie waves, Antigravity, UFO's, Tulpas, Two slit experiment (U)

Psychotronics refers to the interaction of mind and matter, and so to a union of physics and metaphysics. The author advances a fourth law of logic together with the first three Aristotlean laws of logic form a complete, closed mutalogic encompassing both physics and metaphysics. A cluster of an infinite number of orthogonal 3-dimensional spatial frames, all containing the same single fourth dimension, or time axis, provides a framework onto which mind, matter, fields, being, life, and both physical and metaphysical phenomena can be fitted and precisely modelled. Thus metaphysics can be precisely modelled by, and related to, physics. A mind becomes a complete 3-dimensional physical world. From the model, constructs that model life, death, a biological system, psi, consciousness, inception, telepathy, psychokinesis, UFO's, God, and the collective unconscious can be taken. Materialization, dematerialization, and mind linkage also exist, as does a specific mechanism for tulpas (materialized thought forms). The two-slit experiment and the Hieronymus device are shown to involve the fourth law of logic. Feynman's (U)

AD-A027 866
UNCLASSIFIED PAGE

Abb. 2: Der Report mit dem Titel: »Eine Annäherung, um Psychotronik zu verstehen« wurde 1980 vom Technical Information Center der Defense Logistics Agency freigegeben. Darin wird auf die Verbindung zwischen Geist und Materie, Parapsychologie, das Manifestieren von Gegenständen und dem Gehirn eingegangen. Um diese Phänomene verstehen und durch psychotronische Anordnungen verstärken zu können, sind Militärwissenschaftler auf Mind-Control-Experimente und neurochirurgische Forschungen angewiesen.

oder manipuliert. Die Sowjets sollten in Chelyabinsk mit Hilfe des *Howitzers* die bei der Zerstörung des Fotos freigewordene psychoenergetische Energie verstärkt und zur USS Thresher gesandt haben. Dadurch sei das Unterseeboot auf mysteriöse Weise zerstört worden. Der Verlust der USS Thresher konnte niemals wirklich aufgeklärt werden. Das Unterseeboot verlor plötzlich den Funkkontakt, und kurz darauf brach der Rumpf des Bootes ohne ersichtlichen Grund entzwei.

Daß die Großmächte gegenwärtig ein großes Interesse für die Entwicklung psychotronischer Waffen zeigen, beweist ein Artikel, der 1998 in der militärischen Zeitschrift *Parameters* des US Army War College Quarterly mit dem Titel: »The Mind Has No Firewall« veröffentlicht wurde.[10] Der Verfasser dieses Artikels ist Lieutenant Colonel Timothy L. Thomas, ein Analytiker am Foreign Military Studies Office in Fort Leavenworth, Kansas. Er ist ein Spezialist für militärisch-politische Angelegenheiten der ehemaligen Sowjetunion.

In seinem Artikel zitiert er mehrere psychotronische Waffen, die derzeit laut Major I. Chernishev von den Russen und anderen Ländern entwickelt werden.[11] Die von Major Chernishev angeführten psychotronischen Waffen lauten:

1. Ein selbst regierender psychotronischer Generator, der im Bereich von 10 bis 150 Hertz arbeitet und Infraschall-Oszillationen um die 10 bis 20 Hertz erzeugt, die auf Lebewesen zerstörerisch einwirken.
2. Ein psychotronischer Generator, der leistungsstarke elektrische Ströme erzeugt, die man durch bestimmte Telefonleitungen, TV, Radionetzwerke und Glühlampen fließen lassen möchte, um unerklärliche Wohnungsbrände und Explosionen erzeugen zu können.
3. Ein Generator, dessen *Output* die Zentralnerven von Insekten paralysiert und der auch gegen Menschen eingesetzt werden kann.
4. Ultraschallwaffen, die die inneren Organe von Lebewesen stören oder vernichten können, ohne daß man an der Hautoberfläche Gewebeschäden feststellen kann.
5. Infra-niederfrequente Wellen (ILF-Wellen), mit denen man

Stimmen und Botschaften über Musik und Tonträger spielen kann. Diese durch die ILF-Wellen induzierten Botschaften sollen das Unterbewußte eines Konsumenten beeinflussen.
6. Der sogenannte *25.-Bild-Effekt*, eine Technik, bei der jedes 25. Bild eines Filmes eine unterbewußte Botschaft beinhaltet. Diese Technik kann gegen TV-Konsumenten, Programmierer oder Computerbetreuer eingesetzt werden.
7. Psychotropische Chemikalien, die man einem Politiker oder der ganzen Bevölkerung eines gegnerischen Landes in das Trinkwasser oder in Lebensmittel mischt. Diese Chemikalien rufen ähnlich wie die in der Rave- und Technoszene gängigen synthetischen Drogen Trance, Euphorie und Depressionen hervor. Die Symptome machen sich als Kopfschmerzen, Geräusche, Stimmen oder Kommandos im Gehirn, Übelkeit und sogar durch die Zerstörung der Herzmuskulatur bemerkbar.
In dem Artikel werden auch parapsychologische Aspekte von PSI-Waffen betrachtet. Darunter befinden sich Telepathie, Fernbeeinflussung, Hellsehen, Telekinese und Psychokinese. Lieutenant Colonel Thomas rät den amerikanischen Militärwissenschaftlern, daß sie ihre Forschungen in bezug auf diese neuartigen metaphysischen Waffen verstärkt betreiben sollen, da sich sonst ein vom russischen Armeemajor Chernishev geäußertes Zitat bewahrheiten könnte:
»Es ist eindeutig klar, daß der Staat, welcher als erster psychotronische Waffen besitzt, absolute Macht ausüben wird.«
Thomas meint, daß psychotronische Waffen eine größere Gefahr für die Menschheit darstellen werden als die nukleare Bedrohung durch die Atombombe.
Bei genauer Recherche in bezug auf neuartige Waffentechnologien finden sich viele dieser von Lieutenant Colonel Thomas beschriebenen, angeblich in Rußland in Entwicklung befindlichen Waffen im gegenwärtigen nicht-letalen Verteidigungsprogramm seines eigenen Landes wieder. In diesen zum Teil auch in *Verdeckte Operationen*[12] vorgestellten exotischen *Soft Kill*-Technologien kann man psychotronische Waffen und parapsychologische Experimente sehr gut tarnen. Unter diesem Gesichtspunkt be-

trachtet, befinden wir uns mitten in einem psychotronischen Rüstungswettlauf, der nach Ende des Kalten Krieges die atomare Bedrohung ablöste.

Wissenschaftler des amerikanischen Atomforschungszentrums Lawrence Livermore National Laboratories interessierten sich für ähnlich phantastische Waffenprojekte wie ihre sowjetischen Kollegen. Ein Projekt mit der Codebezeichnung 441k708-04 wird mit *Electroportation*[13] bezeichnet. Die Lawrence-Livermore-Wissenschaftler spekulierten über die Entwicklung von Gehirnbomben, wobei man die freiwerdende Energie einer nuklearen Waffe in das langwellige Ende des elektromagnetischen Spektrums fokussieren wollte, um die Gehirne des Gegners kurzschließen zu können.

Bei den zuvor erwähnten Projekten spielen extreme niederfrequente elektromagnetische Wellen (ELF-Wellen) eine größere Rolle als paranormale Phänomene. Wenn man sich die Arbeiten der zivil forschenden United States Psychotronic Association (USPA) durchsieht, findet man genügend Beispiele für die Entwicklung möglicher futuristischer, auf Strahlung basierender Waffen.

Dr. Harvey Bank stellte zum Beispiel fest, daß modulierte ultraviolette elektromagnetische Wellen (UV-Wellen) selektiv Bakterien und Krebszellen zerstören können.[14] Diese für medizinische Zwecke anwendbare Erkenntnis kann man natürlich auch für die Entwicklung von elektromagnetischen Waffen benützen. Die Effekte an biologischen Systemen hängen von den verwendeten Frequenzen, Strahlungsamplituden, Bandbreiten, der Pulsierung und der Art des bestrahlten biologischen Gewebes ab.

Wenn man die zuvor genannten physikalischen Parameter ändert, so daß sie dem menschlichen Organismus schaden, besitzt man eine Waffe, mit der man bei einem gesunden Menschen Krebs oder Geschwüre verursachen kann. Somit wird aus einer Erfindung, die zur Vernichtung von Salmonellen und feindlichen Krebszellen gedacht ist, eine lautlos einsetzbare, sehr gefährliche Waffe. Wir werden in den folgenden Kapiteln dieses Buches mehrmals auf diese Erkenntnis stoßen. Es ist nämlich durchaus

üblich, daß Geheimdienste und Militärs an Wissenschaftler, die an solchen Projekten arbeiten, herantreten, damit ihre Erfindungen für streng geheime Waffenentwicklungen herangezogen werden können.
Daß viele der zuvor genannten phantastischen Behauptungen auf gegenseitig zugespielten Desinformationen beider Supermächte beruhten, scheint heute klar ersichtlich zu sein. Es ist daher auch als sehr wahrscheinlich anzunehmen, daß die Sowjets keinen psychotronischen *Howitzer* entwickelt haben, auch wenn sie wie das amerikanische Militär psychotronische Forschungen betrieben und auch heute noch ein Interesse daran haben. Viele dieser undurchsichtigen, auf Desinformationen gestützten Behauptungen eignen sich sehr gut, um andere geheime Projekte in einem Labyrinth aus Lügen zu verbergen, damit man zivile Forscher, gegnerische Spione oder Politiker besser täuschen kann.

3 *Antigravitationsforschungen*

Der ehemalige NASA-Ingenieur Paul Hill untersuchte unzählige gut dokumentierte UFO-Nahbegegnungen in den Datenkatalogen diverser UFO-Forschungsorganisationen, die einen Hinweis auf die Einwirkung eines unbekannten Kraftfeldes beinhalten.[15]
So behauptete der Norweger Reidar Salvesen, daß er mit seinem Auto Anfang der siebziger Jahre eine UFO-Nahbegegnung hatte, bei der ein leuchtendes diskusförmiges Flugobjekt etwa 10 Meter über seinem Fahrzeug schwebte. Als er aus dem Fahrzeug stieg, wurde er von einer unbekannten Kraft zu Boden gedrückt. Zur selben Zeit wurde die Windschutzscheibe ins Innere seines Fahrzeuges gedrückt und pulverisiert.[16]
Bei anderen UFO-Sichtungen wurde beobachtet, daß sich Bäume verbogen haben, als das Flugobjekt darüber schwebte. Manchmal brachen sogar Äste ab, oder die Vegetation wurde abgetragen, obwohl kein Windzug wahrgenommen wurde. Einer der spektakulärsten Vorfälle dieser Art ereignete sich in den sechziger Jahren in Venezuela.[17]

Bei diesem Vorfall flog ein diskusförmiges Flugobjekt über einen Lastwagen, der auf einer Autobahn gerade einen Jeep überholen wollte. Die Zeugen dieses Ereignisses konnten keinerlei Antriebssysteme an dem Objekt ausmachen. Als das UFO über dem Führerhaus des Lastwagens flog, hob der Lastwagen vom Boden ab und schwebte einige Dezimeter über der Straßenoberfläche. Aufgrund dieses Ereignisses verlor der Lenker des Lastwagens die Herrschaft über sein Fahrzeug, so daß er von der Straße abkam und sich überschlug.

Paul Hill kam nach ausführlichen Untersuchungen von ähnlichen Vorfällen zu dem Schluß, daß ein Kraftfeld für diese Effekte verantwortlich gewesen ist. Grundsätzlich kommen drei physikalisch bekannte Kraftfelder in Betracht:

1. Elektrisches Kraftfeld.
2. Magnetisches Kraftfeld.
3. Gravitatives Kraftfeld.

Beim Punkt (3) muß es sich um ein Gravitationsfeld gehandelt haben, das dem irdischen entgegenwirkt. Antigravitation wird im allgemeinen im Zusammenhang mit negativer Masse und Antimaterie vermutet. Ein solches Feld würde auf Materie, so wie wir sie kennen, abstoßend wirken. Paul Hill vergleicht die bei UFO-Nahbegegnungen auftretenden Effekte mit den zuvor genannten Kraftfeldern. Das Resultat liefert einen eindeutigen Hinweis auf ein abstoßendes Gravitationsfeld, obwohl ein magnetisches Feld eine Nebenrolle zu spielen scheint.

Vor einiger Zeit ging eine Meldung um die Welt, daß es dem Physiker Dr. Eugene Podkletnov an der Universität von Tampere in Finnland gelang, Teile des Erdgravitationsfeldes abzuschirmen. In anderen Worten ausgedrückt, Dr. Podkletnov behauptete, er habe den Schlüssel zur Erzeugung von Antigravitations-Effekten entdeckt.[18] Diese Entdeckung würde bei ihrer Weiterentwicklung zu Antrieben führen, die ähnliche Effekte aufweisen würden wie die zuvor bei UFO-Nahbegegnungen beschriebenen.

Bald nachdem die ersten Meldungen von Dr. Podkletnovs Entdeckung in der Wissenschaftlichen Gesellschaft verbreitet wurden, ereigneten sich seltsame Dinge. Das britische Wissenschaftsmagazin *New Scientist* berichtete, daß Dr. Podkletnov eine Veröffentlichung in der wissenschaftlichen Fachzeitschrift *Physical Reviews* zurückgezogen habe, da sich eine amerikanische Institution für seine Entdeckung interessierte.

Nachdem man längere Zeit nichts mehr von Dr. Podkletnov hörte, wurde bekannt, daß die amerikanische Weltraumbehörde NASA seine Hypothesen in einem Laborversuch testen wollte. Anfang 1998 ging Klaus Simmering von der deutschen *Echtzeit-Fernsehproduktion* der Sache nach und forschte Podkletnov aus.[18]

Es stellte sich heraus, daß er bei einer Konferenz der International Astronautical Federation hochrangige Wissenschaftler der NASA, ESA, DLR und anderer Weltraumbehörden getroffen hatte. Diese Wissenschaftler fanden seine Entdeckung sehr wichtig und erforschen sie nun im Delta-G-Projekt des NASA-internen Breakthrough Propulsion Programmes. In diesem Forschungsprogramm werden neue zukunftsweisende Technologien für Luft- und Raumfahrzeuge untersucht.

Dr. Podkletnov konstruierte seine Versuchsanordnung innerhalb eines ein Meter großen Stahlgefäßes. In dieses Gefäß wurde flüssiges Helium eingelassen, um einen Kühlungseffekt zu erreichen. Danach wurde innerhalb des Gefäßes mit Hilfe magnetischer Spulen ein supraleitender Diskus mit 5000 Umdrehungen pro Minute zum Rotieren gebracht. Die Messungen ergaben, daß Gegenstände, die sich oberhalb des Diskus befanden, um 1 bis 2 Prozent leichter wurden, was auf einen Antigravitationseffekt zurückzuführen ist.

Der Physiker Dr. Giovanni Modanese meint, daß die Beobachtungen bei Podkletnovs Versuchen Einsteins Formeln widersprechen. Er vertritt jedoch auch die Meinung, daß Supraleiter Bedingungen hervorrufen, die zur Zeit noch unverstanden sind.

Dr. Podkletnov ist der Ansicht, daß der bei den Experimenten beobachtete Effekt die Luft oberhalb eines Flugobjektes um einige Prozent leichter machen kann und so der Luftdruck ausgenützt wird, um einen Auftrieb erreichen zu können. Der

Luftdruck wäre oberhalb des Flugobjektes geringer als darunter, so daß die Luft das Objekt nach oben stößt und es fliegen könnte.

Interessanterweise spielen diskusförmige Flugobjekte und Supraleiter auch bei den in *Verdeckte Operationen*[12] vorgestellten geheim entwickelten *Air Spikes* und in einem durch das FOIA-Gesetz freigegebenem CIA-Dokument über ein angeblich in Südamerika geborgenes UFO eine große Rolle. Auch gibt es Personen, wie den in *UFO-Geheimhaltung*[19] vorgestellten umstrittenen Physiker Bob Lazar, die behaupten, daß sie an *Schwarzen Projekten* gearbeitet haben, in denen man Antigravitationsantriebe von geborgenen außerirdischen UFOs in geheimen Forschungsanlagen wie in AREA-51/S4, Nevada, zu duplizieren versuchte.

Dieser Antrieb soll aus zwei Gravitationsamplifikatoren und einem Reaktor zur Energieerzeugung bestehen. Der Reaktor ist ein Anhilationsreaktor, der durch Antimaterie betrieben wird. Diese Anhilation soll durch Spaltung des superschweren Elementes 115 hervorgerufen werden. Dieses Element kommt in der Natur auf der Erde nicht vor, obwohl es auf einer Insel von stabilen Elementen im Periodensystem der Elemente theoretisch vorhergesagt wird.

Dieses Element soll in einem extrem kleinen Teilchenbeschleuniger beschossen werden, wobei es sich sofort spaltet und Antimateriepartikel entstehen. Die Partikel reagieren mit der umgebenden Materie und erzeugen über verlustfreie thermodynamische Prozesse elektrische Energie. Mit dieser Energie sollen die Gravitationsamplifikatoren betrieben werden. Die Amplifikatoren sollen wiederum phasenverschobene Gravitationswellen erzeugen, die einen Körper an- oder abstoßen.

Der AREA-51-Fachmann Glenn Campbell stieß 1995 auf einen anderen angeblichen *Schwarze Welt*-Insider, der Lazars Behauptungen unterstützte.[20] Jarod-2 (Pseudonym) gibt vor, an einem Flugsimulator für einen Antigravitationsflugkörper gearbeitet zu haben. Jarod-2 behauptet, daß die aktuellen UFO-ähnlichen Flugkörper vom amerikanischen Militär konstruiert wurden, aber auf außerirdischer Technologie beruhen. Diese Informationen sollen laut Jarod-2, nachdem Teile des Militärs in den vierziger Jahren in den Besitz von UFO-Hardware gelangt sind, von einer Schattenregierung, unabhängig von der gewählten Regierung, verwaltet und untersucht worden sein. Er soll selbst über 30 Jahre für diese Schattenregierung gearbeitet haben.

Was alle diese Geschichten unglaubwürdig macht, ist, daß diese Informanten *alle* vorgeben, daß die Schattenregierung mit außerirdischen Wesen in Kontakt steht. Jarod-2 soll angeblich mit einem kleinen grauen Außerirdischen, den er die Bezeichnung Jarod-1 gibt, zusammengearbeitet haben. Wenn Jarod-2 zum Beispiel behauptet, daß ein Außerirdischer im grauen Anzug der technische Berater bei dem Antigravitations-Flugsimulator-Projekt war, wird die Angelegenheit lächerlich.

Verbreiten diese Personen Desinformationen, um wirkliche Antigravitationsprojekte, die mit ähnlichen Techniken wie Dr. Podkletnovs Entdeckung funktionieren, zu verschleiern?

Werden in diversen unterirdischen Forschungseinrichtungen der Luft- und Raumfahrtunternehmen wirkliche UFO-Wracks untersucht und die Kontaktgeschichten aus Gründen der Gegenspionage verbreitet?

Sollte das Unglaubliche wirklich wahr sein und Teile des amerikanischen Militärs mit angeblichen UFO-Insassen zusammenarbeiten?

Vielleicht will man außenstehende Wissenschaftler oder feindliche Mächte bewußt auf eine Element-115-Antimaterie-Verbindung hinführen, um eine wirkliche Antigravitation erzeugende Methode zu verschleiern. Die *Alien*-gläubige Fangemeinde würde in diesem Fall für die nötigen Spektakel sorgen und eine unglaubliche Gerüchteküche verbreiten.

Der deutsche Forscher Karl-Heinz Zunneck hat in seinem 1998 erschienenen Buch *Geheimtechnologien, Wunderwaffen und die irdischen Facetten des UFO-Phänomens*[21] ausführlich die seriösesten Informationen zur Thematik der Flugkreisel oder deutschen Flugscheiben zusammengetragen.

Unter anderem soll der deutsche Konstrukteur Ingenieur Heinrich Richard Miehte an dem geheimnisumwobenen V7-Projekt, einem diskusförmigen Flugkörper während des Zweiten Weltkrieges, gearbeitet haben. Laut Miehte waren die Motoren der V7 eine Weiterentwicklung der BMW028-Maschinen, die von einem axialen Turboreaktor M-018 abstammten. Die V7-Motoren besaßen einen sechsstufigen Kompressor, eine ringförmige Verbrennungskammer und eine Spezialturbine, die für Stratosphärenflüge entwickelt worden war. Angeblich sollen die Aggregate und V7-Unterlagen den Sowjets in die Hände gefallen sein. Die Miehte-Flugscheibe soll einen Durchmesser von etwa 42 Meter gehabt

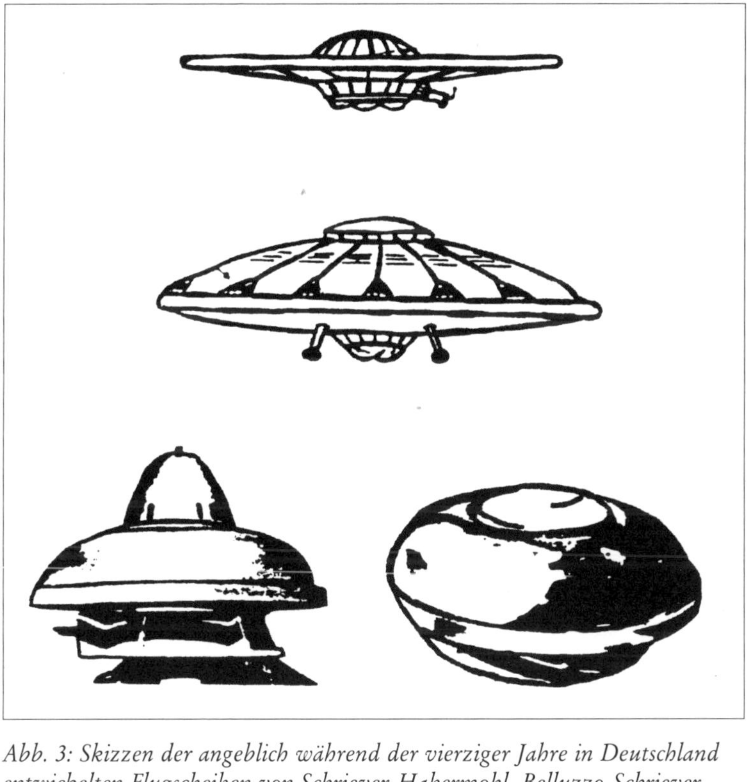

Abb. 3: Skizzen der angeblich während der vierziger Jahre in Deutschland entwickelten Flugscheiben von Schriever-Habermohl, Belluzzo-Schriever-Miehte und Schauberger.

haben. Ein innerer Metallring, auf dem in gleichen Abständen zwölf Turbinen angebracht waren, drehte sich wie ein Gyroskop um den zentralen, feststehenden Teil. Im Prinzip konnte diese Flugscheibe wie ein Hubschrauber starten und landen.
Der österreichische Forscher Viktor Schauberger soll während des *Zweiten Weltkrieges* eine etwa drei Meter durchmessende Flugscheibe bis zur Decke eines neun Meter hohen Hangars beschleunigt haben, wobei sie zu Bruch ging. Bei Kriegsende wurden Schauberger und andere deutsche Wissenschaftler, die an solchen Flugscheiben arbeiteten, in die USA, nach England und die Sowjetunion gebracht.[22]
Der von Schauberger entwickelte Antrieb wurde als Implosionsmotor bezeichnet, der auf dem Prinzip von rotierendem Wasser beruht. Laut Schauberger verursachte seine Erfindung innerhalb von Sekunden eine Niederdruckzone, wenn Luft und Wasser in Verbindung mit einem fallenden Temperaturgradienten radial und axial zueinander bewegt wurden. Kurz bevor Viktor Schauberger 1958 verstarb, erzählte er Freunden, daß er an streng geheimen Projekten für die amerikanische Luftwaffe arbeitete.[23]
Der am 3. September 1997 in Rosenheim verstorbene 82jährige deutsche Konstrukteur und Erfinder Joseph Andreas Epp behauptete gegenüber Redakteuren der Zeitschrift *Wissenschaft ohne Grenzen*, daß er selbst an solchen deutschen Flugscheiben arbeitete. Laut Epp soll eine von den Ingenieuren Miehte und Belluzzo entwickelte Scheibe bereits 1943 erprobt worden sein. Andere Forschungen sollen in Prag stattgefunden haben.[24]
Andreas Epp behauptete, daß er 1958 eine Flugscheibe mit der Bezeichnung *Omega-Diskus 39/58* entwickelt hatte. Als er bei den Besatzungsmächten um finanzielle Unterstützung ansuchte, wurde er vom Chefassistenten der Bell Aircraft Corporation, dem deutschen *Paperclip*-Wissenschaftler Dr. Walter Dornberger, besucht, und die Konstruktionspläne wurden eingezogen. Besonders wichtig ist aber, daß laut Epp die Antriebe der deutschen Flugscheiben *nicht* auf Antigravitationsbasis beruhten.
Nicht nur die Deutschen forschten während des *Zweiten Welt-*

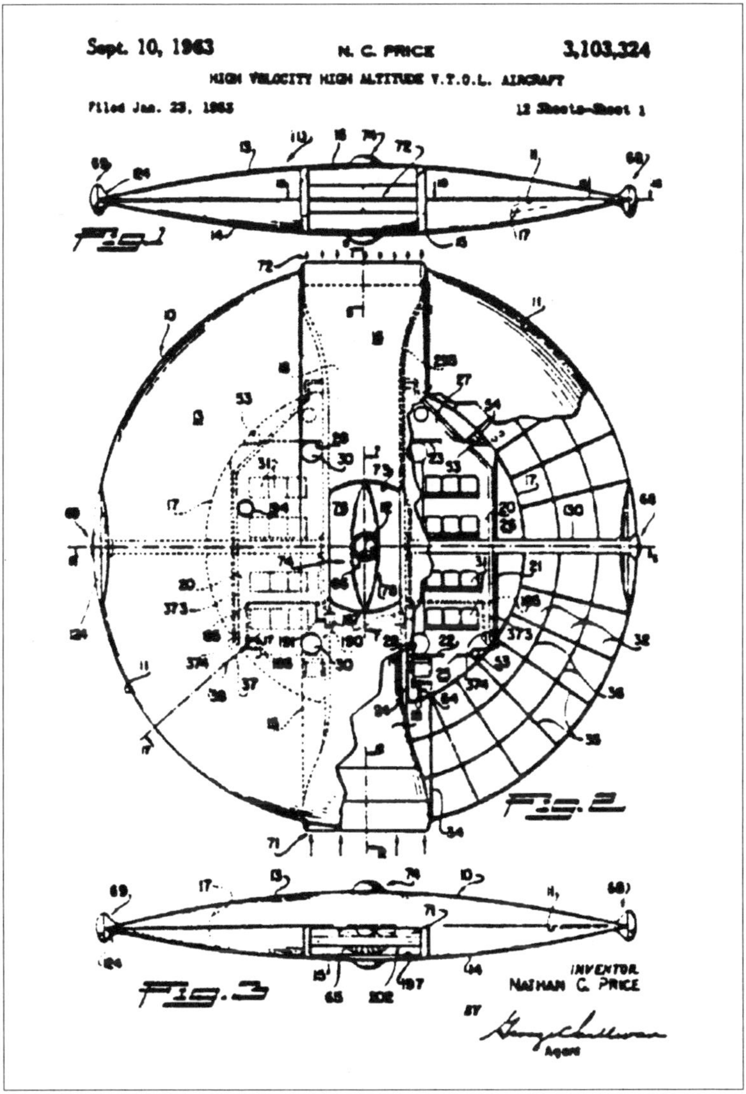

Abb. 4: Ein Patent vom 10. September 1963 beschreibt einen scheibenförmigen Flugkörper, der vertikal und horizontal fliegen kann. Solche Flugscheiben könnten durchaus die Basis für gegenwärtige UFO-ähnliche militärische Drohnen bilden.

krieges an Flugscheiben. In den USA entwickelte der Amerikaner Thomas Townsend Brown in den dreißiger und vierziger Jahren elektrisch geladene rotierende Flugscheiben.[25]

Der Elektroingenieur Moray B. King von der Universität Pennsylvania untersuchte Browns Erfindungen und fand heraus, daß Plasmawirbel die levitativen Effekte für eine praktische Anwendung verstärken könnten.[26] Townsend Brown entdeckte, daß die Luft um eine positiv geladene Kondensatorplatte ionisiert wird (zum Leuchten anregt) und sich die Ionen (geladene Atome oder Moleküle) auf die negativ geladene Kondensatorplatte zubewegen. Durch diesen von den Ionen verursachten Rückstoßeffekt bewegt sich der Kondensator.

Ein Kollege von Brown patentierte 1969 einen auf Browns Entdeckung beruhenden magnetohydrodynamischen Antrieb. Bei diesem Antrieb wird ein Magnetfeld erzeugt, das die Ionen nach unten beschleunigt, und die rückstoßende Kraft bewegt das Vehikel nach oben.

Ähnliche Experimente mit rotierenden, elektrisch geladenen Scheiben wurden in den vierziger Jahren von dem Briten John Searl durchgeführt.[27] Die von Searl entwickelten Flugscheiben hatten folgende Nebeneffekte:

1. Levitation.
2. Sehr hohe elektrostatische Felder.
3. Die Felder wechselwirken mit elektrischen Geräten.
4. Das elektrische Feld ionisiert die Luft um die Scheibe und erzeugt ein Vakuum.
5. Die Flugscheibe bewegt sich von der Planetenoberfläche weg.
6. Wenn die Scheibe vom Boden abhebt, wird die Materie am Boden beeinflußt.

Die von Searl konstruierten Flugscheiben hinterließen verbranntes Gras oder verwirbelte Erde. Ähnliche Nebenwirkungen wurden bei vielen UFO-Nahbegegnungen beobachtet. Bei genauer Betrachtung dieser während der vierziger und fünfziger Jahre gemachten Erfindungen stellt man fest, daß sie der von Dr. Podkletnov gefundenen Gravitationsabschirmung sehr ähnlich sind.

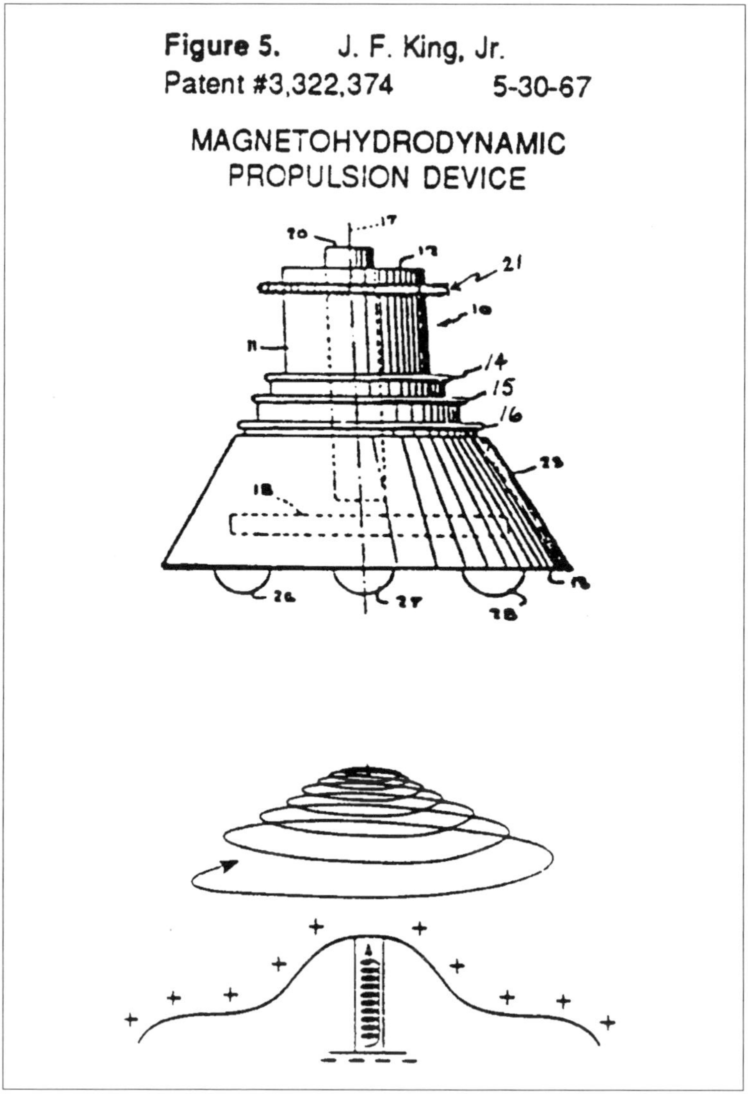

Abb. 5: Dieses Patent aus dem Jahre 1969 beschreibt ein von Townsend Brown und Frank King entwickeltes magnetohydrodynamisches Antriebssystem, das möglicherweise, in einer weiterentwickelten Version, in gegenwärtigen militärischen UFO-ähnlichen Flugkörpern seine Anwendung findet.

Physiker der deutschen Forschungsorganisation MUFON-CES vertreten die Ansicht, daß es mit Hilfe der *Heimschen Feldtheorie* möglich ist, Antigravitationseffekte zu erklären bzw. zu erzeugen. Der theoretische Physiker Prof. Beck gibt in dem 1993 erschienenen MUFON-CES-Report Nr. 11 einen kurzen theoretischen Abriß dieser sehr komplizierten Theorie.[28]

Es ist durchaus möglich, daß die während des Krieges entwickelten Flugscheiben-Experimente für die sogenannten *Foo Fighter*-Sichtungen während des *Zweiten Weltkrieges* verantwortlich waren. Da diese Projekte sehr geheimgehalten wurden, waren die Flugzeugpiloten, die diese Objekte sichteten, nicht eingeweiht. Der zuvor erwähnte deutsche Flugscheibenentwickler Andreas Epp vertrat die Meinung, daß UFO-Phänomene künstlich aufrechterhaltene Märchen sind, um von tatsächlichen Gegebenheiten ablenken zu können.

Er meint, daß das Geheimwissen um diese Flugscheiben Ende der vierziger Jahre in den USA an die Öffentlichkeit kam. Möglicherweise beruht der Roswell-Zwischenfall auf einem mißglückten Flugscheibentest. Kontaktler wie George Adamski setzten laut Epp diese Gerüchte in Geld um und verbreiteten die Geschichten von außerirdischen Besuchern. Amerikanische Spezialisten zur psychologischen Kriegsführung sollen die Adamski-Geschichten geschürt haben. Die Hinweise bezüglich deutscher Flugscheiben sollen mit Lügengeschichten verunglimpft worden sein. Eine der größten erfundenen Geschichten soll die von deutschen Fliegenden Untertassen und U-Bootstützpunkten in der Antarktis gewesen sein.

Wir haben in *Verdeckte Operationen*[12] nachgewiesen, daß die amerikanischen Luft- und Raumfahrtunternehmen Lockheed-Martin, McDonnel Douglas und Northrop in ihren geheimen Untergrundfabriken diskusförmige, UFO-ähnliche Flugkörper entwickeln. Andere aus dem SDI-Projekt hervorgegangene Projekte befassen sich mit der Entwicklung von laserbetriebenen UFO-ähnlichen Flugkörpern. Diese unbemannten Flugobjekte werden gegenwärtig an der High Energy Laser Test Facility (HELSTF) in New Mexiko entwickelt und im Flug getestet.

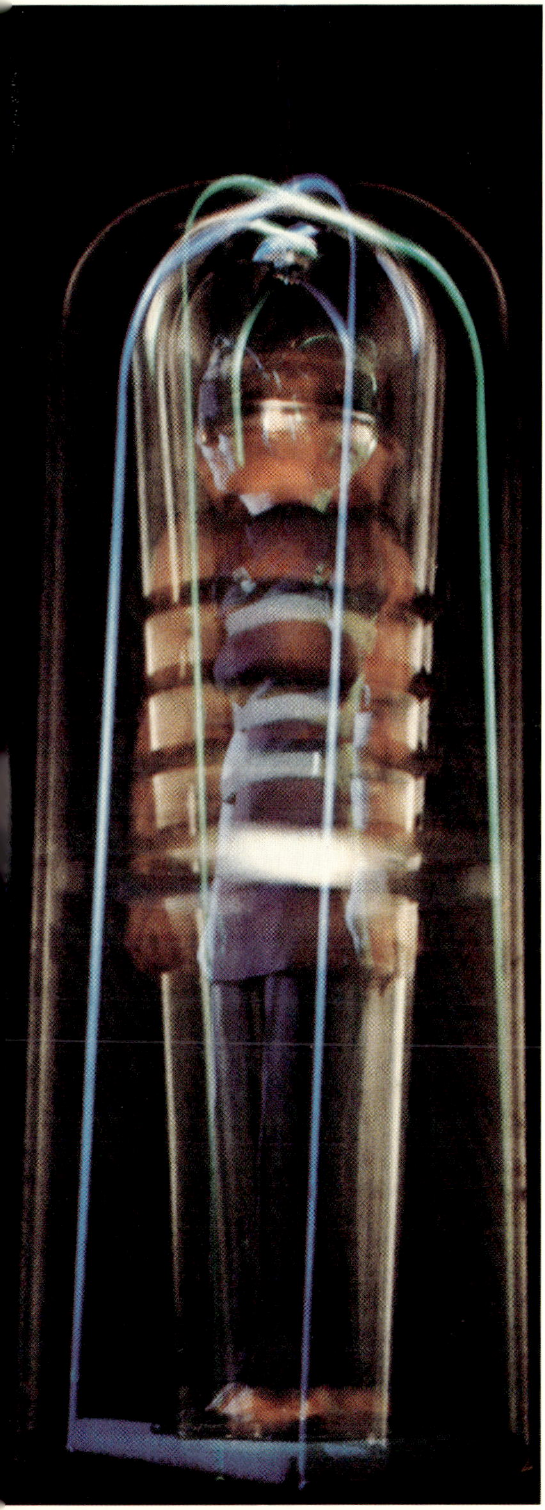

1 Das Foto zeigt eine mit verbundenen Augen und Kopfhörern ausgestattete Versuchsperson, die sich in einem schwingenden von der Labordecke hängenden schalldichten Behälter befindet. Mit dieser Vorrichtung wird die Versuchsperson in Trance versetzt und soll aufgrund der Sinnesisolation und verändertem Realitätsempfinden auf Telepathie wesentlich empfindlicher ansprechen. Im Mittelalter wurden sogenannte Hexenwiegen benützt, damit Hexen und Zauberer angeblich mit dem Teufel kommunizieren konnten. Versuche dieser Art wurden an dem in Mind Control-Projekten verwickelten Traumforschungszentrum Maimonides Medical Center in Brooklyn durchgeführt.

2

2 Das russisch-bulgarische Psych kinesemedium Nina Kulagina blic auf einige Gegenstände, die sie zuvor mit ihrem Geist bewegt hat. Bei einigen Versuchen gelang es ih den Herzschlag von Tieren und Menschen zu beeinflussen. Ein Agent, der psychokinetische Fähigkeiten besitzt, könnte, ohne erwischt zu werden, ein politisches Attentat durchführen, indem er bei seiner Zielperson mental einen Herzstillstand auslöst.

3 Eine Versuchsperson, die am Traumforschungslabor Maimonides in Brooklyn an einem Traumbeeinflussungs-Telepathie-Experiment teilnahm. Bei diesem Experiment versuchte ein paranormal begabtes Medium, die Träume einer Testperson über Telepathie zu beeinflussen.

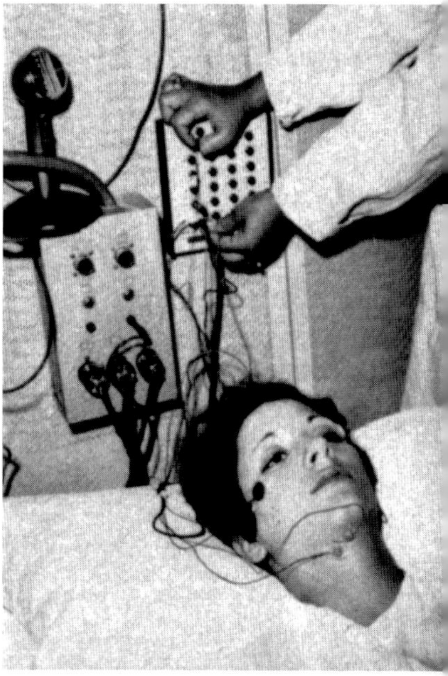

4 Die beiden oberen Linien zeigen die Gehirnwellen einer russischen Testperson, die von einem Telepathen mental zum Einschlafen und Aufstehen gezwungen wurde. Die unteren Linien gehören zum Telepathen, der zum Zeitpunkt, welcher mit einem x gekennzeichnet ist, die Testperson aus dem Schlaf aufweckt. Das x an der Linie der Testperson gibt den etwas zeitverschobenen Zeitpunkt an, bei dem die Versuchsperson medial beeinflußt wurde.

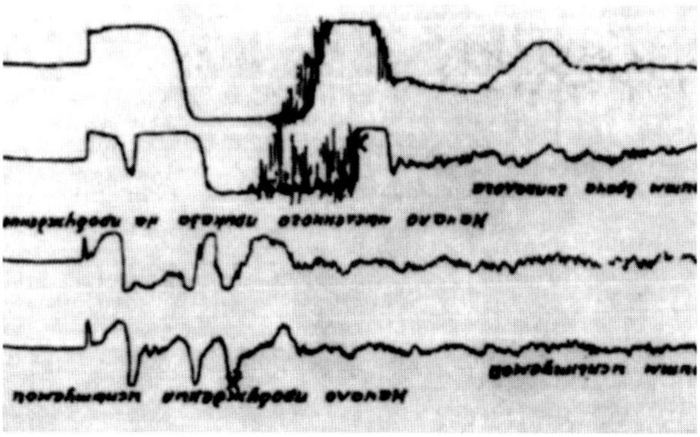

4

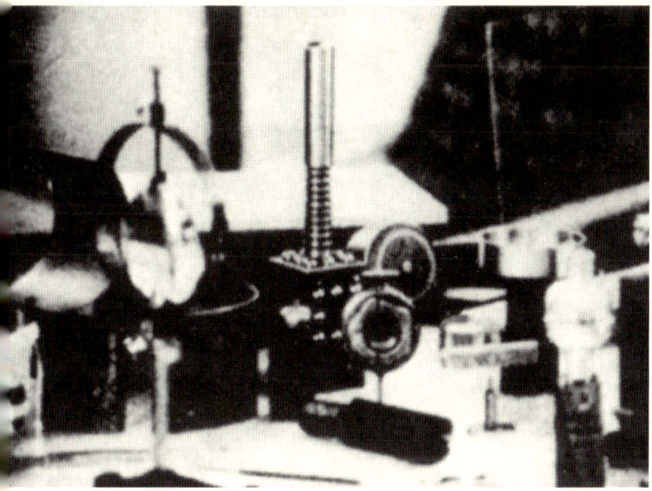

5 Einer der mehr als 70 vom tschechischen Psychotronikforscher Robert Pavlita patentierten psychotronischen Generatoren. Die von Pavlita erfundenen Maschinen erregten beim sowjetischen Geheimdienst während des Kalten Krieges eine sehr große Aufmerksamkeit.

6 Bei dem angeblich auf psychotronischen Techniken beruhenden Philadelphia-Experiment soll es der US-Marine 1943 gelungen sein, den Geleit-Zerstörer USS Eldrige unsichtbar zu machen und von einem Dock in ein anderes teleportiert zu haben. Aufgrund physikalischer Gesetze ist es allerdings sehr viel wahrscheinlicher, daß bei diesem Projekt Versuche zur Radar- oder optischen Unsichtbarkeit durchgeführt wurden. Im Insert ist ein Modell des britischen Stealth-Schiffes »Sea Wraith« zu sehen.

6

7 

7 Ein Blick auf den Eingang der Lockheed Helendale-Untergrundbasis veranschaulicht, wie leicht es ist, neuartige Technologien vor den Augen der Öffentlichkeit zu verbergen. Solche unterirdischen Forschungsanlagen sind mehrere Etagen tief und beherbergen Platz für Hunderte Wissenschaftler und Techniker, die verborgen unter der Erdoberfläche an »Schwarzen Projekten« arbeiten (© Dr. Richard Sauder).

8 Diese Fotos zeigen ein Modell des Tarnkappenjägers F-117 aus den frühen achtziger Jahren und ein gegenwärtig entwickeltes UFO-ähnliches Flugobjekt an der Spitze einer Hebevorrichtung der Lockheed Helendale-Untergrundbasis in Südkalifornien. Auf dieser Untergrundbasis werden unter anderem Radarrückstrahlquerschnitte von exotischen Flugkörpern vermessen (© Dr. Richard Sauder).

8 

9

Illustration eines dreieckförmigen unbemannten Flugkörpers, der für die US-Marine von ockheed entwickelt wird. Im Hintergrund ist ein radarunsichtbares Schiff zu sehen.

0 Dieses exotisch aussehende Flugobjekt wird zur Zeit von Northrop/Grumman entwickelt.)er unbemannte Flugkörper ist für Radar unsichtbar und besitzt unglaubliche Flugeigenschaften.

10

11

11 Es gelangen immer mehr Hinweise ans Tageslicht, daß in Deutschland während des Zweiten Weltkrieges an Flugscheiben und exotischen Flugkörpern gearbeitet wurde. Im Bild ist eine V1 zu sehen, bei der ein Pilotensitz angebracht wurde. Amerikanische Soldaten stellten diese steuerbare Rakete im Mittelwerk sicher. Möglicherweise testete man bei White Sands nahe Roswell einen dieser exotischen deutschen Flugkörper. Ein Absturz wäre sofort vertuscht worden, da man verhindern wollte, daß man deutsche Paperclip-Wissenschaftler und möglicherweise beschlagnahmte deutsche Flugscheiben im Land hatte.

12 Dieses 1943 aufgenommene Foto zeigt Major General Dr. Dornberger von rückwärts gesehen und Dr. Wernher von Braun in der Mitte während einer Inspektion des Waffenbüros de[r] deutschen Armee durch hochrangige Militärs. Im Insert ist der Paperclip-Wissenschaftler Dr. von Braun 1962 an der Seite des amerikanischen Präsidenten John F. Kennedy während eines Besuches am Marshall Space Flight Center der NASA zu sehen.

12

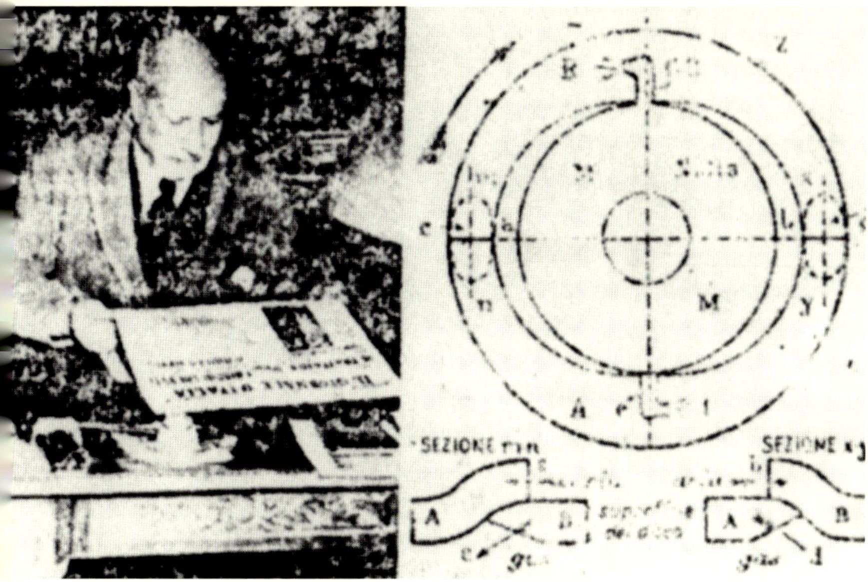

13

3 Links im Bild ist der italienische Physiker Dr. Giuseppe Belluzzo zu sehen, der angeblich 941 eine fliegende Scheibe entwickelte und während des Zweiten Weltkrieges an Deutschlands lugscheiben-Projekten arbeitete. Rechts im Bild sieht man einen Konstruktionsplan einer von r. Belluzzo entwickelten Flugscheibe.

4 Der am 3. September 1997 verstorbene deutsche Konstrukteur Joseph Andreas Epp gab n, daß er selbst an deutschen Flugscheiben-Projekten mitarbeitete. Laut Epp soll eine funktinsfähige Flugscheibe von den Ingenieuren Miehte und Belluzzo 1943 erprobt worden sein. Epp ehauptete auch, daß er 1958 eine Flugscheibe mit der Bezeichnung »Omega-Diskus 39/58« ntwickelte und, nachdem er vom Paperclip-Wissenschaftler und Chefassistenten der Bell ircraft Corporation Dr. Walter Dornberger besucht wurde, die Konstruktionspläne eingezogen wurden (© Wissenschaft ohne Grenzen).

14

15 Die Aufzeichnungen zeigen elektrisch geladene rotierende Flugscheiben, die vom amerikanischen Ingenieur Townsend Brown entwickelt wurden. Möglicherweise waren sie die Vorgänger von gegenwärtig entwickelten UFO-ähnlichen Flugkörpern, die in AREA-5 getestet werden.

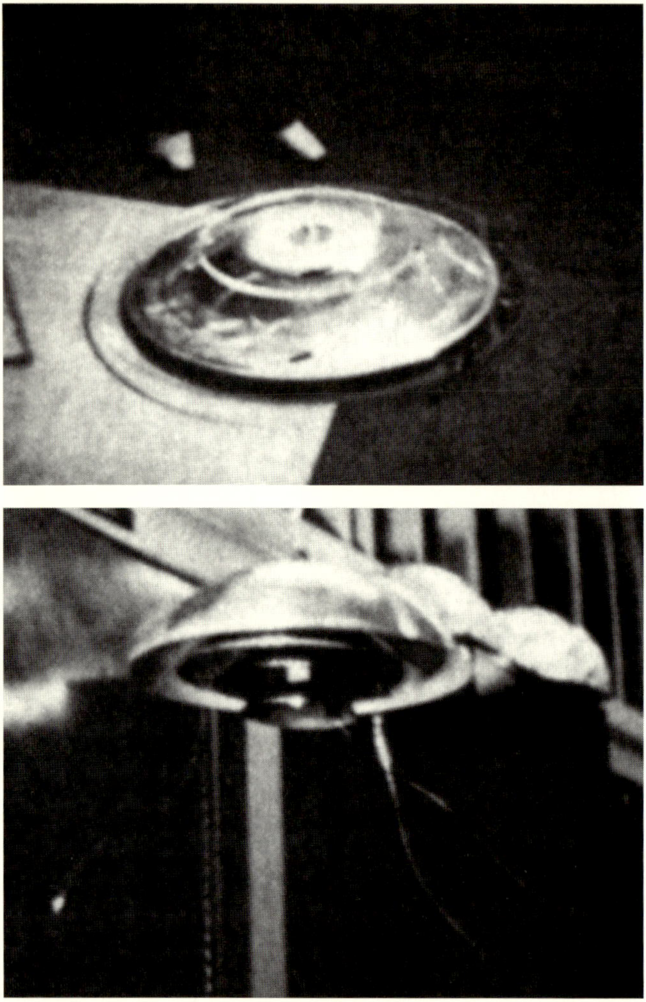

15

16 Diese fliegende Scheibe wurde 1955 in Frankreich konstruiert, besitzt einen Durchmesser von etwa 10 Metern und wird von drei 135 PS starken Maschinen und einem Turbojet, der an der Unterseite zu sehen ist, angetrieben.

16

Jeder nicht in die Tests eingeweihte Zeuge würde solche Flugobjekte als *Alien*/UFO bezeichnen. Es ist durchaus möglich, daß diese Betriebe, teilweise finanziert durch Geldquellen aus der *Schwarzen Welt*, die von Miehte, Epp, Schauberger, Brown, Searl und anderen Forschern gemachten Erfindungen weiterentwickeln oder in ihren Antigravitations-Forschungen viel weiter sind als die NASA-Wissenschaftler im Projekt *Delta-G*. Nach all diesen phantastischen Behauptungen kann man jedoch mit Gewißheit sagen:

1. UFO-Phänomene scheinen Antigravitations-Effekte auszuüben.
2. Zivile und militärische Behörden haben ein großes Interesse, hinter das Geheimnis zur Erzeugung von Antigravitation zu kommen. Diese Projekte haben vor allem im militärischen Bereich eine enorm hohe Geheimhaltungsstufe.
3. Die Diskusform, Supraleiter und als Folge davon hohe elektromagnetische Felder scheinen eine wichtige Rolle bei der Erzeugung von antigravitativen Effekten zu spielen.
4. Die großen Luft- und Raumfahrtkonzerne entwickeln und testen UFO-ähnliche Flugkörper.

4 *Das Rätsel des verschwundenen Schiffes*

Nicht nur aus der Sowjetunion kamen nach Ende des *Kalten Krieges* Gerüchte über phantastische Experimente an die Öffentlichkeit. Ein angeblich auf Psychotronik beruhendes Projekt ging als Philadelphia-Experiment in die Geschichte ein. Bei diesem Experiment soll die US-Marine 1943 den Geleit-Zerstörer USS Eldridge unsichtbar gemacht und von einem Dock in ein anderes teleportiert haben.

Die Geschichte wurde in unseren Breiten das erste Mal von Charles Berlitz und William Moore veröffentlicht.[29] Dieselben Forscher publizierten etwa zur gleichen Zeit ein Buch über den mittlerweile allseits bekannten Roswell-Zwischenfall – den angeblichen Absturz und die Bergung eines UFOs.

Der umstrittene Astrophysiker Morris K. Jessup erhielt am 13. Januar 1965 einen Brief von Carl M. Allende, der behauptete, daß 1943 eine Anwendungsmöglichkeit für die Einheitliche Feldtheorie (Vereinheitlichung der elektrischen, magnetischen und gravitativen Naturkräfte) entwickelt und von der US-Marine getestet wurde. Dieser Versuch soll schreckliche Auswirkungen auf die Besatzung der USS Eldridge gehabt haben. Der mysteriöse Briefschreiber behauptete, daß er das Experiment als Zeuge von dem Begleitschiff SS Andrew Furuseth mit verfolgte. Er schrieb in seinem Brief:

»Ich beobachtete, wie die Luft um das Schiff herum dunkler wurde. Ich sah nach einigen Minuten einen grünen Dunst aufsteigen, wie eine feine Wolke. Dann beobachtete ich, wie das Schiff schnell dem menschlichen Auge unsichtbar wurde.«

Laut Allende soll das Experiment bis auf die furchtbaren Folgen für die Besatzung erfolgreich verlaufen sein. Einige Männer sollen sofort gestorben sein, andere wurden wahnsinnig oder fielen immer wieder in die Unsichtbarkeit zurück. Außerdem behauptete Allende, es sei noch ein weiteres Experiment durchgeführt worden, bei dem das Versuchsschiff von seinem Dock in Philadelphia zu einem anderen Dock in der Gegend von Newport News, Virginia, teleportiert worden sei. Schließlich gab Allende noch seine Militärnummer Z4161175 an und nannte die Namen weiterer Zeugen oder Personen, die irgendwie in die unglaubliche Affäre verwickelt waren.

Wenn man diese Gerüchte vom physikalischen Standpunkt aus betrachtet, kommt man bald zu dem Schluß, daß an den Behauptungen von Allende etwas faul sein muß. Um einen Gegenstand von Ort A nach Ort B zu teleportieren, müßte man die komplette Information und den kompletten physikalischen Zustand des Objektes erfassen, in Energie umwandeln und nach Ort B senden. Der Empfänger bei B müßte eine Anordnung haben, um das Objekt aus dem energetischen Zustand zurück in seine ursprüngliche Form zu verwandeln. Nach den Kenntnissen der Quantenmechanik ist dieser Vorgang nicht möglich, da man laut Unschärferelation niemals die *komplette* Information eines phy-

sikalischen Gegenstandes erfassen kann. Diese physikalischen Grundgesetze widersprechen deshalb auch den Behauptungen der an dem Philadelphia-Projekt beteiligten Zeugen.
Die 1997 an der Universität von Innsbruck, Österreich, erfolgreich durchgeführten Quantenteleportations-Experimente arbeiten mit einer anderen Methode als das zuvor geschilderte und in der Science-fiction-Literatur beschriebene *Beamen*.[30]
Die österreichischen Wissenschaftler nützten das quantenmechanische Phänomen der *Verwicklung* von Photonen (Lichtteilchen) und Atomen aus. Die *quantenmechanische Verwicklung* ist wiederum mit dem *non-locality*-Phänomen (nicht lokalisierbar) eng verbunden. *Non-locality* bedeutet in der Quantenmechanik, daß zwei Teilchen, die sich in einem quantenmechanisch verwickelten Zustand befinden, ihre Quantenzustände während einer Messung eines Teilchens *gegenseitig* beeinflussen. Bei diesem Vorgang scheint es, als ob die Teilchen schneller als mit Lichtgeschwindigkeit miteinander kommunizieren.
Wenn eine Photonenquelle Lichtteilchen in einem *quantenmechanisch verwickelten* Zustand nach Ort A und Ort B aussendet und der physikalische Zustand eines Teilchens in Ort A gemessen und bekannt ist, wird ein Experimentator am Ort B dasselbe Resultat erhalten, völlig unabhängig, wie weit die beiden Orte voneinander entfernt sind. Mit anderen Worten ausgedrückt, wissen die Experimentatoren beim Ort A immer das Resultat, das ihre Kollegen am Ort B messen werden, obwohl sie niemals miteinander in Kontakt waren.
Mit Hilfe dieses Effektes ist es möglich, jeden Quantenzustand eines Teilchens von Ort A zum Ort B zu teleportieren. Mit anderen Worten ausgedrückt, bedeutet das, daß eine Messung an zwei Photonen, von denen eines von einem *quantenmechanisch verwickelten* Paar stammt, dahingehend resultiert, daß die übrigen zwei Photonen quantenmechanisch miteinander verbunden werden, auch wenn sie niemals miteinander in Wechselwirkung traten.
Im Prinzip sollte es auch möglich sein, Atome zu teleportieren, da es vor kurzem französischen Physikern an der Ecole Normale

Supérieure in Paris gelungen ist, Rubidium-Atome über eine Entfernung von einigen Zentimetern quantenmechanisch zu verwickeln.[31] Es ist aber mehr als unwahrscheinlich, daß man mit einer solchen Methode Anfang der vierziger Jahre Personen oder sogar ein Schiff zwischen zwei Docks teleportierte.

Nach Erscheinen des Berlitz/Moore-Buches wurde von seriösen Forschern vermutet, daß die Geschichte in ihrer Komplexität möglicherweise ein Schwindel sei. Da William Moore auch in die umstrittene Roswell-Majestic-12-Affäre verwickelt ist und bei der MUFON-Tagung 1989 in Las Vegas, Nevada, vor dem Publikum zugab, Desinformationen im Auftrag von Regierungsbeamten verbreitet zu haben, ist dies keineswegs verwunderlich. Doch selbst seriöse Forscher glaubten zunächst weiter, daß es der US-Marine damals gelungen sei, die USS Eldridge für Radar unsichtbar zu machen.

Der bekannte Forscher Dr. Jacques Vallée befaßte sich ebenfalls mit dem Philadelphia-Experiment und fand bei seinen langwierigen Nachforschungen einen weiteren Augenzeugen, der auf einem Begleitschiff des fraglichen Zerstörers diente und in der Nacht des scheinbaren Verschwindens dabei war, welches er in allen Einzelheiten zu schildern vermochte. Dieser Zeuge bestätigte, daß die Idee einer tatsächlichen Geheimentwicklung richtig war, obwohl sie nichts mit einem Radartest oder einer Teleportation zu tun hatte.[32]

In Wirklichkeit führte die Marine ein *Schwarzes Projekt* durch, um Schiffe für magnetische Torpedos nicht aufspürbar zu machen, indem man sie entmagnetisierte. Bei diesem Vorgang wickelte man mehrere Kabel um das Schiff, an die man dann eine hohe Spannung anlegte, damit die dem Schiff eigene magnetische Signatur verwischt würde. Die beiden Schiffe gingen danach auf eine Probefahrt zu den Bermudas und zurück nach Philadelphia. Der Zeuge konnte sich erinnern, daß die Schiffe auf der Rückfahrt in Elmsfeuer gehüllt wurden.

Elmsfeuer sind elektrische Stürme, die man auf offenem Meer öfters sehen kann. Die USS Eldridge und das Begleitschiff wurden deshalb von einem grünen Leuchten umgeben, das, nachdem es zu regnen begann, wieder verschwand. Anhand der von Dr. Jacques Vallée durchgeführten Recherchen sieht man, wie aus einem wirklichen *Schwarzen Projekt*, einem seltenen Naturphänomen und Desinformationen ein bis heute erhaltener Mythos entstehen kann.

Vor kurzem kamen allerdings Zweifel auf, ob der von Dr. Jacques Vallée ausgeforschte Zeuge die Wahrheit sagte.[33] So behauptet der Forscher Marshall Barnes, daß er Hinweise fand, die nahelegen, daß der Zeuge gelogen hat und möglicherweise ein Experiment stattfand, bei dem Schiffe durch die Beeinflussung der optischen Lichtwellen für einen Beobachter unsichtbar wurden. Auch wenn das Philadelphia-Projekt ein optisches *Stealth*-Projekt war, kann man die phantastischen Behauptungen über Teleportation und Dimensionssprünge aufgrund physikalischer Kenntnisse ausschließen.

Daß die Marine ihre Schiffe für Radar unsichtbar machen möchte, steht außer Zweifel. Mitte der achtziger Jahre entwickelten die US-Marine, die Advanced Research Project Agency (ARPA) und die Lockheed Missiles & Space Company (LMSC) ein für Radar unsichtbares Schiff, das dem Design nach aus einem James-Bond-Film stammen könnte. Die *Sea Shadow* ist im Bildteil des Buches abgebildet und wurde innerhalb von 27 Monaten in Redwood City, Kalifornien, gebaut.

Auch die britische Marine entwickelt für Radar unsichtbare Schiffe. Anfang 1997 wurde die von Vosper Thorneycroft konstruierte *Sea Wraith II* der Öffentlichkeit präsentiert. Die *Sea Wraith II* ist auch im thermischen Teil des Spektrums unaufspürbar, damit sie nicht von auf Wärme reagierenden Raketen zerstört werden kann.[34]

In Zukunft möchte die US-Marine ihre Flotten mit mehreren für Radar unsichtbaren Schiffen ausrüsten. Wenn beim Philadelphia-Experiment wirklich Teleportation im Spiel war, muß man sich fragen, wieso man bis zum heutigen Zeitpunkt nichts von einem Technologietransfer dieser Zukunftstechnologie in den zivilen oder militärischen Anwendungsbereichen bemerkt hat. Im Anschluß wollen wir aufzeigen, daß sich phantastische Behauptungen, wie sie im Philadelphia-Experiment gemacht wurden, sehr gut eignen, andere Projekte, die man unter Ausschluß der Öffentlichkeit durchführen möchte, zu tarnen.

5 *Experimente mit Raum und Zeit*

Trotz der physikalischen Undurchführbarkeit des Philadelphia-Experimentes lebt dieses in den neunziger Jahren in Form des *Montauk*-Projektes wieder auf. Im südöstlichen Teil von Long Island, New York, befindet sich der Fischerort Montauk. Dieser Ort kam vor einigen Jahren durch seinen mittlerweile aufgelassenen Militärstützpunkt Camp Hero ins Gerede. Zu dieser Zeit traten Preston Nichols, Duncan Cameron und Al Bielek an die Öffentlichkeit und gaben vor, in das sogenannte *Montauk*-Projekt verwickelt gewesen zu sein.[35]

Ihre phantastischen Geschichten begannen mit den Arbeiten von Nikola Tesla und Wilhelm Reich, nahmen in den von der amerikanischen Regierung finanzierten Experimenten zur Wetterkontrolle in den frühen vierziger Jahren Gestalt an und pflanzten sich über das zuvor erwähnte Philadelphia-Experiment fort.

Das im Verlauf der siebziger und achtziger Jahre am New Yorker Luftwaffenstützpunkt durchgeführte Projekt soll einen Versuch dargestellt haben, den Zeitfluß zu erkunden und zu manipulieren. Andere in Montauk durchgeführte Projekte sollen Bewußtseinskontroll- und parapsychologische Forschungen beinhaltet haben.

Der Hauptzeuge dieser Projekte, Preston Nichols, behauptet, daß er ein Cheftechniker gewesen sei und daß ihm die für die Projekte zuständigen Vorgesetzten nach Beendigung des Projektes sein Gedächtnis gelöscht hätten. Er gibt vor, daß die ausgelöschten Erinnerungen erst nach Jahren wieder an seine Bewußtseinsoberfläche zurückgekehrt seien.

Ein anderer Zeuge, Duncan Cameron, behauptet, daß er bei den in Montauk durchgeführten Experimenten aktiv beteiligt war. Er mußte sich auf einen Stuhl setzen und wurde mit UHF/Mikro-

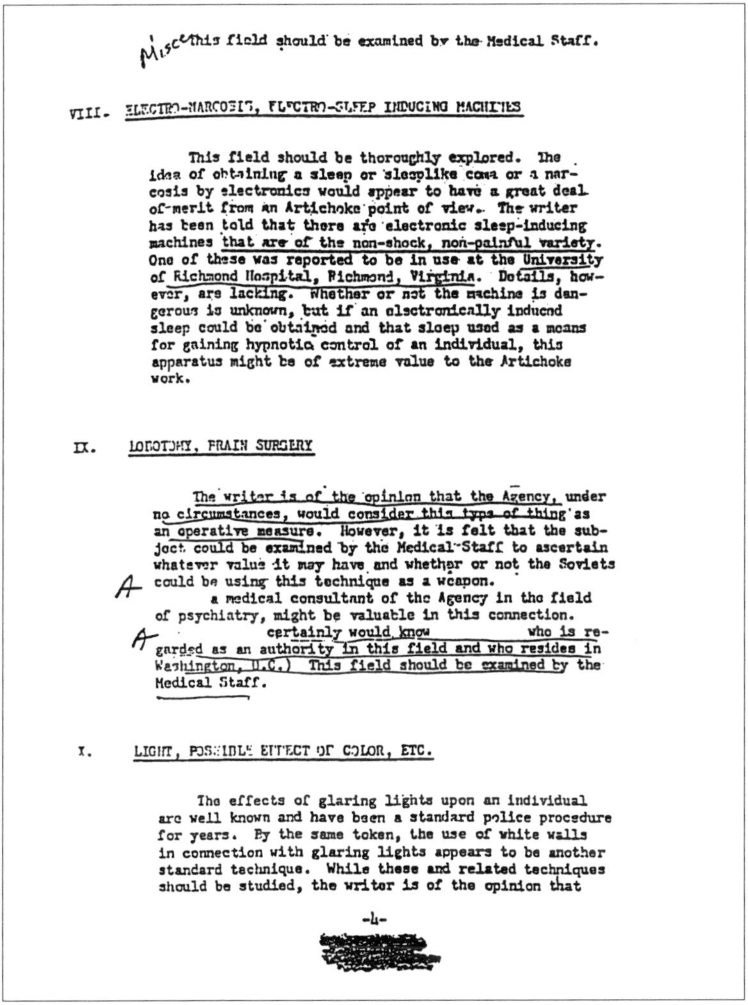

Misc This field should be examined by the Medical Staff.

VIII. ELECTRO-NARCOSIS, ELECTRO-SLEEP INDUCING MACHINES

This field should be thoroughly explored. The idea of obtaining a sleep or sleeplike coma or a narcosis by electronics would appear to have a great deal of merit from an Artichoke point of view. The writer has been told that there are electronic sleep-inducing machines that are of the non-shock, non-painful variety. One of these was reported to be in use at the University of Richmond Hospital, Richmond, Virginia. Details, however, are lacking. Whether or not the machine is dangerous is unknown, but if an electronically induced sleep could be obtained and that sleep used as a means for gaining hypnotic control of an individual, this apparatus might be of extreme value to the Artichoke work.

IX. LOBOTOMY, BRAIN SURGERY

The writer is of the opinion that the Agency, under no circumstances, would consider this type of thing as an operative measure. However, it is felt that the subject could be examined by the Medical Staff to ascertain whatever value it may have and whether or not the Soviets could be using this technique as a weapon.

A a medical consultant of the Agency in the field of psychiatry, might be valuable in this connection.

A certainly would know who is regarded as an authority in this field and who resides in Washington, D.C.) This field should be examined by the Medical Staff.

X. LIGHT, POSSIBLE EFFECT OF COLOR, ETC.

The effects of glaring lights upon an individual are well known and have been a standard police procedure for years. By the same token, the use of white walls in connection with glaring lights appears to be another standard technique. While these and related techniques should be studied, the writer is of the opinion that

-4-

[redacted]

Abb. 6: Eine Seite eines ARTICHOKE/CIA-Dokumentes, in dem über elektronische Methoden zur künstlichen Erzeugung von schlafähnlichen und komaähnlichen Zuständen die Rede ist. Anscheinend besaß die CIA in den fünfziger Jahren bereits eine Schlaf erzeugende Maschine, mit der ein Mensch in einen hypnotischen Zustand gebracht und kontrolliert werden konnte. Andere Punkte beschreiben neurochirurgische Eingriffe wie Lobotomie und farbige Lichteffekte für Mind-Control-Zwecke.

wellen bestrahlt, wobei man verschiedene Frequenzbereiche verwendete. Der heute schwer gezeichnete Duncan Cameron soll bei diesen Verhaltenskontroll-Experimenten zum Schlafen, zum Lachen, zum Weinen und zum Kotzen gebracht worden sein.[35] Bei diesen Versuchen soll man den noch heute bestehenden Sage-Radarschirm mit einbezogen haben.

Duncan Cameron vermutet, daß sein Gehirn und sein Körpergewebe bei diesen Versuchen in Mitleidenschaft gezogen wurden. Es gibt Anzeichen, daß die Radiowellen verschiedene Bereiche seines Körpers dehydriert haben. Er gibt außerdem vor, zu wissen, daß man extreme niederfrequente elektromagnetische Wellen (ELF-Wellen) auf die in der Nähe lebenden Einwohner abstrahlte, um danach auftretende Verhaltensänderungen zu studieren.

Interessanterweise behauptet Cameron auch, daß er an psychotronischen Experimenten teilnahm, da er mediale Fähigkeiten besaß. Außer ihm sollen noch andere paranormal begabte Personen an Bewußtseins-Computer-Interface-Experimenten teilgenommen haben. Ein Schwerpunkt dieser in Montauk durchgeführten PSI-Experimente sollen telepathische Fernbeeinflussungs-Experimente, Traumtransformations-Experimente, Remote-Viewing (Fernwahrnehmung) und Forschungen am Apport-Phänomen gewesen sein. Duncan Cameron mußte sich mit Hilfe einer psychotronischen Versuchsanordnung auf einen nichtexistierenden Gegenstand konzentrieren, der nach einiger Zeit im Labor materialisierte.[35,36] Die subjektive Realität des Mediums wurde anscheinend zu einer objektiven. Laut Preston Nichols gingen die in Montauk getesteten Techniken 1978 in eine operative Phase über, so daß sie von militärischen Behörden, der Central Intelligence Agency (CIA) und der National Security Agency (NSA) eingesetzt werden konnten.

Alle weiteren im Laufe der Zeit verbreiteten Behauptungen und Gerüchte sind so phantastisch, daß sie jeder Wissenschaftlichkeit entbehren. So behauptet zum Beispiel Al Bielek, ein Seemann gewesen zu sein, der bei der ursprünglichen Version des Philadelphia-Experimentes beteiligt war und der aus den vierziger

Jahren bis 1983 durch die Zeit fiel, um später als Berater beim *Montauk*-Projekt zu arbeiten.
Mittlerweile gibt es fünf Bücher, Seminare und Videos, die noch unglaublichere Geschichten verbreiten und in Wahrheit dazu dienen, wirkliche in Montauk durchgeführte Experimente lächerlich zu machen, damit man sie vor der Öffentlichkeit besser verschleiern kann.[35,36,37,38,39] Bei genauer Kenntnis der Materie ist es aber durchaus möglich, daß Preston Nichols und Duncan Cameron an Bewußtseinskontroll- und PSI-Experimenten in Camp Hero teilnahmen und diese psychisch nicht verkrafteten.

6 *Botschaften aus der Zukunft*

Wenn man die Geschichten der Montauk-Hauptzeugen Preston Nichols und Duncan Cameron verfolgt, kann man erkennen, daß die anfänglich aufgestellten Behauptungen über telepathische Fernbeeinflussung, Remote-Viewing (Fernwahrnehmung), das Übertragen von Gedanken ins Bewußtsein einer anderen Person, die Forschung an Apport-Phänomenen und das Studium von Verhaltensänderungen durch gerichtete Energie durchaus wahr sein können. Wir haben in *Verdeckte Operationen*[12] erstmals Hinweise präsentiert, daß geheime Behörden gerichtete Energiewaffen anscheinend an unwissenden Personen testen.
Es ist durchaus möglich, daß man in Montauk den Zeitfluß erforschte, um für Remote-Viewing- oder Präkognitions-Experimente physikalische Erklärungen finden zu können. Um eine vereinheitlichte Feldtheorie zu schaffen, führten Physiker zu den drei bekannten räumlichen Dimensionen zusätzliche Raumdimensionen ein. Diese zusätzlichen Dimensionen sollen sich nach dem Urknall in eine subatomare Größe zusammengekrümmt haben. Diese hyperdimensionalen Theorien werden *Stringtheorien* genannt.[40]
Man geht davon aus, daß die Materie in unserem Universum aus eindimensionalen Saiten (Strings) besteht, die in neun räumlichen Dimensionen und einer zeitlichen Dimension eingebettet sind.

Andere Stringtheorien wie die M-Theorie oder die F-Theorie beschreiben die Vereinheitlichung der Naturkräfte in elf- oder zwölfdimensionalen Raum-Zeit-Kontinua.

Der Unterschied zwischen der M-Theorie und der F-Theorie besteht darin, daß die F-Theorie zehn Raumdimensionen und zwei Zeitdimensionen, eine sogenannte Hyperzeit, besitzt. Der Harvard-Physiker Dr. Cunrun Vafa führte die zusätzliche Zeitdimension ein, da man mit seiner Theorie mehr Probleme lösen kann, als sie hervorruft.[41]

In den gängigen physikalischen Theorien bewegt sich der Zeitfluß auf einer geraden Linie, auf der sich die Vergangenheit, Gegenwart und die Zukunft ereignen. Bei Dr. Vafas F-Theorie erhält man eine Zeitebene, auf der man sich außer nach vorne oder nach hinten auch seitwärts oder diagonal bewegen kann. Außerdem erhält man beim Hinzufügen einer Hyperzeit lösbare Feldgleichungen, die folgende Phänomene zulassen:

1. Objekte oder Signale können sich schneller als mit Lichtgeschwindigkeit fortbewegen.
2. Es können Ereignisse eintreten, bei denen die Summe der Wahrscheinlichkeiten aller möglichen Resultate nicht *eins* ergibt.
3. Es ist möglich, daß Photonen mit negativer Energie existieren.

Wenn diese Theorie wirklich unser Universum beschreibt, ist dieses viel seltsamer, als man bisher annahm. Obwohl die elfdimensionale M-Theorie die Naturkräfte vereint, verletzt sie Einsteins Relativitätstheorie, da bei dieser Betrachtungsweise die physikalischen Gesetze nicht für alle Beobachter gleich sind. Die F-Theorie von Dr. Vafa verletzt hingegen dieses von Einstein postulierte Gesetz nicht.

Dr. Vafa meint, daß die von ihm geforderte Hyperzeit ebenfalls in subatomaren Raumdimensionen eingerollt ist und sie sich uns deshalb nicht offenbart. Falls sich bei paranormalen Fähigkeiten wie Präkognition oder Remote-Viewing das Bewußtsein von unserem Körper ablöst, könnten diese zusätzlichen Dimensionen eine Rolle spielen. Ein PSI-begabtes Medium könnte sich statt auf einer Zeitlinie auf einer Zeitebene fortbewegen und möglicherweise alternative Zukünfte wahrnehmen.

Experimente an der Universität von Kalifornien in Berkely scheinen von der F-Theorie postulierten Überlichteffekten auf der Spur zu sein.[42] Dr. Raymond Chiao und seinem Kollegen gelang es, die Geschwindigkeit von Photonen zu messen, die sich schneller als mit Lichtgeschwindigkeit fortbewegten. Diese Entdeckung wurde im Zusammenhang von Quantentunnel-Effekten gemacht. Bei diesem Effekt können Teilchen ein ansonsten unüberwindliches Hindernis bewältigen, indem sie durch die Barriere *tunneln*.

Das Wissenschaftlerteam entwickelte eine Versuchsanordnung, in der Photonen entdeckt wurden, die mit Hilfe des Quantentunnel-Effektes die 1,7fache Lichtgeschwindigkeit erreicht haben. Bei dieser Versuchsanordnung wurden Photonen, die durch einen optischen Filter tunneln, um 1,5 Femtosekunden früher registriert als Photonen, die gleichzeitig erzeugt wurden, dieselbe Anfangsenergie hatten und ungehindert durch die Luft flogen.

Die Photonen, die durch das optische Hindernis tunneln, verändern und verschieben ihre Wellenpakete in den Vorderteil der Lichtwelle. Aus diesem Grund scheinen die Photonen den Detektor früher zu erreichen als die ungestörten Wellenpakete.

Dr. Frenec Krauss von der Technischen Universität in Wien, Österreich, gelang nach dem Berkeley-Experiment derselbe Versuch mit kurzen Laser-Bursts. Da diese Laser-Bursts aus Photonenpaketen zusammengesetzt sind, ist man nahe daran, ein komplettes Signal mit scheinbarer Überlichtgeschwindigkeit zu versenden.

Dieses Vorhaben war das Ziel eines Forscherteams in Köln, Deutschland, dem es gelang, Mozarts vierzigste Symphonie mit der 4,7fachen Lichtgeschwindigkeit über eine Distanz von zwölf Zentimeter zu verschicken.[42] Da laut Einsteins spezieller Relativitätstheorie Signale oder Objekte, die sich schneller als das Licht bewegen, in die Vergangenheit reisen, sollte es möglich sein, mit Hilfe des Quantentunneleffektes dieses Vorhaben zu verwirklichen.

Interessanterweise kann auch der zuvor beschriebene Effekt der *quantenmechanischen Verwicklung* bei Versuchen zur überlichtschnellen Informationsübertragung eine bedeutende Rolle spielen. Diese Verwicklung kann zwei oder mehrere Photonen, Elektronen oder Atome in Realzeit in verschieden entfernten Gebieten des Universums beeinflussen.

Ein Pion ist ein subatomares Teilchen, das in ein Elektron und ein Positron zerfallen kann. Beide neu entstandenen Teilchen fliegen in unterschiedliche Richtungen voneinander weg, obwohl sie laut Quantentheorie irgendwie in Verbindung stehen.

Ein Teilchen (A) rotiert im Uhrzeigersinn (Spin-up) und sein Partner (B) entgegen dem Uhrzeigersinn (Spin-down). Bevor man den Spin des Teilchens messen kann, befinden sich die Teilchen in einem übergeordneten Zustand beider Spinrichtungen (AB). Sobald man den Spin eines Teilchens gemessen hat, weiß man, daß sein Anti-Partner zur selben Zeit den entgegengesetzten Spin aufweist, auch wenn er Lichtjahre entfernt ist.

Wenn man den Spin mehrerer Teilchen gemessen hat, wäre es möglich, daß man einen binär verschlüsselten Code, wie zum Beispiel ABBAABA, versenden kann. Diese Spin-orientierte Nachricht würde einem konventionellen Digital Byte von 0110010 entsprechen.

Solche Experimente hätten natürlich auch einen militärisch-geheimdienstlichen Nutzen, da man seine eigenen Soldaten oder Agenten auf zukünftige strategische Fehler oder Gefahren mit einer Botschaft aus der Zukunft aufmerksam machen könnte. Es ist durchaus möglich, daß ähnliche Zeitexperimente, ihre philosophischen Aspekte und deren militärische Anwendungen in einem *Schwarzen Projekt* durchgeführt werden.

Es ist deshalb sehr wahrscheinlich, daß die in Montauk durchgeführten Zeitexperimente in den zuvor geschilderten quantenphysikalischen Grenzbereichen stattfanden und nicht, wie von Al Bielek behauptet, in Zeitreise-Experimenten ganzer Personen endeten.

Für ein solches Vorhaben müßte man raum-zeitliche Mikrowurmlöcher in einem Labor erzeugen oder aus den subatomaren Quantenfluktuationen (Quantenschaum) vergrößern. Es gibt drei

Methoden, mit denen man Verbindungen zu unterschiedlichen Raum-Zeit-Kontinua erzeugen kann. Diese Methoden sind:

1. Man müßte Mikrowurmlöcher aus dem subatomaren Quantenschaum in einem Labor vergrößern.
2. Die ungestörte Raum-Zeit derart deformieren, daß sich ein Mikrowurmloch bildet.
3. Ein Wurmloch mit Hilfe magnetisch-gravitativer Effekte in einem Labor erzeugen.

Leider benötigen alle drei Methoden enorme Energiemengen, die gegenwärtig in keinem irdischen Labor herstellbar sind. Für die in Punkt (1) und (2) angeführten Methoden fehlt zur Zeit auch noch eine vollständige Theorie der Quantengravitation. Am plausibelsten wäre noch die Erzeugung von Wurmlöchern durch magnetische Gravitationseffekte.[43]

Der italienische Physiker Dr. Claudio Maccone entdeckte eine Lösung der Einsteinschen Feldgleichungen, bei denen er feststellte, daß ein statisch gleichbleibendes solenoidförmiges Magnetfeld im Inneren des Solenoides ein Gravitationsfeld erzeugt. Um ein Wurmloch im Labor für Zeitreise-Experimente erzeugen zu können, würde man Magnetfelder mit einer magnetischen Feldstärke von einer Milliarde Milliarden Tesla benötigen. Eine solche unmöglich zu erzeugende magnetische Feldstärke würde ein raumzeitliches Wurmloch von etwa einem Meter Durchmesser hervorrufen. Gegenwärtig kann man in einem Labor Magnetfeldstärken von etwa 10 Tesla erzeugen. Diese physikalischen Fakten widersprechen klar den phantastischen Behauptungen einiger im *Philadelphia*- und *Montauk*-Projekt verwickelten Zeugen.

Interessanterweise schrieb 1980 der derzeitige NATO-Berater von nicht-letalen Waffen, der pensionierte US-Army-Colonel Dr. John Alexander, in der Dezemberausgabe der militärischen Zeitschrift *Military Review* einen Artikel mit dem Titel: »The New Mental Battlefield: Beam Me Up Spock.«[44] In diesem Artikel geht Dr. Alexander auf ein neues Gefechtsfeld ein, das sich nicht in das Schema der gegenwärtigen Begriffe von Raum und Zeit einordnen läßt. Er zeigt die für das Militär wichtigen Bedeutungen von PSI-Phänomenen und Psychotronik auf.

Neben dem Phänomen des Remote-Viewing, welches in den von Ernst Meckelburg und Elmar Gruber verfaßten Büchern *PSI-Agenten*[45] und Die *PSI-Protokolle*[46] ausführlich behandelt wird, wies Dr. Alexander der telepathischen Fernbeeinflussung von anderen Personen eine große militärische Bedeutung zu.
Die Anwendung dieser laut Nichols und Cameron in Montauk durchgeführten paranormalen Techniken stellt natürlich ein unerschöpfliches militärisches Potential dar. Laut Dr. Alexander ist es mit dieser Fähigkeit möglich, einen perfekten Agenten kreieren zu können, wobei in ihm durch telepathische Fernbeeinflussung ein unterbewußtes Programm abläuft und er unwissend einen geheimen Auftrag ausführen könnte.
Wir werden im nächsten Kapitel nachweisen, daß die Erzeugung solcher bewußtseinsprogrammierter Agenten auf perverseste Weise seit Ende des *Zweiten Weltkrieges* vorangetrieben wurde und solche Agenten gegenwärtig ohne ihr Wissen für Geheimdienste und Militärbehörden im Einsatz stehen. In Dr. Alexanders Artikel wird auch auf das Implantieren von fremden Gedanken in eine unwissende Person eingegangen.[44] Manipulierte Individuen würden nicht bemerken, daß die von ihnen gedachten Gedanken von einer anderen Person stammen.
Mit dieser Technik wäre es zum Beispiel möglich, einen gegnerischen Politiker dahingehend zu beeinflussen, daß er unwissend die Interessen der auf ihn einwirkenden Person vertritt. Dr. Alexander weist in seinem Artikel darauf hin, daß die Sowjets intensiv an diesen Techniken arbeiten und die USA nicht hintenanstehen sollen.
Seit dem Fall des Eisernen Vorhanges weiß man von Informanten, daß telepathische Fernbeeinflussung jeglicher Art tatsächlich ein erklärtes Ziel der geheimen PSI-Forschung in der ehemaligen Sowjetunion war. Das Zentrum der sowjetischen PSI-Forschung lag in den sechziger Jahren bei Nowosibirsk. Die telepathische Fernbeeinflussung wurde von den Sowjets als *Biokommunikation* bezeichnet. Bei diesen Versuchen sollen Bilder und Emotionen, vorzugsweise negative, auf andere Versuchspersonen übertragen worden sein.[7, 8, 45, 46]

Die von Nichols und Cameron angeführten Apport-Experimente könnten ebenfalls der Realität entsprechen, da sie wie die zuvor beschriebenen Phänomene einen großen militärischen Nutzen hätten. Unter Apporte versteht man das Herbeischaffen von Objekten ohne erkennbaren Kontakt zu diesen.[47] Diese Materialisationen sind Prozesse, die nur dann funktionieren, wenn man ein mehrdimensionales Universum voraussetzt. Der materialisierte Gegenstand könnte aus der Vergangenheit, aus einem Paralleluniversum oder einem übergeordneten Raum stammen.
In der Physik gibt es Hinweise, daß wir in einem Universum leben, das ähnlich wie ein Hologramm aufgebaut ist.[48] Wenn das der Fall wäre, würden alle Gegenstände und Lebewesen holographische Projektionen eines übergeordneten Raumes sein. Es wäre möglich, Gegenstände über größere Entfernungen zu teleportieren oder räumlich zu versetzen. Diesen Vorgang muß man sich als holographische Gegenstandsprojektion vorstellen, die an einem Ort abgeknipst und an einem anderen Ort wieder eingeknipst wird. Bei dieser Betrachtungsweise wäre die für uns sichtbare Welt nur ein Bruchteil eines viel umfassenderen Ganzen. In einem solchen Universum könnten Personen mit paranormalen Fähigkeiten einen größeren Bereich des Universums wahrnehmen als herkömmliche Menschen. Ein militärisch-geheimdienstliches Interesse an Apporten besteht zum Beispiel darin, geheime Dokumente aus verschlossenen Safes zu materialisieren.
Eine andere militärisch-geheimdienstliche Anwendung würde Psychokinese darstellen. In der Sowjetunion sollen Psychokinesemedien wie Nina Kulagina nach 40 Sekunden das Herz eines lebenden Frosches gestoppt haben.[7,8] Eine pathologische Untersuchung ergab, daß das Froschherz aus unerklärlichen Gründen zerrissen wurde. Ein solches Medium könnte einen potentiellen menschlichen Gegner lahmlegen oder sogar töten. Niemand würde an einen politischen Anschlag denken, da man keine Drogenspuren im Körper feststellen würde und das Opfer an Herzversagen starb.
Mit ein bißchen Phantasie lassen sich sogar mikro-psychokinetische Effekte, wie die schwächste Beeinflussung von Laserstrahlen

oder die minimalste Änderung an elektronischen und mechanischen Geräten, militärisch nützen. Wenn ein Regime Personen mit solchen paranormalen Fähigkeiten besitzt, könnte man medial Computerprogramme stören oder moderne, durch Laserlicht übertragbare Informationsquellen manipulieren. Da man solche mikro-psychokinetischen Effekte wiederholt im Laborversuch nachgewiesen hat und in wissenschaftlichen Publikationen wie dem *Journal of Scientific Exploration* veröffentlichte, werden sie auch, wie von Dr. Alexander prognostiziert, zum Einsatz kommen.[44]

Diese unabhängig von Preston Nichols und Duncan Cameron aufgestellten Behauptungen und mittlerweile dokumentierten Forschungen lassen es als sehr wahrscheinlich erscheinen, daß in Montauk an ähnlichen Versuchen wie in der Sowjetunion experimentiert wurde.

In den folgenden Kapiteln werden wir erstmals aufzeigen, daß die amerikanischen Geheimdienste aufgrund der demokratischen Gesetze und Menschenrechtsbestimmungen ebenso grausame Forschungen im Rahmen von *Schwarzen Projekten* bald nach Beginn des *Kalten Krieges* durchführten, damit der Anschluß an die sowjetischen Forschungen nicht verloren wurde. Außerdem werden wir erstmals nachweisen, daß man im Rahmen der in Montauk durchgeführten *Schwarzen Projekte* auch ein Interesse an Personen mit angeblichen UFO-Entführungserlebnissen hatte.

7 Der Fall Michelle: Einblicke in die wahren Montauk-Projekte

Infolge unserer Recherchen bezüglich möglicher militärischer Verwicklungen in angeblichen UFO-Entführungen erfuhren wir von einem bisher unveröffentlichten Fall, der möglicherweise Licht ins Dunkel der in Montauk durchgeführten Projekte bringen könnte.[49] Michelle (Pseudonym) erfuhr seit ihrem achten Lebensjahr angeblich typische UFO-Entführungserlebnisse durch kleine, graue, großköpfige Wesen.

Ab Herbst 1995 kamen traumatische Rückblenden an ihre Bewußtseinsoberfläche, die auf einen ungewollten militärischen Kontakt schließen ließen. Diese Rückblenden betrafen einen gewöhnlichen Militär-Jeep, mehrere Soldaten, ein reptilienförmiges Wesen und ein unangenehmes Gefühl, als ob sie schwerelos in einer Flüssigkeit treiben würde. Nachdem Michelle einige Erinnerungslücken mit Hilfe von Regressionshypnose aufarbeitete, stellte sich heraus, daß sich das im Anschluß geschilderte Ereignis 1970 in der Nähe des Montauk-Luftwaffenstützpunktes ereignete.[50]

Michelle wurde von dem professionellen Hypnosearzt Dr. Kouguell untersucht. Er ist Dekan an der Universität von New York und publizierte viele Arbeiten im Bereich der Psychologie und Hypnosetherapie in wissenschaftlichen Fachzeitschriften. Uns sind die Mitschriften der Hypnosesitzungen mit dem Einverständnis von Michelle und Dr. Kouguell zugänglich gemacht worden. Aus diesem Grund konnten wir uns überzeugen, daß Dr. Kouguell keine suggestiven Fragen an Michelle gerichtet hat.

Es stellte sich heraus, daß Michelle mit ihrer Mutter und ihren Brüdern zu einem Campingplatz in der Nähe von Montauk gefahren war. Danach gingen sie an den Strand, um etwas zu schwimmen. Bei einem Lager, in dem sich mehrere Surfer aufhielten, traf sie einen Freund, mit dem sie einen Spaziergang in die nahe gelegenen Sanddünen unternahm. Als sich die beiden Jugendlichen in einer Düne niederließen, hörten sie plötzlich ein lautes summendes Geräusch, ähnlich einem Bienenschwarm. Als die beiden weglaufen wollten, bemerkten sie, daß sie paralysiert waren und sich nicht bewegen konnten. Als das Geräusch lauter wurde, sahen sie, daß sich ein Jeep näherte.

Im Anschluß sollen die wesentlichen Ausschnitte der unter Hypnose stattgefundenen Befragungen übersetzt werden, wobei wir die von Dr. Kouguell gestellten Fragen weglassen. Später durchgeführte Nachforschungen ergaben, daß sich das geschilderte Ereignis 1970 abspielte. Die folgende Geschichte kam an ihre Bewußtseinsoberfläche:

»Es hört sich wie ein Auto an... das Geräusch kommt näher, es stoppt. Ich fürchte mich, da ich mich nicht bewegen kann. Ein Mann in einer Militäruniform sieht zu mir herunter. Rechts von mir steht ein weiterer Soldat. Er nimmt meinen Freund und eskortiert ihn zum Jeep. Ihr Vorgesetzter ist zu meiner Linken. Er sagt: ›Mike, trage ihn zum Jeep.‹ Daraufhin sagt der Soldat zu meiner Rechten: ›OK, Terry.‹ Außer Terry und Mike befinden sich noch zwei weitere Soldaten in unserer Nähe.«

Michelle gibt eine sehr gute Beschreibung ihrer Entführer ab. Der Vorgesetzte ist dunkelhaarig und trägt eine dunkle Sonnenbrille. Danach trugen die beiden anderen Soldaten Michelle zum Jeep, und es ereignete sich folgendes:

»Wir befinden uns beide auf dem Rücksitz des Jeeps und fahren durch die teilweise mit hohem Gras bewachsenen Dünen nach Norden. Vor uns kommt ein hoher Hügel in Sicht. Es ist so verrückt! Es sieht aus, als ob sich der Hügel bewegen würde. Ein Teil von ihm bewegt sich. Es ist ein Tor, und wir fahren hinein. Neben uns parkt ein zweiter Jeep, in dem Männer mit schwarzen Schirmmützen und denselben Uniformen sitzen. Sie sind alle bewaffnet. Ich kann noch immer nicht sprechen, und mein Körper macht das, was sie wollen. Der Ort, an dem wir uns befinden, sieht aus wie eine Garage. Wir werden getrennt aus dem Jeep geholt und durch einen hellen Gang geführt. Ich werde von Terry und einem anderen Soldaten gestützt. Wir biegen nach rechts ab und gehen gerade auf einen Lift zu. Terry nimmt eine Kreditkarte (Magnetkarte) und schiebt sie in einen Schlitz, der sich neben der Tür befindet. Der Schlitz ist vertikal, und an seiner oberen Seite befindet sich ein grünes und ein rotes Licht. Die Tür öffnet sich … Wir gehen hinein … Es gibt keine Knöpfe, und wir fahren nach unten.«

Da Michelle mit einem Lift nach unten fuhr, kann man davon ausgehen, daß sie in einen unterirdischen Forschungskomplex transportiert wurde. Da sie von den Soldaten gestützt wurde, ist es sehr wahrscheinlich, daß man sie unter Drogen setzte. Interessanterweise bezeichnet sie den elektrischen Türöffner unwissend als Kreditkarte. Nach Verlassen des Liftes erinnerte sie sich an folgendes:

»Die Tür öffnet sich, und es ist viel dunkler als zuvor. Es riecht sehr seltsam... wie ein Keller, dessen Jauchengrube übergelaufen ist. Danach gehen wir nach rechts und nach einigen Schritten nach links. Mir ist so kalt... Terry öffnet ein Tor zu meiner Linken. Der Raum ist so dunkel, und ich kann die Einrichtung kaum erkennen. Es befinden sich fast keine Möbel in dem Raum. Ein Gegenstand sieht aus wie ein gepolsterter Tisch. Sie helfen mir hinauf und legen mich nieder. Es ist wirklich sehr kalt und einer der Männer sagt: ›Lassen wir sie hier?‹ Terry antwortet: ›Sie wird nirgendwo hingehen.‹ Sie verlassen den Raum. Ich kann mich nicht mehr bewegen. Es nähert sich etwas von links. Es kommt näher... Ich kann es nun besser erkennen... O mein Gott! Es ist ein Monster!«

Danach begann Michelle zu weinen. Dr. Kouguell mußte die Sitzung kurz unterbrechen, um Michelle zu beruhigen. Nach der Pause berichtete sie ein unglaubliches Erlebnis, das wir mit eigenen Worten zusammenfassen wollen. Nachdem die Soldaten den Raum verlassen hatten, nahm sie wahr, wie sich eine Gestalt aus einer dunklen Ecke des Raumes näherte. Michelle beschreibt die Gestalt folgendermaßen:

»Was ich sehen kann, ist eine Kreatur mit einer Größe von etwa zwei Meter. Ihre Ohren sind groß und spitz geformt. Ihre Augen scheinen hellgelb zu glühen. Sie hat spitze Zähne, stark ausgeprägte Backenknochen, einen seltsam geformten Vorderkopf und einen Schwanz!«

Michelle beschrieb die Gestalt als dasselbe reptilienförmige Wesen, das ihr in ihren zuvor erwähnten traumatischen Rückblenden und Träumen erschienen war. Danach schilderte Michelle unter Tränen, wie sie von diesem Wesen entkleidet und vergewaltigt wurde. Nach einiger Zeit verschwand das Wesen jedoch wieder und Soldaten führten sie aus dem Zimmer.

Es ist sehr unwahrscheinlich, daß Michelle wirklich von einem solchen Wesen vergewaltigt wurde. Wir werden in einem anderen Kapitel nachweisen, daß solche Fabelwesen mit Hilfe von halluzinogenen Drogen, wie LSD, künstlich hervorgerufen werden können. Daß Michelle unter Drogeneinfluß stand, steht außer Zweifel. Man darf spekulieren, ob sie unter Drogen gesetzt und von jemandem,

Abb. 7: Diese Illustration veranschaulicht eine polygenische Wahrnehmung einer LSD-Testperson. Bei einem solchen Drogeneffekt meint der Benützer, daß sich er oder andere in der Nähe befindlichen Personen in ein Tierwesen verwandeln. Diese geistigen Verwandlungen werden in der Psychotherapie als polygenische Erfahrungen bezeichnet. Der Psychotherapeut Dr. Stanislav Grof meint, daß es logisch ist, wenn sich LSD-Benützer mit Reptilien identifizieren oder solche wahrnehmen, da vielen Menschen eine Phobie gegen Schlangen und Echsen anerzogen wurde (© Jonesy).

mit oder ohne Maske, vergewaltigt wurde. Schob ihr von Drogen beeinflußtes Unterbewußtsein dieses Wesen vielleicht als Deckerinnerung an eine durchaus irdische Vergewaltigung vor?

Der Psychotherapeut und LSD-Forscher Dr. Stanislav Grof experimentierte während der sechziger und siebziger Jahre mit halluzinogenen Drogen und stellte fest, daß mehrere Patienten sogenannte *polygenische Erfahrungen* erlebten.[51] Unter solchen Erfahrungen versteht man die geistige Transformation in ein tierisches Wesen.

Interessanterweise identifizierten sich manche Patienten mit Reptilien. Eine Frau glaubte zum Beispiel, eine große weibliche Echse zu sein. Während ihrer LSD-Behandlung öffnete sie ihre Augen und sah, wie sich der Therapeut in ein männliches Reptil verwandelte. Sie war fasziniert von einigen nur für sie wahrnehmbaren Facetten auf seinem Gesicht. Dr. Grof meint, daß es logisch ist, wenn sich LSD-Patienten beim Aufarbeiten eines Traumas mit Reptilien identifizieren, da vielen Menschen eine Phobie gegen Schlangen und Echsen anerzogen wurde.

Nachdem die Soldaten Michelle angekleidet und aus dem Raum gebracht hatten, wurde sie zu einem weiteren Lift und danach in einen Untersuchungsraum geführt.[50]

»Ich werde in einen hell beleuchteten Raum gebracht. Er erinnert mich an einen medizinischen Untersuchungsraum … Da sind Maschinen, viel Stahl und ein mit einem weißen Tuch bedeckter Tisch. Ich werde auf den Tisch gehoben und darauf festgebunden. Mein Kopf wird ebenfalls befestigt. Danach verlassen sie den Raum und ich bin für einige Minuten alleine. Es kam mir wie Stunden vor.

Eine Gruppe von fünf bis sechs Personen betritt den Raum. Sie tragen weiße Labormäntel und Gesichtsmasken. Sie sind männlich. Ich erkenne eine Frau. Sie sind sehr in Eile … Ich weiß nicht warum. Mein Kopf wird zur Seite gedreht. Es ist so selt-

Abb. 8: Michelle fertigte nach der Hypnosesitzung eine Zeichnung der Gesichtsmasken an, die die sechs Personen bei ihrer Untersuchung in einem unterirdischen Forschungslabor trugen. Die Gesichtsmasken erinnern an chirurgischen Gesichtsschutz.

sam. Ein kleiner Teil meines Kopfhaares wird hinter dem rechten Ohr ausrasiert. Mein Ohr wird nach vorne gezogen und befestigt! Ich bin völlig paralysiert, kann nicht sprechen, bekomme aber alles mit.

Irgend jemand schreibt etwas auf die ausrasierte Stelle hinter meinem Ohr. Ich höre, wie jemand sagt: ›IV‹ (intravenöse Behandlung). ›Glaubst du, sie braucht es?‹ Ein anderer sagt: ›Ich denke nicht, daß sie aufsteht und herumspaziert.‹ Einige Minuten später spüre ich einen Stich in meinen Arm.«

Michelle teilte uns mit, daß sie Ende der siebziger Jahre eine entzündete Zyste hinter ihrem rechten Ohr bemerkte und diese von einem Arzt untersuchen ließ. Der Mediziner schnitt die Zyste auf, und ein seltsamer Fremdkörper in Form einer Patrone schoß aus der Wunde. Leider zerbrach der ungewöhnliche Fremdkörper, als er am Boden aufprallte. Nachdem sie ihr Bewußtsein verloren hatte, kam sie mit ihrem Freund verstört im Dünengelände zu sich.

Anhand der mit Hilfe der Hypnosesitzung wiedergewonnenen Erinnerung und dem Auftreten der mysteriösen Entzündung ist es durchaus möglich, daß man Michelle ein militärisches Implantat hinter ihrem rechten Ohr eingesetzt hat. Wie wir in *Verdeckte Operationen*[12] aufgezeigt haben, ist diese Stelle ein bevorzugter Ort für das Implantieren von Bio-Chips.

Nach dieser Hypnosesitzung brachen weitere Erinnerungen an ihre Bewußtseinsoberfläche. Darunter befand sich ein anderes traumatisches Erlebnis, mit dem sie zuerst nichts anfangen konnte. Michelle ließ diese Rückblenden ebenfalls von Dr. Kouguell mit Hilfe von Hypnose untersuchen. Sie erinnerte sich an folgendes:

»Ich erinnere mich, daß ich mich an einem dunklen Ort befinde… Ich habe Angst… Ich treibe in einer Flüssigkeit, die sich leichter als Wasser anfühlt… sehr warm… Ich vernehme einen Geschmack, der mich an Minze erinnert.«

Danach führte Dr. Kouguell Michelle zu einem früheren Zeitpunkt zurück, an dem sich folgendes ereignete:

»Ich liege nackt auf einem Tisch. Viele Drähte führen von mei-

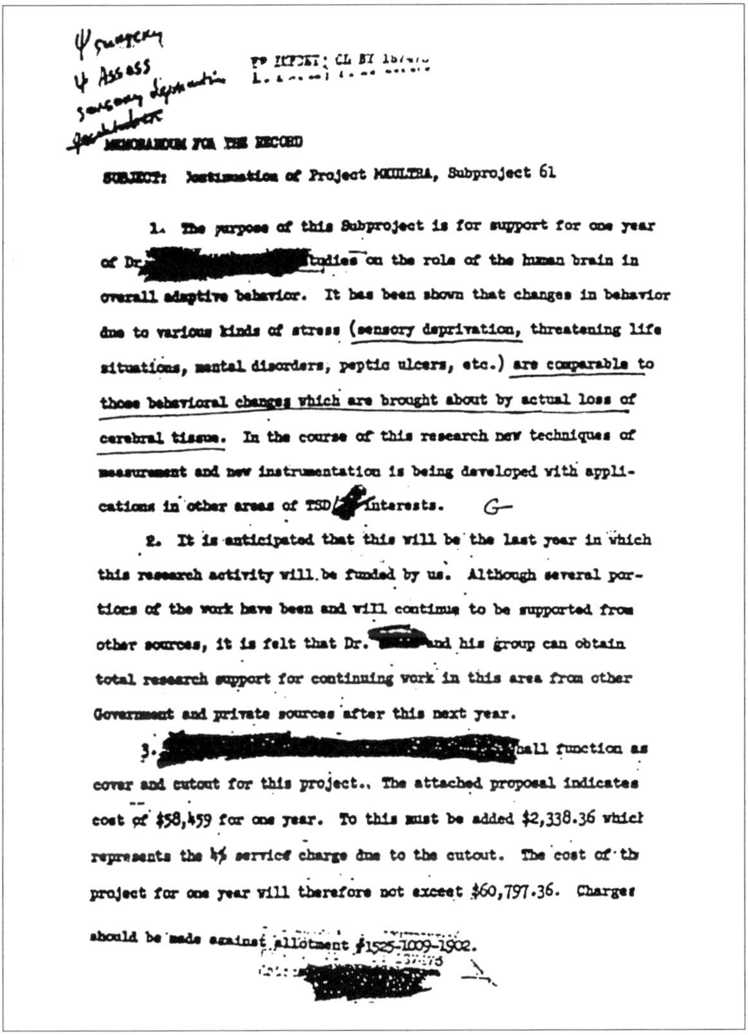

Ψ surgery
Ψ Assess
sensory deprivation

MEMORANDUM FOR THE RECORD

SUBJECT: Continuation of Project MKULTRA, Subproject 61

1. The purpose of this Subproject is for support for one year of Dr.[redacted]tudies on the role of the human brain in overall adaptive behavior. It has been shown that changes in behavior due to various kinds of stress (sensory deprivation, threatening life situations, mental disorders, peptic ulcers, etc.) are comparable to those behavioral changes which are brought about by actual loss of cerebral tissue. In the course of this research new techniques of measurement and new instrumentation is being developed with applications in other areas of TSD/[redacted]interests. G–

2. It is anticipated that this will be the last year in which this research activity will be funded by us. Although several portions of the work have been and will continue to be supported from other sources, it is felt that Dr. [redacted]and his group can obtain total research support for continuing work in this area from other Government and private sources after this next year.

3. [redacted]hall function as cover and cutout for this project. The attached proposal indicates cost of $58,459 for one year. To this must be added $2,338.36 whicl represents the 4% service charge due to the cutout. The cost of th project for one year will therefore not exceet $60,797.36. Charges should be made against allotment #1525-1009-1902.

[redacted]

Abb. 9: Das MKULTRA/CIA-Subprojekt 61 untersuchte das menschliche Verhalten unter totaler Isolation, Streß und Lebensgefahr. Die durch die Isolation hervorgerufenen Symptome werden mit der Entnahme von cerebralem Gehirngewebe gleichgesetzt. Es gilt als gesichert, daß die angebliche UFO-/Militär-Entführte Michelle ohne ihr Wissen an einem solchen geheimen Isolationstankexperiment teilnahm.

nem Körper und meinem Kopf weg... Sie sind über meinen ganzen Körper verteilt. Ich sehe einen Arzt in einem weißen Labormantel neben mir stehen.«

Infolge weiterer Befragungen stellte sich heraus, daß Michelle von zwei Männern aus ihrer Wohnung gekidnappt wurde. Die Männer betäubten Michelle und brachten sie mit einem dunklen Bus in eine unterirdische militärische Forschungseinrichtung. Sie sah Soldaten und Männer in weißen Labormänteln. Es sieht aus, als ob man es hier mit zwei unterschiedlichen Entführungen zu tun hat. Dr. Kouguell befragte Michelle etwas später noch einmal bezüglich des Schwebegefühls. Nach Durchdringen eines Bewußtseinsblockes brachen ihre Erinnerungen endlich hervor.

»Ich bin an einem dunklen abgeschlossenen Ort. Ich habe sehr viel Angst, da ich glaube, daß ich ertrinken werde. Warum bin ich an diesem Ort? Ich habe solche Angst... Ich möchte aus dem Tank heraus! Ich schwebe schwerelos... Ich nehme einen minzeartigen Geschmack wahr. Ich spüre, daß Drähte von mir wegführen... von meinen Armen und meinem Kopf. Wenn ich meine Hände ausstrecke, fühle ich Wände, die mich umschließen. Zu meiner Rechten berühren meine Finger die Wand... Ich schwebe in einer langsamen Bewegung... Schwärze... Es ist alles schwarz... Sind meine Augen geöffnet oder sind sie geschlossen?... Ist diese Schwärze nur in meinem Kopf?

Ich kann Bewegungen in Form eines Schattens wahrnehmen. Die Schwärze verändert sich in Grautöne. Ich höre, wie jemand zu mir spricht: ›Habe keine Angst, Kleines... Ich werde dich führen, ich werde dir helfen... nimm meine Hand.‹ Himmel... weiße Wolken... Ich glaube, ich fliege... Ich sehe ein wunderschönes Wasser... Ich sehe schöne Farben... Farbwirbel... Gebirge... Ich bin unter dem Meer...Ich glaube, daß die Vergangenheit, Gegenwart und die Zukunft zugleich ablaufen...«

Wir fanden heraus, daß Michelle ohne ihre Zustimmung in einen mit einer warmen Flüssigkeit gefüllten Isolationstank gesperrt wurde. Die von ihr geschilderten Erfahrungen sind übliche Symptome, die bei längeren Aufenthalten in solchen Isolationstanks auftreten. Sie begann im Laufe der Zeit zu halluzinieren

by auth[redacted]
date: [redacted]
E2 IMPDET; CL BY 187475 DRA[redacted]
25 June 1959

MEMORANDUM FOR: THE RECORD

SUBJECT : Continuation of Project MKULTRA, Subproject 61

1. The purpose of this subproject is the continued support of Dr[redacted]tudies on brain damage in human beings. Work in this field has made good progress during the past year. Highlights relating to this are quantitative clinical demonstrations of a much more precise nature than was ever before possible of the actual performance deficit brought about by suppression of the activity of various areas of the central nervous system. New methods of measurement of circulation changes involving the use of implanted thermistors of a very sensitive type have served to reduce the uncertainty of many of the experiments in this field of research.

2. During the coming year it is anticipated that many of the investigative techniques worked out in the past will begin to show their effects in terms of a vastly increased rate of significant data production.

3. This project has been reviewed and approved by the Board of Directors of th[redacted] It should be noted that Dr[redacted]ceives no stipend under the attached budget and that several portions of the work to be covered will be supported by other than government sources.

4. The cost of the program for a period of one year starting 1 July 1959 is estimated to be $58,459.00[redacted]ill be used as a cutout for transferring the money [redacted]Of the funds required for one year $20,198.20 is being obligated at this time. Charges should be made against Allotment 9-2502-75-902. Remainder of funds required will be obligated when FY60 funds become available.

[redacted]
[redacted]

Abb. 10: Ein weiteres Dokument des MKULTRA/CIA-Subprojektes 61 beweist, daß man empfindliche implantierbare Thermistoren in Forschungen zur Untersuchung von Gehirnschäden und Handlungsdefiziten durch Manipulation des Zentralnervensystems verwendete. Möglicherweise implantierte man Michelle mit einem solchen Thermistor.

oder erlebte eine außerkörperliche Erfahrung.[52] Wie wir noch aufzeigen werden, ist es sehr wahrscheinlich, daß Michelle mit einem Halluzinogen, möglicherweise LSD, behandelt wurde. Anhand der von ihr wegführenden Drähte weiß man, daß ihre Gehirn- und ihre Körperfunktionen mittels Elektroden von ihren Entführern überwacht wurden.

Es ist deshalb sehr wahrscheinlich, daß Michelle in Montauk unfreiwillig an ähnlichen Bewußtseinskontroll- und PSI-Experimenten teilnahm, wie sie in der Sowjetunion während des *Kalten Krieges* durchgeführt wurden. Da Michelle weitere Rückblenden von militärisch-geheimdienstlichen Entführungen jüngeren Datums erlebte, finanzierten wir im Sommer 1997 zwei Hypnoseregressionen, auf deren Ergebnisse wir in den folgenden Kapiteln erstmals genauer eingehen werden.

Der Vater der nicht-letalen Waffen, Lieutenant Colonel Dr. John Alexander, schreibt in seinem 1980 in der Zeitschrift *Military Review* erschienenen Artikel mit dem Titel: »The New Mental Battlefield«,[44] daß bewußtseinsverändernde Techniken sehr weit fortgeschritten sind. Diese Techniken beinhalten psychologische Verfahren, die Sicht, Töne, Gerüche und das Temperaturempfinden einer Person verändern können. Für diese Veränderungen wurden elektromagnetische Energie und *Isolation* von allen Umwelteinflüssen verantwortlich gemacht. Es ist deshalb gerechtfertigt, wenn man annimmt, daß Michelle ein Versuchskaninchen für solche Experimente war.

Wie ihre gewöhnlichen UFO-Entführungserlebnisse in dieses Schema passen, wirft weitere Fragen auf. Haben unterschiedliche Behörden ein Interesse an ihr? Werden ihre UFO-Entführungserlebnisse als Deckmantel für illegale Experimente mißbraucht? Daß Michelle nicht alleine ist, haben wir in *Verdeckte Operationen*[12] ausführlichst dargelegt. Da UFO-Entführungserlebnisse mit paranormalen Phänomenen (Telepathie, Psychokinese, Levitation, Remote-Viewing) in Zusammenhang stehen, ist es durchaus möglich, daß sich das Militär deshalb für sie interessiert. Interessanterweise scheint Michelle an einem Langzeitprojekt teilzunehmen, da ihre ungewollten militärischen Kontakte gegenwärtig an-

[redacted]

Q: Have any professional papers or documents been written on this subject?

A: Some few have been written but all pertinent material is apparently classified and kept in [redacted]aboratory in [redacted]d cannot be obtained by unauthorized sources. B/6

Q: Have you given any thought as to how the techniques could be brought to bear on unwilling or unwitting subjects?

A: That, of course, is the important question. It is possible to figure some cover story to place a subject in an isolation chamber or possibly a "knock-out" chemical could be placed in the subject's food or drink and he could then be placed in isolation. It must be remembered you cannot use a straight-jacket or any type of physically confining device on a subject in isolation. This would defeat the technique. Possibly as you suggested, hypnosis might be a means to induce a subject into the isolation chamber.

Q: Briefly describe how total isolation is achieved?

A: Total isolation is, in very general terms, the removal of all sensory impulses from an individual by blocking physically from without his sensory apparatus, hence, the following are required:

1) Completely dark area.

2) No sound (good soundproofing).

3) Confinement of subject's movements--a fairly small padded box or cylinder.

4) Communication both ways through carefully controlled channels.

5) Blotting out sense of feel by padding all around him as in 3) above or by placing heavy gloves on subject's hands.

Special Comments

13. Documents held in ARTICHOKE files very clearly reflect that the [redacted] is intensely interested in and is financing experimentation and research in chemicals having psycho-genic effects. We also know that the [redacted]ither financed or in some way controlled [redacted] work in isolation -- certainly papers on this work are reported as classified and unavailable. 'It is also known that B/1 B/6

-2-

[redacted]

Abb. 11: Eine Seite eines CIA-Dokumentes, in dem man von Deckgeschichten und Knock-out-Chemikalien spricht, um eine unwissende Person in ein totales Isolationsexperiment bringen zu können. Im letzten Absatz wird auf die Erkenntnisse des ARTICHOKE-Projektes verwiesen und auf die im Buch beschriebenen psychogenischen Effekte von halluzinogenen Drogen eingegangen. Es ist als gesichert anzusehen, daß Michelle durch ein injiziertes Halluzinogen die Vergewaltigung durch das angebliche Echsenwesen erlebte und diese als Deckerinnerung einer Isolationstank-Studie diente.

halten und mittlerweile auch ihren Sohn betreffen. Im Laufe des Buches werden wir die soeben aufgeworfenen Fragen zu klären versuchen. Wir werden erstmals auf den *Sinn* solcher unethischen Experimente eingehen und aufzeigen, wieso Personen, die angebliche UFO-Entführungserlebnisse aufweisen, für militärische Behörden von besonderem Interesse sind.

8 *Außerirdische Gegenspionage-Programme*

Im Oktober 1992 erstellte der in der Einleitung erwähnte gegenwärtige Leiter der Human Potential Foundation, Dr. C. B. Scott Jones, mit Unterstützung von US-Senator Clairborne Bell und dem Multimilliardär Lawrence Rockefeller die sogenannte *UFO-Matrix of Believe*, eine Zusammenfassung der verschiedenen Hypothesen bezüglich des UFO-Phänomens.[53]
Diese *UFO-Matrix of Believe* wurde infolge der Rockefeller-UFO-Initiative zur Freigabe von UFO-Informationen dem wissenschaftlichen Berater des amerikanischen Präsidenten Bill Clinton, Dr. John Gibbons, überreicht. Dr. Scott Jones vertritt die Meinung, daß die Informationen, welche die Öffentlichkeit bezüglich UFO-Phänomenen besitzt, zu gering sind, um einen endgültigen Überblick bezüglich dieses Phänomens zu erhalten. Er gibt die sieben gängigen Hypothesen an, welche lauten:
1. Alle UFO-Sichtungen können auf mehr oder weniger bekannte Naturphänomene zurückgeführt werden. Bei Fällen, die nicht erklärbar sind, fehlen genügend Daten, um sie erklären zu können.
2. UFO-Phänomene lassen sich auf außerirdische Raumschiffe unseres Universums zurückführen.
3. Die Phänomene werden von Intelligenzen verursacht, die aus interdimensionalen Räumen oder parallel zu unserem Universum koexistierenden Universen in unser Raum-Zeit-Gefüge übertreten.
4. Die Phänomene werden von einer Intelligenz hervorgerufen, die auf der Erde in einer spirituellen Form wechselwirkt.

5. Alle UFO-Phänomene sind Schwindel oder sind von Geheimdiensten verursachte Desinformationskampagnen.
6. Unerklärliche Phänomene werden zur sozialen Manipulation oder zur Bewußtseinsbeeinflussung ganzer Bevölkerungsgruppen benützt, damit ein globales Bewußtsein geschaffen wird und nationalistisch-religiöse Gedankengebäude manipuliert werden können.
7. Diese Phänomene sind eine Begleiterscheinung einer Technologie, die von einer multinationalen Wissenschaft stammt.
8. UFO- und verwandte Phänomene sind eine Kombination der zuvor beschriebenen sieben Punkte.
In einem weiteren Teil seiner Abhandlung betrachtet Dr. Scott Jones fünf Punkte, die das Wissen oder die militärischen Verwicklungen im UFO-Phänomen betrachten. Diese Punkte sind:
1. Es ist keine Regierungsbehörde an solchen Erscheinungen interessiert, da sich alle auf natürliche Phänomene zurückführen lassen.
2. Regierungen wissen über UFO-Phänomene Bescheid, stehen aber mit der fremden Intelligenz nicht in Kontakt.
3. Regierungen oder speziell ausgewählte Vertreter stehen mit einer fremden Intelligenz in Kontakt. Die Gründe dieses Kontaktes könnten Technologietransfer oder Wissensvorsprünge gegenüber irdischen Gegnern sein.
4. Regierungsbehörden stehen hinter den meistens unerklärlichen Phänomenen, um sie für Desinformationszwecke zu nützen.
5. Einige UFO-Phänomene sind das Resultat von Bewußtseinskontroll-Experimenten.
Es steht außer Frage, daß die Großmächte viel mehr Informationen bezüglich dieser Phänomene gesammelt haben, als man in der Öffentlichkeit zugibt. Wer unsere Bücher *UFO-Geheimhaltung*,[19] *UFO-Nahbegegnungen*[54] und *Verdeckte Operationen*[12] kennt, bekommt einen kleinen Überblick bezüglich der in dieser Angelegenheit herrschenden Geheimhaltungspolitik.
Bei genauer Kenntnis der Materie wird eines jedenfalls klar. Dogmatische Skeptiker, die meinen, das komplette Phänomen sei ein Unsinn und es gäbe deshalb auch kein militärisch-politisches In-

teresse, liegen völlig daneben. Regierungsbehörden haben UFOs und paranormal bezogene Gegenspionageprojekte ins Leben gerufen, um die Wahrheit zu schützen. Diese Wahrheit kann sich hinter den folgenden Betrachtungsweisen verbergen:

1. Das UFO-Phänomen ist real und Gegenspionageprojekte sorgen dafür, daß diese Wahrheit nicht an die Öffentlichkeit kommt.

2. Das UFO-Phänomen und verwandte Phänomene, ob real oder nicht, werden zu Gegenspionagezwecken benützt, um hinter einem künstlich errichteten Gebäude aus Lügen und Desinformationen wichtige militärische Projekte vor der Öffentlichkeit und potentiellen Gegnern zu verbergen. Diese Projekte könnten die ultimate Unsichtbarkeit sein, neuartige auf PSI beruhende Kommunikationstechniken, freie Energie, Tesla-Technologien, fortgeschrittene Antriebssysteme, Remote-*Mind-Control*-Technologien, genetische Projekte etc.

Während des *Kalten Krieges* wurden zivile UFO-Forschungsorganisationen im Westen von Ost-Spionen infiltriert, die sich Hinweise über die neuesten Militärflugkörper ihrer Gegner erhofften, indem sie UFO-Sichtungen auswerteten. Diese Tatsache führte zu UFO-Gegenspionageprojekten der CIA und ihrer westlichen Verbündeten. Die verbreiteten Desinformationen wurden von den UFO-Forschern gerne aufgenommen und oftmals ungeprüft von der Presse weiterverbreitet oder lächerlich gemacht. Es ist durchaus möglich, daß man Geheimdienstdokumente dahingehend fälschte, daß bei den Gegnern der Eindruck erweckt wurde, UFOs seien außerirdische Raumschiffe.

Es ist ein offenes Geheimnis, daß Wissenschaftler, die sich mit den Erfindungen von Nikola Tesla auseinandersetzten, Probleme mit bestimmten Behörden bekamen. Das ist wiederum ein Hinweis, daß andere Wissenschaftler an klassifizierten militärischen Projekten mit Teslas Forschungen beschäftigt sind und ihren Kollegen nicht erlaubt wurde, ihre Forschungen auf dieses Gebiet auszudehnen.

In der bekannten TV-Serie Akte X orientiert man sich ebenfalls an den von Dr. Scott Jones in den Raum gestellten Hypothesen,

die mittlerweile einem weltweiten Millionenpublikum wöchentlich ins Wohnzimmer serviert werden. Die Akte-X-Mythologie basiert im großen und ganzen auf zwei Szenarien.
Im ersten Szenario wird angenommen, daß tatsächlich vor 52 Jahren ein außerirdisches UFO bei Roswell, New Mexico, abgestürzt und der amerikanischen Regierung in die Hände gefallen ist. Gleichzeitig wurden von der Regierung Kriegsverbrecher, die für das Projekt *Paperclip* in die USA geholt wurden, rekrutiert, um mit deren Wissen das Geheimnis der UFO-Antriebe zu lösen.
Nachdem man das UFO und die Insassen unter strenger Geheimhaltung ein paar Jahre erforscht hatte, faßten die für dieses Projekt Verantwortlichen den Entschluß, die UFO-Insassen mit Menschen zu kreuzen. Dies erreichten sie mit Hilfe der illegal im Land befindlichen deutschen und japanischen Wissenschaftler.
In diesem Szenario ist ein Konsortium, das aus skrupellosen Männern aus Amerika, Japan, Italien, Deutschland und England besteht, zu großem Einfluß gelangt und in das UFO-Entführungsphänomen und das Hybridenprogramm verwickelt. Die Außerirdischen scheinen in diesem Szenario eine eigene Agenda zu verfolgen, die in der Besiedelung der Erde endet.
Die zweite Möglichkeit im Akte-X-Universum ist nicht weniger beunruhigend. In dieser Variante gibt es keine Außerirdischen. Eine mächtige Agenda, bestehend aus einem Teil der ehemaligen *Paperclip*-Emigranten, hat ihren Traum, eine Herrenrasse zu züchten oder Sklaven zu erschaffen, nicht aufgegeben und führt genetische Experimente im verborgenen durch, wobei sie den Glauben an außerirdische Wesen schürt, damit sie ihre dunklen Machenschaften besser verbergen kann.
Wenn man spekuliert, daß diese Männer während des *Zweiten Weltkrieges* durch grausamste Methoden Dinge entdeckt haben, die denjenigen, die sie nach dem Krieg zu sich geholt haben, einen immensen Wissensvorsprung schufen, könnte es da nicht sein, daß der Glaube an UFOs ihnen eine willkommene Tarnung für ihr menschenverachtendes Treiben gegeben hätte?
Es ist interessant, daß dieser in der Mystery-Serie durchgezogene

Leitfaden von den wenigsten UFO-Forschern aufgegriffen wird. Wie wir in *Verdeckte Operationen*[12] aufzeigten, gibt es sehr wohl viele Anhaltspunkte, die in die zuvor geschilderten Richtungen weisen. Im Laufe dieses Buches wird man sehen, daß die in die USA zwangsemigrierten *Paperclip*-Wissenschaftler oder deren gleichgesinnte Agenda wirklich einen sehr großen Einfluß im militärisch-industriellen Komplex und den Geheimdiensten ihrer neuen Heimat ausübten.

Der Schlüssel für die zuvor behandelten Fragen scheint eindeutig in der Vergangenheit zu liegen. Kurz nach Ende des *Zweiten Weltkrieges* wurde anscheinend von einer Gruppe einflußreicher Personen ein Netzwerk, bestehend aus Desinformationen und Intrigen, aufgebaut, damit außenstehenden Personen der Durchblick bezüglich geheimer Experimente, paranormaler und UFO-Phänomene verborgen bleibt. Nur mit Hilfe von *Schwarzen Projekten* kann man im geheimen Vorbereitungen treffen, damit man in Zukunft ein global überwachbares, total kontrollierbares politisches System, ob *Cyber Situation*, *Neue Weltordnung* oder *Viertes Reich*, errichten kann.

II

Psycho-Spione

»... Eine der faszinierendsten aber auch gefährlichsten Anwendungen von Hypnose ist ihre Verwendung für militärisch-geheimdienstliche Dienste. Das ist ein Gebiet, auf dem ich mich auskenne, weil ich für die USA in zwei Weltkriegen Richtlinien entworfen habe... Ich war während des Zweiten Weltkrieges daran beteiligt, hypnotisch programmierbare Spione zu erschaffen ...«

Dr. George Estabrooks in: Hypnosis Comes of Age, Science Digest, April 1971.

1 *Das Gehlen-Netzwerk*

Wir haben in *Verdeckte Operationen*[1] erwähnt, daß nach Ende des Zweiten Weltkrieges ein Wettlauf der Siegermächte einsetzte, um das Wissen deutscher Wissenschaftler und Ärzte für eigene Zwecke nutzbar machen zu können. Der Großteil dieser für die Greuel des Hitlerregimes verantwortlichen Personen reiste illegal mit Hilfe des Projekts *Paperclip* in die USA ein. Andere Wissenschaftler wurden nach Großbritannien, Frankreich und in die Sowjetunion verfrachtet. Es sollte nicht nur beim wissenschaftlichen Personal bleiben.

Hitlers Heeresspionagechef General Reinhard Gehlen sammelte enorme Kenntnisse über die Sowjets. Aus diesem Grund wurden er und seine Kollegen ebenfalls in die USA eingeschleust. General Gehlen wurde zuerst in Fort Hunt, Virginia, inhaftiert. Unter der Leitung von Major General Edwin Sibert, dem Direktor der Army Intelligence in Deutschland, wurden Reinhard Gehlen und seine Gesinnungsgenossen bezüglich ihrer Kenntnisse verhört.[3]

Außer den Ost-Spionageexperten befanden sich noch vier weitere hochrangige deutsche Admiräle, darunter Hitlers Marine-Geheimdienstdirektor Admiral Otto Schulz, zu Verhören in Fort Hunt. Die Amerikaner fanden rasch heraus, daß sich das Wissen der Deutschen sehr gut gegen den neuen Feind, den Kommunismus, einsetzen ließ. Zu dieser Zeit war man mehr über kommunistisches Gedankengut besorgt als über nationalsozialistisches.

Aufgrund dieser Besorgnis war es möglich, Reinhard Gehlens Geheimdienstpersonal in die neu gegründete Central Intelligence Agency (CIA) zu infiltrieren. Reinhard Gehlen und seine Gesinnungsgenossen versorgten ihre CIA-Kollegen mit Informationen über den neuen Gegner. Diese Projekte erhielten die Namen *Greenhouse* und *Sunshine* und wurden aufgrund der illegal in die USA geholten deutschen Geheimdienstler als *Schwarze Projekte* geführt.

Um 1945 gelang es amerikanischen Geheimagenten sogar, Offiziere der Gestapo aus Internierungslagern zu holen, so daß sie unter dem Projektnamen *Greenhouse* für ihre neuen Auftraggeber weiterspionieren konnten. Diese ehemaligen hochrangigen Mitarbeiter des Hitlerregimes mußten nicht einmal einen Fragebogen in bezug auf die damals herrschenden Entnazifizierungsgesetze ausfüllen. Der Grund war folgender: Wären diese Personen vor ein amerikanisches Gericht gekommen, hätte man herausgefunden, daß die *Greenhouse*-Gruppe für die CIA arbeitete.

Nach einiger Zeit wurden die Daten vieler ehemaliger Kriegsverbrecher weißgewaschen. Es wurden Visa und später amerikanische Staatsbürgerschaften ausgestellt, wobei die Joint Intelligence Objection Agency (JIOA) Falschinformationen an das State Departement weitergab.[2]

Manche Forscher sind sogar der Ansicht, daß die CIA-Infrastruktur durch die Gehlen-Gruppe aufgebaut wurde. Die für diese Infiltrierung durch deutsche Geheimdienstler verantwortliche Person war der Direktor des Office of Strategic Services (OSS), Allen Welsh Dulles.

Wenn man diese unseligen Zeiten nach Kriegsende als Außenstehender betrachtet, könnte man meinen, daß Dulles und andere hochrangige Personen des militärisch-geheimdienstlichen Umfeldes in den USA die Ideologien von Reinhard Gehlen und seinen Gesinnungsgenossen teilten und im geheimen sogar förderten. Bei genauer Recherche kommt man zur Ansicht, daß diese Personen ein sehr mächtiges Netzwerk aufbauten, das direkt mit den in *Verdeckte Operationen*[1] beschriebenen *Mind-Control*-Projekten in Verbindung stand.

Allen Dulles wurde 1953 zum Direktor der CIA ernannt und blieb acht Jahre im Amt. Während dieser Zeit überwachte er auch die neu ins Leben gerufenen *Mind-Control-* und biologisch-chemischen Experimente. Es ist anzunehmen, daß man während dieser Zeit das Wissen seiner emigrierten Kameraden nicht nur für Spionagezwecke einsetzte, sondern ihre in den Konzentrationslagern erworbenen Spionagetechniken weiterentwickelte.

Aufgrund dieser Projekte gab es *keine* wichtige militärische Forschungseinrichtung oder Geheimdienstbehörde, in der nicht ehe-

malige Deutsche eine neue Beschäftigung fanden. Viele dieser Personen erhielten höhere Geheimdienstklassifikationen als ihre amerikanischen Kollegen.
Kürzlich freigegebene JIOA-Dokumente zeigen auf, daß 1957 mehr als sechzig für das amerikanische Militär arbeitende Firmen *Paperclip*-Wissenschaftler unter Vertrag hatten.[3] Unter diesen Firmen befanden sich die mittlerweile verschmolzenen Luft- und Raumfahrt-Giganten Lockheed und Martin Marietta. Dieselben Firmen sind auch heute noch in *Schwarze Projekte* verwickelt und entwickeln UFO-ähnlichen Flugkörper.
Es ist sehr wahrscheinlich, daß diese Personen ihre *braune* Ideologie nicht von heute auf morgen ablegten. In den folgenden Kapiteln des Buches werden wir aufzeigen, daß hinter vielen geheimen Projekten, insbesondere solchen, die anscheinend mit dem UFO-Phänomen in Verbindung stehen, die Ideologie vom *Herrenmenschen* und *Untermenschen* eine große Rolle spielt.

2 *Wölfe im Schafspelz: Hypno-programmierte Agenten*

Im Frühherbst 1940 landete ein seltsames Schreiben auf dem Tisch des Police Commissioners der Royal Canadian Mountain Police (RCMP), Stuart Wood. Der Brief war von dem Psychologie-Professor Dr. George Estabrooks verfaßt und beinhaltete das Angebot, mit Hilfe seiner Hypnosekenntnisse Kriegsgefangene zu loyalen Spionen umzuformen. Dr. Estabrooks war ein gebürtiger Kanadier, der zu dieser Zeit in den USA als Professor an der Colgate-Universität bei Hamilton in New York arbeitete.
Die Kanadier waren anfänglich nicht abgeneigt, Dr. Estabrooks Angebot anzunehmen. Er war ein Hypnosespezialist und wollte mit dieser Fähigkeit Informationen von stillschweigenden Kriegsgefangenen erhalten. Außerdem behauptete Dr. Estabrooks, daß es ihm möglich sei, hypno-programmierte Geheim-

agenten oder geheime Kuriere zu erschaffen. Zu dieser Zeit befanden sich Tausende Kriegsgefangene und disloyale Kanadier deutscher Abstammung in kanadischen Internierungslagern. Aus diesem Potential wollte Dr. Estabrooks mit Hilfe der RCMP ein Netzwerk mit hypno-programmierten Agenten und Geheimnisträgern errichten.[4]

Am zweiten Oktober schrieb der Direktor des RCMP-Geheimdienstes, Ernest William Bavis, an den seltsamen Professor. In seiner Antwort hieß es, daß sich die *Mountis* seinen Vorschlag sehr gut überlegen müßten, da sie sich im unklaren waren, wie die kanadische Öffentlichkeit reagieren würde, wenn diese Hypnoseexperimente durch unglückliche Zufälle aufkämen. Bavis schlug Dr. Estabrooks aber vor, daß er nach Kanada kommen solle, damit er einige *Steher* unter den Inhaftierten mit seinen Hypnosetechniken verhören könne.

Aufgrund dieser Aufforderung kam Dr. Estabrooks mit zwei Kollegen nach Ottawa. Diese waren Dr. Wesley Wells von der Syracuse-Universität bei New York und Dr. L. W. Rowland von der Tulsa-Universität in Oklahoma. Beide waren wie Dr. Estabrooks gleichgesinnte Hypnosespezialisten. Dr. Wells behauptete, daß es möglich wäre, eine völlig unbescholtene Person unter Hypnose zu einer Straftat zu verleiten. Dr. Estabrooks baute nach diesem Ausflug in sein Geburtsland die Kontakte zu gleichgesinnten Hypnosekapazitäten aus und wurde so zu einer einflußreichen Person in der Schattenwelt der Geheimdienste.

Bei genauer Recherche in bezug auf seine Person stellt sich heraus, daß er mit rassistischem Gedankengut sympathisierte. Der Titel seiner Doktorarbeit lautete zum Beispiel: »Rassenunterschiede in der Intelligenz«. Nach seiner Dissertation interessierte er sich für die Arbeiten des Neurologen und Spezialisten für gespaltene Persönlichkeiten, Dr. Morton Prince aus Boston.[5] Dr. Morton Prince behauptete, daß er 1905 eine Frau geheilt habe, die diese Symptome aufwies. Mit Hilfe posthypnotischer Befehle vereinte er ihre gespaltenen Persönlichkeitsstrukturen zur ursprünglichen Person. Dr. George Estabrooks meinte, daß es aufgrund von Dr. Princes Forschungen auch möglich sein sollte, aus einer Person mit ähnlichen Techniken multiple Persönlichkeiten abzuspalten.

Sein Interesse an Hypnose wurde über die Beschäftigung mit Telepathie geweckt. Dr. Estabrooks gelangte zu der Ansicht, daß man mit Hilfe von speziellen Hypnosetechniken multiple Persönlichkeiten für spezielle geheime Aufträge programmieren und so den perfekten Agenten erzeugen könnte. Da die Anwendungen für militärisch-geheimdienstliche Bereiche ausgelegt waren, wollte er seine Theorien mit Hilfe der Militärs und der Geheimdienste testen und in die Realität umsetzen.[5,6]

Er und seine Kollegen waren der Meinung, daß sie einen unbescholtenen Menschen soweit bringen könnten, daß er jemanden ermorden oder eine Bombe in eine Fabrik hinterlegen und sich danach an nichts mehr erinnern könne. Für diese Zwecke sollten sich unwissende Zeitgenossen am besten eignen. Laut Dr. Estabrooks sollten Deutsche oder Italiener aus den Internierungslagern in ein Spital eingeliefert werden, in dem er und seine Kollegen in ihnen multiple Kanada-loyale Persönlichkeiten erzeugen wollten. Im Wachzustand sympathisierten sie mit dem Gegner, und im Unterbewußten sollten sie für die kanadische Regierung spionieren.[4]

Wenn ein solcher hypno-programmierter Agent Rückblenden von einem Einsatz erhält, wollte ihn Dr. Estabrooks wieder in einem Spital nachbehandeln. Er betonte ausdrücklich, daß nur der Programmierer Zugriff zu den in den verborgenen Persönlichkeiten befindlichen geheimen Informationen hat und nur er sie mit Hilfe eines Codewortes wieder aufrufen kann. Ein solcher Agent wäre perfekt, da nicht einmal seine Kernpersönlichkeit weiß, daß er ein Spion ist.

Inzwischen weiß man, daß die RCMP jedoch nach dem Besuch von Dr. Estabrooks beschloß, keine weiteren Hypnoseexperimente mehr durchzuführen, da man im Falle einer Panne Probleme mit der kanadischen Öffentlichkeit vermeiden wollte. Anhand von mittlerweile freigegebenen Briefen und Dokumenten weiß man, daß Dr. Estabrooks seine Pläne auch dem kanadischen Verteidigungsministerium anbot. Dieses zeigte zuerst auch ein

WARNING NOTIC
SENSITIVE INTELLIGEN
SOURCES AND METHODS INV

STUDIES OF DISSOCIATED STATES

An examination of current descriptions of dissociative reactions reveals a rather stereotyped concept, differing little from [redacted] original one, and offering a limited definition of the dissociative mechanisms and their role in normal and abnormal psychological functions. The literature concerning clinical entities ordinarily considered to constitute the dissociative reactions is fairly well limited to case-studies of patients with fugues, amnesias, somnambulisms, and multiple personalities.

Unpublished studies by the writer have led him to a greatly expanded concept of dissociation. Dissociative phenomena are found in everyday life. Such manifestations include "highway hypnosis", states of "fascination" in flyers, hypnagogic and phantasy hallucinations, transient anesthesias, and many other examples. These reactions have many features in common with a variety of clinical disorders including "sleep paralysis", trance states, Gilles de la Tourette's disease, latah, "Arctic hysteria", and a number of other disturbances in addition to the well-known dissociative reactions of the text-books.

There is considerable experimental evidence pointing to the significant role played by dissociative mechanisms in the production of the various phenomena of hypnosis. In fact, hypnosis may be considered to be a pure-culture, laboratory-controlled dissociative reaction. Of the entire phenomenology of the various states described above, there is not one single manifestation which cannot be produced experimentally in the hypnotic subject. Thus, through the use of hypnosis as a laboratory device, the dissociative mechanisms can be studied with a high degree of objectivity.

Of increasing interest at the present time are the actions of a variety of new drugs which alter the state of psychological functioning. Some of these agents produce disturbances of perception and integration (mescaline, lysurgic acid, etc.). Others produce alterations of autonomic reactivity through inhibition of central (hypothalamic?) functions, so that "emotional responsiveness" is diminished (reserpine, chlorpromazine, etc.). The effects of these agents upon the production,

Abb. 12: Erste Seite eines MKULTRA/CIA-Dokumentes von einer Studie über Persönlichkeitsspaltungen. In diesem Dokument wird auch auf die Zusammenhänge von Hypnose und die Anwendung von halluzinogenen Drogen in Verbindung mit multiplen Persönlichkeiten eingegangen.

physiological resea-ch team is being developed at the [redacted]. Facilities of the [redacted], and the [redacted] are available. However, within the overall framework of these facilities, a unique laboratory must be organized and constructed. This laboratory will include a special chamber, in which all psychologically significant aspects of the environment can be controlled. This chamber will contain, among other things, a broad-spectrum polygraph for simultaneous recordings of a variety of psychophysiological reactions of the individual being studied. In this setting the various hypnotic, pharmacologic and sensory-environmental variables will be manipulated in a controlled fashion and quantitative continuous recordings of the reactions of the experimental subjects will be made. Under these conditions, and with the utilization of the special skills of the research team, it is expected that some significant original and valuable observations will be obtained.

Abb. 13: Zweite Seite des MKULTRA/CIA-Dokumentes zur Studie von multiplen Persönlichkeiten. Der Verfasser fordert ein Labor mit einer speziellen Kammer, in der die psychologischen Reaktionen von menschlichen Versuchskaninchen studiert werden können. Im Labor sollen hypnotische, pharmakologische und Wahrnehmungs-Parameter kontrolliert und manipuliert werden.

Interesse an seinen Ideen, lehnte später aber ebenso wie die RCMP ab. Nach diesem erneuten Fehlschlag wandte er sich schließlich an die amerikanischen Geheimdienste, die aufgrund ihrer deutschen *Paperclip*-Importe wie der Gehlen-Gruppe an ähnlichen Projekten arbeiteten.

Da die deutschen Geheimdienste während des *Zweiten Weltkrieges* mit Hilfe ihrer Ärzte in den Konzentrationslagern mit den Inhaftierten Experimente bezüglich drogen-gestützter Verhörmethoden durchführten, liegt es nahe, daß Dr. Estabrooks und gleichgesinnte Kollegen mit den zwangsemigrierten deutschen Spionen wie dem neuen US-Ostspezialisten Reinhard Gehlen in den als *Schwarze Projekte* laufenden *Mind-Control*-Projekten zuammenarbeiteten.

1971 schrieb Dr. Estabrooks einen Artikel für die Zeitschrift *Science Digest*, in dem er behauptete, daß er den amerikanischen Geheimdiensten half, hypno-programmierte Spione zu erzeugen.[7] In diesem Artikel beschrieb Dr. Estabrooks, wie er die Persönlichkeit eines Marineleutnants in zwei Persönlichkeiten spaltete, wobei eine Persönlichkeit ein ausgesprochener Kommunist und die andere loyal zur USA war.

Im Wachzustand gewann dieser persönlichkeitsgespaltene hypno-programmierte Spion sofort die Sympathie der Kommunisten. Unter Hypnose erzählte der amerikatreue Teil die aufgeschnappten kommunistischen Geheimnisse. Andere Experimente wurden für die Erzeugung von Hypnosekurieren durchgeführt. Wenn ein hypno-programmierter Spion mit einer gespaltenen Persönlichkeit vom Gegner gefaßt wurde, konnte ihm niemand sein Geheimnis entlocken. Nur sein Schöpfer wußte, wie die Persönlichkeit, die als Geheimnisträger präpariert war, abgerufen werden konnte.

Der *Mind-Control*-Forscher und Spezialist für Traumata, Dr. Colin Ross, ist der Ansicht, daß Dr. Estabrooks' Techniken infolge der *Mind-Control*-Projekte mit Hilfe von halluzinogenen Drogen und Implantaten verbessert wurden.[8] Tatsächlich gibt es Hinweise, daß sich Dr. Estabrooks für Gehirnimplantate interessierte. In seinem 1961 erschienenen Buch: *The Future of the Human Mind*[5] propagiert er, allen Menschen Gehirnimplantate einzusetzen, um die Entwicklung der Menschheit in seiner Meinung nach richtige Bahnen zu lenken. In seinem Buch schreibt er:

»Hypnose ist gut, aber nicht unfehlbar. Wie immer, wenn man einmal ein Implantat in das Gehirn eines Menschen eingesetzt hat, ist diese Person für ihr ganzes Leben unter Kontrolle.«

Dieses Zitat erinnert an die vor kurzem geäußerten Aussagen deutscher Ärzte, die das an der Universität Bremen entwickelte Gehirnimplantat zwecks Krankenvorsorge in naher Zukunft jedem Staatsbürger einsetzen möchten.[9,10]

3 *Auf den Spuren von Dr. Jekyll und Mr. Hyde*

Am 18. April 1996 fand in Orange County, Kalifornien, die Anual Western Clinical Conference für Trauma und Persönlichkeitsspaltung statt. Bei dieser Konferenz sprachen mehrere Psychologen und Psychiater über die Zusammenhänge zwischen Trauma und multiplen Persönlichkeiten.

Der kanadische Trauma-Spezialist Dr. Colin Ross begann Ende 1985, Patienten mit multiplen Persönlichkeiten (MPD) genauer zu untersuchen und stieß dabei auf phantastische, aber auch interessante Spuren, die sich bis zu Dr. George Estabrooks zurückführen lassen.[8, 11]

Dr. Ross schilderte einen typischen Fall, wo eine Patientin erzählt, daß ihr Vater von der Mafia getötet wurde und man sie in ein Kinderbordell gebracht hatte. Danach behauptete die schwer traumatisierte Patientin, daß sie gezwungen wurde, an satanischen Ritualen teilzunehmen.

Dr. Ross wußte anfänglich nicht, was er von diesem Fall halten sollte, bis er immer wieder auf ähnliche Fälle stieß. Ähnlich wie bei angeblichen UFO-Entführungsfällen kannten sich die betroffenen Personen nicht und stammten aus unterschiedlichen Gegenden. Je mehr Informationen Dr. Ross sammelte, desto mehr Fakten und Hinweise konnte er finden, daß satanische Kulte und Geheimdienste auf Trauma basierende MPD-Kuriere für die unterschiedlichsten Dienste erzeugten.

Die Verbindungen ließen sich bis zu Allen Dulles, der Gehlen-Gruppe, *Paperclip*-Wissenschaftlern, schließlich zu Dr. George Estabrooks und den amerikanischen CIA-*Mind-Control*-Projekten zurückverfolgen. Dr. Ross meint, daß diese Verbindungen und die Erzeugung von MPD-Hypnoseprogrammier-Techniken zu den größten militärisch-geheimdienstlichen Geheimnissen der Nachkriegszeit gehören.

Der *MKULTRA*-Psychologe Dr. John Gittinger sagte während der siebziger Jahre vor dem US-Kongreß aus, daß die Erzeugung solcher Agenten reine Fiktion ist und die CIA niemals solche Versuche durchführte.[12] In der Zwischenzeit kamen jedoch durch

das FOIA-Gesetz CIA-eigene Dokumente der Projekte *BLUEBIRD* und *ARTICHOKE* an die Öffentlichkeit, die Dr. Gittingers Aussagen widersprechen.
Die streng geheimen CIA-*Mind-Control*-Projekte *BLUEBIRD* und *ARTICHOKE* liefen zwischen 1951 und 1953. Danach wurden die Forschungen im *MKULTRA*-Projekt weitergeführt und 1963 schließlich in *MKSEARCH* umbenannt.[13] Parallel zu diesen Projekten wurde in Edgewood Arsenal zwischen 1953 und 1970 das Projekt *MKNAOMI* durchgeführt, in dem mit halluzinogenen Drogen experimentiert wurde. Außerdem wurden in Verbindung mit *MKULTRA* 149 Unterprojekte durchgeführt, deren genaue Inhalte noch heute zum Großteil unbekannt sind.
Daß diese Forschungen, nicht so wie vor dem US-Kongreß behauptet, in den siebziger Jahren eingestellt wurden, beweist das Projekt *STARGATE*. *STARGATE* hieß das mittlerweile bekanntgewordene Remote-Viewing-Projekt, das 1984 offiziell von der CIA eingestellt wurde. Eines der *MKULTRA*-Unterprojekte beschäftigte sich mit paranormalen Phänomenen wie Remote-Viewing und Telepathie. Der *MKULTRA*-Wissenschaftler Dr. Sidney Gottlib war 1972 der Direktor der Technical Service Division (TSD) der CIA, als er dem Leiter der Remote-Viewing-Experimente Dr. Harold Puthoff einen Forschungsauftrag verschaffte.[14]
Dr. Sidney Gottlib war während der *MKULTRA*-Projekte nachweislich in LSD-Drogenexperimente an unwissenden Personen verwickelt. *STARGATE* könnte ein Unterprojekt von *MKULTRA* gewesen sein, das möglicherweise seine Codebezeichnung mehrmals änderte und seine Wurzeln in dieser Zeit hatte. Deshalb ist es durchaus möglich, daß andere Unterprojekte auch heute noch im verborgenen laufen.
Dr. Colin Ross fand bei seinen Nachforschungen heraus, daß Dr. George Estabrooks mit allen wichtigen Hypnoseärzten Kontakte pflegte und zwischen 1930 und 1960 mehrmals dem FBI-Direktor J. Edgar Hoover seine Dienste anbot.[8,11] Viele FBI- und militärische Spezialisten für psychologische Kriegführung (PSYWAR) besuchten Dr. Estabrooks Workshops und Sympo-

sien. In einem *ARTICHOKE*-Dokument über den Einsatz von experimenteller Hypnose vom 6. April 1954 wird ein Versuch, in dem ein 19jähriges Mädchen als hypno-programmierter Kurier eingesetzt wurde, geschildert. Auszüge aus dem Dokument lauten:

»... Die Sitzung begann mit einer kurzen Einleitung für Fräulein XXX, sich an einen seltsamen Traum zu erinnern, den sie vorige Woche hatte. Dieser Test wurde erfolgreich ausgeführt, da sie sich im Wachzustand nicht mehr an den Inhalt des Traumes erinnern konnte. Das Haupthypnoseexperiment wurde wie folgt durchgeführt. Fräulein XXX wurde unter totaler Hypnose in Raum 23 geführt und vom Verfasser dieses Dokumentes instruiert, daß sie ein als geheim eingestuftes Dokument in dem Tisch von Herrn XXX finden würde. Ihr wurde erzählt, daß sie dieses Dokument entwenden und versteckt zum Raum 21 bringen soll. Danach soll sie ein Glas Wasser trinken, das sie auf einem Regal findet und sich auf einer Liege im Zimmer in Tiefschlaf begeben. Sie wurde instruiert, daß sie erst wieder aufwachen soll, wenn ihr jemand ein Codewort ins Ohr flüstert. Wenn sie wieder aufwacht, würde sie sich nur erinnern, daß sie auf der Liege schlief. Fräulein XXX führte das Experiment wie beschrieben erfolgreich aus. Sie hatte danach keine Erinnerung an die von ihr ausgeführten Aktivitäten ...«[15]

Während des Experimentes wurde ein anderes Fräulein in denselben Raum geführt und instruiert, ihr das Dokument wieder zu entwenden und in Raum 23 zu bringen. Ihr wurde erzählt, daß Fräulein XXX mit einer Droge, die sich im Wasserglas befand, betäubt wurde und deshalb auf dem Sofa schlief. Laut Verfasser des Dokumentes wurde auch dieser Versuch erfolgreich abgeschlossen. Beide beteiligten Frauen wußten nach dem Experiment nichts von ihren unter Hypnose ausgeführten Handlungen.

Ein anderes interessantes *ARTICHOKE*-Dokument aus den fünfziger Jahren beschreibt ein erfolgreiches Hypnoseexperiment, bei dem der Testperson eine andere Identität einsuggeriert wurde. Die Betroffene verteidigte ihre neue Identität während des Experimentes und wußte danach nichts mehr. Im Dokument wurde vorgeschlagen, daß man Hypnose bei speziellen politischen Agenten einsetzen sollte, da man ihre Handlungen völlig steuern kann.[8,11] In anderen freigekommenen Dokumenten kann man nachlesen, daß man sich Gedanken machte, wie man hypnoprogrammierte Agenten vor der Entdeckung feindlicher Mächte schützen kann.[16]

Dieser Grund war ausschlaggebend für die Erforschung von Amnesieblöcken und das Erzeugen und Durchdringen von künstlich erzeugten Deckerinnerungen. Diese Techniken sind für Forscher, die UFO-Entführungen und Fälle von satanischen, rituellen Mißbrauch (SRA) untersuchen, nicht unwichtig. Wenn es möglich ist, phantastische unglaubliche Geschichten über die Erinnerungen einer Person zu legen, um geheime Handlungen zu verbergen, muß man sich die Frage stellen, ob man Erinnerungen an satanische Rituale oder wie in *Verdeckte Operationen*[1] angedeutet an UFO-Entführungsszenarien mit den zuvor geschilderten Techniken erzeugen kann. Wir werden deshalb auf diese Problematik im Laufe des Buches noch genauer eingehen.

Anhand von anderen durch das FOIA-Gesetz freigegebenen *ARTICHOKE*-Dokumente sieht man jedenfalls, daß man Versuchspersonen in den fünfziger Jahren erfolgreich phantastische, als Träume getarnte falsche Erinnerungen in ihr Bewußtsein einprogrammiert hat.[8,11,16] Ein *ARTICHOKE*-Dokument vom 20. bis 23. Januar 1955 beschreibt eine solche Prozedur in einem sogenannten *Safe House*.[17] In diesem Haus war das komplette Personal von der CIA. Es wird beschrieben, wie eine unwissende Testperson mit einem Auto zu diesem Haus gefahren wurde. Der Person wurde mitgeteilt, daß sie zu einer psychiatrischen Routineuntersuchung müsse. Im *Safe House* bereiteten die *ARTICHOKE*-Psychiater alles für das mit Drogen unterstützte Hypnoseexperiment vor.

Laut Dokument wurden der Versuchsperson zwei Gramm Antibarbitol verabreicht, damit sie das Bewußtsein verlor. Als sie wieder zu sich kam, wurden Verhöre und Untersuchungen durchgeführt. Am folgenden Tag wurden der Person falsche Erinnerungen von *ARTICHOKE*-Spezialisten über die zuvor erlebten Erinnerungen mental mit Hilfe von Hypnose und Drogen implantiert. Die folgenden Sätze stammen aus dem erwähnten Dokument:

»Das Subjekt wurde zum Special Operations Raum gebracht, und um 2:36 Uhr wurde die erste intravenöse Infusion verabreicht. Danach wurde mit langsamen Injektionen fortgefahren. Um 2:46 Uhr begannen die Chemikalien bei dem Subjekt zu wirken. Zu dieser Zeit wurden spezielle Aufnahme- und Abspielvorrichtungen in den Operationsraum gebracht. XXX verließ den Raum und XXX trat ein. Danach wurden die unter Projekt *ARTICHOKE* entwickelten Techniken angewendet. Diese Techniken folgten einem Plan, der in drei Stufen ausgeführt wurde.

A: Eine Phantasie welche XXX. Die Resultate während dieser Phase waren sehr gut, und das Subjekt hatte keine Kontrolle. Zeitdauer ungefähr 15–20 Minuten.

B: Eine Phantasie in welcher XXX. Die Resultate waren ebenfalls hervorragend. Zeitdauer ungefähr 40–45 Minuten.

C: Nachdem sich die Phantasien manifestierten, wurde das Subjekt mehr oder weniger von XXX verhört und XXX als XXX vorgestellt. Das Subjekt hatte kaum eine Kontrolle über sich selbst. Zeitdauer ungefähr 15 Minuten. Nach der *ARTICHOKE*-Behandlung wurde eine allgemeine Konferenz abgehalten und alles offengelegt.«[17]

Im Anhang des Dokumentes wird noch erwähnt, daß alle das *Safe House* verließen. Die im Dokument als Subjekt bezeichnete Testperson berichtete, daß sie Kopfschmerzen hatte, diese aber auf die ihr vorgespielten Routineuntersuchungen zurückführte. Sie konnte sich nur mehr konfus an seltsame Vorgänge erinnern. Diese seltsamen Vorgänge wurden aber einem Traum zugeschrieben.

Diese in den *ARTICHOKE*-Dokumenten beschriebenen erfolgreich durchgeführten Versuche sind besonders wichtig, da sie nachweisen, daß Militärs und Geheimdienste in den frühen fünfziger Jahren mentale Techniken entwickelt haben, mit denen es

ihnen gelang, falsche Erinnerungen, die als *Träume* gedeutet wurden, in das Bewußtsein eines Menschen zu implantieren.
Dr. Colin Ross und andere Therapeuten nehmen diese Hinweise als Beweis, daß man solche Psycho-Agenten seit den fünfziger Jahren operativ im Einsatz hat. Es ist natürlich klar, daß die gegenwärtigen Techniken viel weiter fortgeschritten sind als die in den fünfziger Jahren benützten.

4 Die MKULTRA-Opfer klagen an

Lynne Moss-Sharman wurde 1947 in Halifax, Kanada, geboren und verbrachte ihre Kindheit in Ontario. Sie erinnert sich noch heute, wie sie als Kind von zu Hause abgeholt wurde und in Autos, kleinen Privat- und Militärflugzeugen zu verschiedenen kanadischen Militärstützpunkten in der Nähe von Ottawa und New York gebracht wurde.[18,19]
In den letzten Jahren kamen ihre Erinnerungen Schritt für Schritt an die Bewußtseinsoberfläche zurück. Die schrecklichsten Erinnerungen hat sie an das sogenannte *Playhouse*. Sie mußte in einer Horrorkammer als Kind die verschiedensten Versuche über sich ergehen lassen. Wissenschaftler implantierten ihr einen Fremdkörper durch das rechte Nasenloch. Elektrische Stromstöße kontrollierten gegen ihren Willen ihre Bewegungen. Sie wurde zu einem menschlichen Roboter umkonstruiert.
In mehreren therapeutischen Sitzungen hat sie ihre traumatischen Erinnerungen zu Papier gebracht. Andere Erinnerungen betreffen Isolation von der Umwelt, Elektroschocks, Drogenversuche, sexuellen Mißbrauch und andere Experimente. Prof. Alan Scheflin erhielt von der CIA durch das FOIA-Gesetz eine Menge Dokumente über die Verhaltenskontroll-Experimente, wie sie von Lynne erlebt und verdrängt wurden.[20]
Viele dieser Projekte wurden von Dr. Evan Cameron von der McGill-Universität in Montreal geleitet. Prof. Scheflin meint, daß es sehr schwer sei, die Anschuldigungen der vermeintlichen Opfer zu beweisen. Außerdem gibt es eine Menge Personen, die

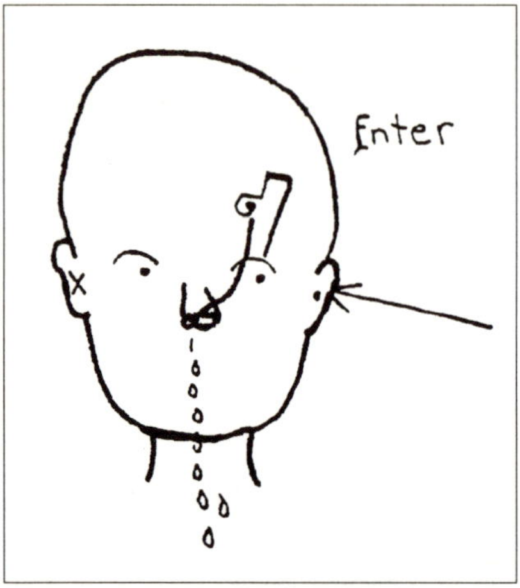

Abb. 14: Diese Zeichnung stammt vom kanadischen Mind-Control-Opfer Lynne Moss-Sharman und wurde 1995 während ihrer Therapie angefertigt. Sie soll veranschaulichen, wie ihr eine kleine Elektrode durch die Nase hinter dem Augapfel eingeführt wurde (© Lynne Moss-Sharman).

der neurotischen Illusion erliegen, Opfer von Regierungsexperimenten zu sein. Er hebt aber hervor, daß nicht *alle* Personen vermeintliche Opfer solcher Experimente sind, da man mit Hilfe der freigegebenen FOIA-Dokumente nachweisen kann, daß es *wirkliche* Opfer gegeben hat und noch geben muß.

Lynne fand heraus, daß die meisten Experimente an ihr in Laboratorien der Universität Rochester während der fünfziger Jahre durchgeführt wurden. In diese Experimente waren Marine- und Luftwaffenpersonal verwickelt. Mittlerweile kann man nachweisen, daß in Rochester über 100 militärische Experimente mit einem direkten Link nach Los Alamos durchgeführt wurden.

Lynne erinnert sich, daß sie und andere Kinder an Experimenten teilnahmen, mit deren Hilfe man ihre Persönlichkeit spaltete.[18,19] Interessanterweise konnte man eine Verbindung zwischen der Universität von Rochester, an der der *MKULTRA*-Psychiater Dr. Evan Cameron arbeitete, und dem Colgate College in Hamilton bei New York nachweisen. Am Colgate College arbeitete der zuvor erwähnte Dr. George Estabrooks.

Lynne kann sich an Dr. Estabrooks, Dr. Cameron und einen Dr. Hendricks erinnern. Andere Experimentatoren konnten noch nicht identifiziert werden. Besonders wichtig für die folgenden

17

7 Illustration eines laserbetriebenen UFO-ähnlichen Flugkörpers, der zur Zeit an der High 'nergy Laser Test Facility (HELSTF) in New Mexico entwickelt und getestet wird. Obwohl iese unbemannten Flugkörper nicht sehr groß sind, würde jeder nicht in die Tests eingeweihte 'euge solche Flugobjekte als Alien/UFO bezeichnen. Im Insert ist das Foto eines laserbetriebe-en Lightcraft im Test zu sehen. In Zukunft möchte man mit diesen unbemannten UFO-ähn-chen Flugobjekten kleine Lasten in die Erdumlaufbahn transportieren.

8 Illustration eines UFO-ähnlichen »Air Spike«. Bei diesen diskusförmigen Flugobjekten erden Mikrowellen von einem Satellitennetzwerk abgestrahlt, so daß sich eine Schockwelle or dem Diskus bildet. Der Antrieb dieser »Air Spikes« beruht auf Mikrowellenenergie in Ver-indung mit Elektroden und Supraleitern. Bei diesem Vorgang wird die umliegende Luft nisiert und zum Leuchten angeregt. Aus diesem Grund sind solche Flugkörper von UFOs im igentlichen Sinne nicht mehr zu unterscheiden. Im Insert ist eine unbemannte militärische)rohne mit der Bezeichnung »Cypher« zu sehen. Das Mini-UFO ist mit modernsten Sensoren usgerüstet und kann für Spionagezwecke und zur Verbrechensbekämpfung eingesetzt werden.

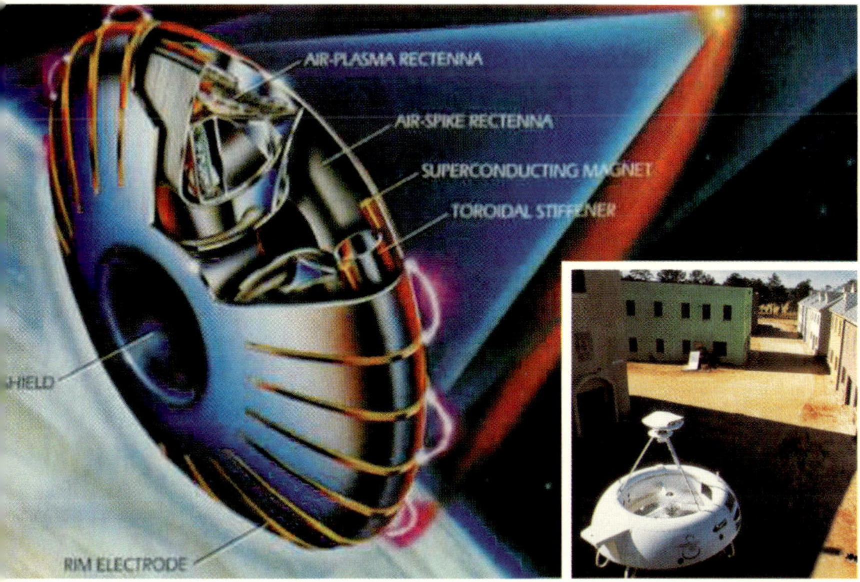

18

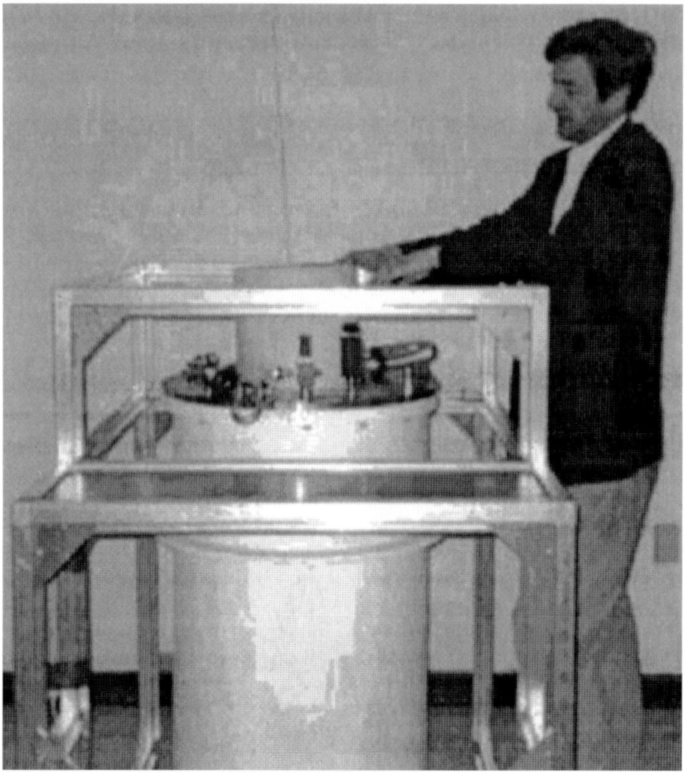

19

19 Dr. Podkletnov entwickelte eine Versuchsanordnung zur Gravitationsabschirmung innerhalb eines ein Meter großen Stahlgefäßes. Darin wurde flüssiges Helium eingelassen, damit ein Kühlungseffekt erreicht wird. Danach wurde innerhalb des Gefäßes mit Hilfe magnetischer Spulen ein supraleitender Diskus mit 5000 Umdrehungen pro Minute zum Rotieren gebracht. Die Messungen ergaben, daß Gegenstände, die sich oberhalb des Diskus befanden, um ein bis zwei Prozent leichter wurden, was auf einen Antigravitationseffekt zurückführbar ist.

20 Illustration eines angeblichen Alien-UFOs, an dem der Physiker Bob Lazar im streng geheimen militärischen Sperrgebiet AREA-51/S4 gearbeitet haben will. Laut Lazar dient als primärer Motor für die Fortbewegung dieses UFOs die künstliche Erzeugung von Gravitation. Laut Lazar wird der Raum mittels einer extrem starken Gravitationsquelle zum UFO selbst gekrümmt und dann die Gravitationsquelle abgeschaltet. Das Flugobjekt würde daraufhin durch den zurückbiegenden Raum mitgenommen und ohne Zeitverzögerung am Zielort anlangen.

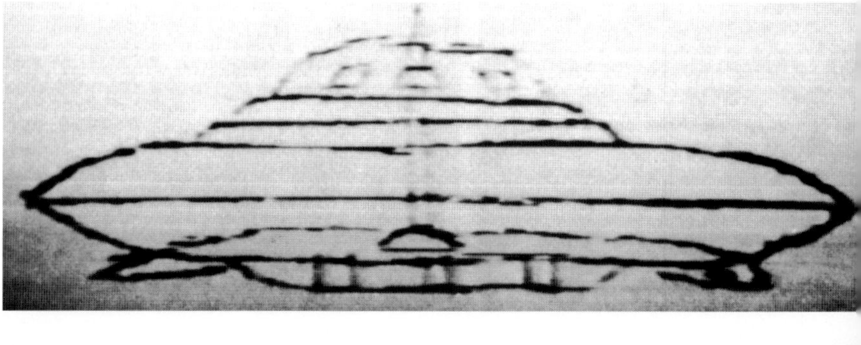

20

21

' Das Bild zeigt einen teilweise verschütteten Eingang zur gegenwärtig aufgelassenen mi-
ärischen Untergrundanlage in Montauk. In den unterirdischen Etagen dieser Basis wurden
r das MKULTRA-Mind Control-Projekt Isolationstank-Experimente, Implantierungen und
ranormale Versuche unter strengster Geheimhaltung durchgeführt. Nach Betreten des
ontaukbasis-Einganges führt ein langer Gang in den Hügel. Die UFO/Militär-Entführte
ichelle beschrieb unter Hypnose und teilweise bei vollem Bewußtsein, wie sie von Militärper-
nal gekidnappt und durch einen langen Gang eskortiert wurde. Danach transportierte man
mit einem Lift in eine unterirdische Etage, wo sie von Ärzten untersucht und in einen Isola-
nstank gesperrt wurde.

22 Künstlerische Darstellung des reptilienförmigen Wesens, dem die UFO/Militär-Entführte Michelle während eines Kidnappings durch Militärpersonal Anfang der siebziger Jahre in der Montauk-Untergrundbasis begegnet sein will. Es ist sehr wahrscheinlich, daß Michelle durch ein verabreichtes Halluzinogen eine polygenische Erfahrung hatte. Bei einer solchen Erfahrung nimmt der Drogenkonsument andere Menschen als Tiere oder Mischwesen wahr (© Michelle).

23 Das Montauk-Mind Control-Opfer Duncan Cameron bekam beinahe einen Nervenzusammenbruch, als er die verlassene Montaukbasis gegenwärtig aufsuchte. Die traumatischen Erinnerungen an die Experimente lassen es als sehr wahrscheinlich erscheinen, daß Duncan Cameron an diesem Ort wirklich Schreckliches erlebte.

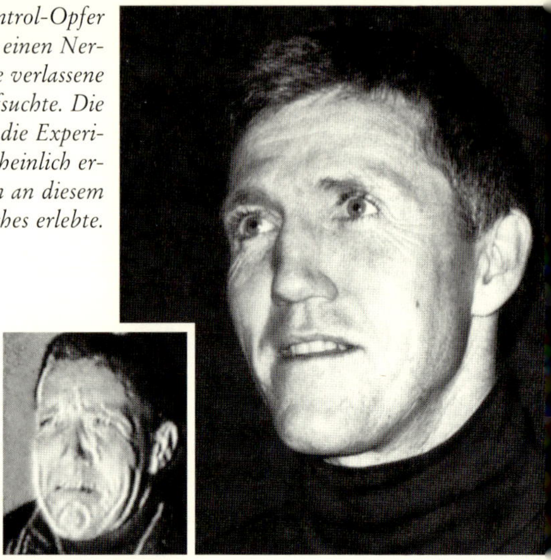

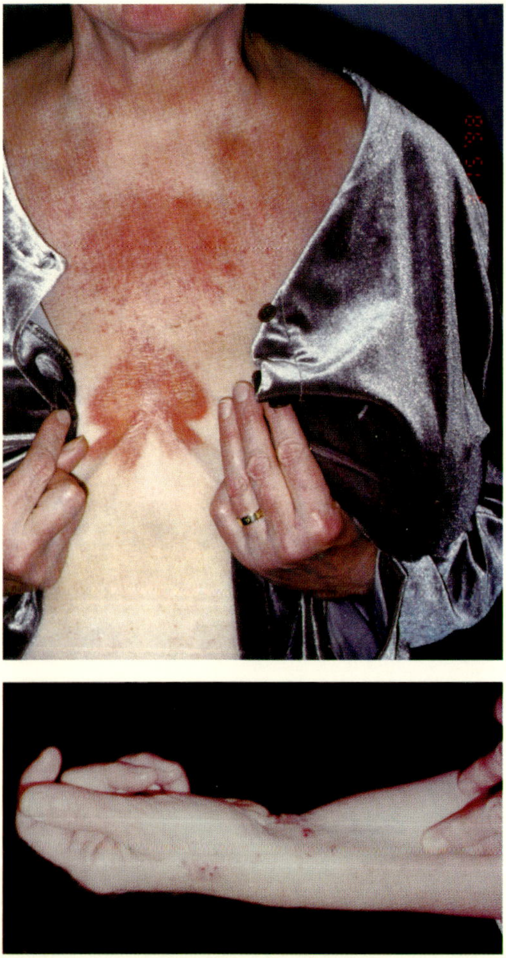

24 Das ehemalige MKULTRA-Mind Control-Opfer Blanche Chavoustie scheint gegenwärtig ein Versuchskaninchen von gerichteter Energie zu sein. Es entwickeln sich zeitweise seltsame spontane Verbrennungen oder Rötungen auf ihrem Brustkorb. Ihr Hautarzt ist ratlos, da die Verbrennungen oft über Nac auftreten und perfekte symmetrische Strukturen bilden. Im Insert sind für sie nicht erklärbare Einstiche an der Hand zu sehen (© Blanche Chavoustie).

Kapitel ist die Verbindung zu Dr. George Estabrooks. In seinem Buch *The Future of the Human Mind* schreibt er, daß Hypnose- und MPD-programmierte Soldaten oder Agenten nach der Atombombe in Zukunft die größte Bedrohung darstellen werden.[5] Aus diesem Grund propagierte er die Forschungen auf diesem Gebiet und gab zu, für den militärisch-geheimdienstlichen Bereich solche Agenten geschaffen zu haben.

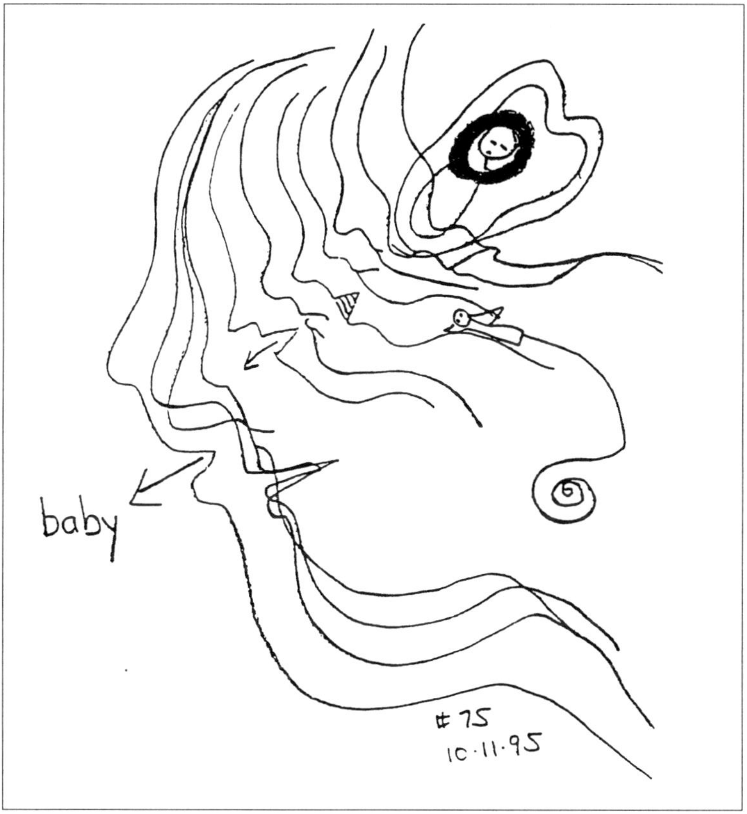

Abb. 15: Die von Lynne Moss-Sharman angefertigte Zeichnung zeigt ihre unterschiedlichen künstlich hervorgerufenen multiplen Persönlichkeitsstrukturen, die danach von Militärpsychiatern mental für geheime Einsätze und Handlungen programmiert wurden (© Lynne Moss-Sharman).

Da man künstliche Persönlichkeitsspaltungen am einfachsten bei Kindern auslösen kann, wurden diese Experimente ohne Skrupel an solchen durchgeführt. Lynne ist mit ihren Rückblenden und Erlebnissen nicht alleine.

Im März 1995 erschien die Traumatherapeutin Valerie Wolf mit zwei ihrer Patienten in Washington vor dem US Präsidential Advisory Committee, um über ihr Wissen bezüglich geheimer Regierungsprojekte auszusagen. Wolf teilte der Untersuchungskommission mit, daß sie neun Patienten in Behandlung habe, die identische Beschreibungen bezüglich an ihnen durchgeführter Experimente abgeben und daß sie als Kinder vom Militär und der CIA mißbraucht wurden, um multiple Persönlichkeiten zu erzeugen, die später für Spionagezwecke eingesetzt werden sollten.[21]

Chris Denicola wurde von ihrem Vater den Regierungsbehörden für ähnliche Experimente, wie sie Lynne beschrieb, zur Verfügung gestellt. Man wollte sie zu einer politischen Killermaschine, einer Assassine, ausbilden. Die Experimente wurden an ihr zwischen 1966 und 1976 durchgeführt und haben ihre Persönlichkeit gespalten.[22]

Chris Denicola erinnerte sich durch die gegenwärtig stattfindende Wiedervereinigung ihrer gespaltenen Persönlichkeiten, daß sie unwissend an geheimen Einsätzen und Kurierdiensten teilnahm.

Die andere Zeugin, Claudia Mullen, erinnerte sich an ähnliche Prozeduren wie Chris Denicola, aber auch an die im ersten Kapitel vorgestellte UFO-/Militär-Entführte Michelle. Sie wurde wie Michelle in mit Flüssigkeit gefüllte Isolationstanks gesperrt und mit halluzinogenen Drogen behandelt.[23]

Nachdem Valerie Wolf ihre Informationen der Untersuchungskommission in Washington mitgeteilt hatte, meldeten sich 40 andere Therapeuten, die Patienten mit denselben Symptomen und Erlebnissen behandelten.

Wir kontaktierten Valerie Wolf, und sie teilte uns mit, daß es offenbar eine Verbindung zu den auf Trauma beruhenden MPD-*Mind-Control*-Opfern, satanischen Gruppen, Pädophilen und *Mind-Control*-Spezialisten innerhalb des amerikanischen Mili-

tärs und der Geheimdienste gebe.[24] Sie stieß auf Fälle, bei denen Opfer berichteten, daß sie an satanischen Ritualen teilnehmen mußten und Menschen in Teufelsmasken sahen.
Neben diesen Ritualen mußten sie Filme ansehen und schaurige Laute anhören. Nachforschungen und die Aufarbeitung der Traumata ergaben jedoch ein völlig anderes Bild. Es stellte sich heraus, daß sich das angebliche satanische Ritual in einem Labor abspielte. Die vorgespielten Satansrituale dienten zur Erzeugung eines Traumas, das wiederum für die Spaltung in mehrere hypnoprogrammierbare Persönlichkeiten hilfreich war. Die Teufelsmasken und die Rituale dienten nebenbei auch zur Lächerlichmachung der betroffenen Opfer.
Valerie Wolf ist überzeugt, daß es durchaus möglich wäre, daß man statt auf Teufelsmasken auch auf *Alien*-Masken und statt auf archaische Rituale auf UFO-Szenarien ausweicht. Wir werden etwas später noch aufzeigen, daß es tatsächlich sehr viele Parallelen zwischen satanischem Ritualmißbrauch und angeblichen UFO-Entführungen gibt.
Die klassischen Techniken, die bei ihren Patienten angewendet wurden, sind post-hypnotische Suggestion, Hypnosetechniken, Drogen, Isolation von der Umwelt und Realitätsverzerrungen. Die meisten Patienten wurden als Kinder für die Experimente zum Teil mit dem Einverständnis ihrer Eltern herangezogen.
Vielen wurde mit Hilfe von Elektroschocks das Gedächtnis ausgelöscht, um eine Basis für eine neue Persönlichkeit kreieren zu können. Andere wurden aus Pädophilen-Gruppen ausgewählt, da sie aufgrund des sexuellen Mißbrauches multiple Persönlichkeiten entwickelt hatten.[25]
Valerie Wolf und andere Therapeuten erkennen einen Fortschritt in den verschiedensten *Mind-Control*-Techniken. Berichte über *Spin*-Programmierung, Isolationstanks, Stroposkoplichter, Implantate und unterirdische Forschungseinrichtungen sind gängige Erinnerungen. Leser, die unser Buch *Verdeckte Operationen*[1] kennen, werden sich erinnern, daß Personen mit angeblichen UFO-Entführungserlebnissen und anschließenden militärischen Kidnappings ähnliche Erinnerungen aufweisen.

5 *Die Erschaffung des perfekten Mind-Control-Sklaven*

Die Basis für den Erfolg dieser auf Persönlichkeitsspaltung beruhenden hypno-programmierten Spione oder *Mind-Control*-Sklaven ist auf künstlich erzeugte Traumata zurückzuführen. Die Psycho-Techniken zur Erzeugung dieser Traumata wurden von Psychiatern und Psychologen wie Dr. George Estabrooks, Dr. Evan Cameron mit Hilfe der deutschen Gehlen-Gruppe und anderer *Paperclip*-Mediziner in den amerikanischen *Mind-Control*-Projekten ausgefeilt und verbessert.

Wie wir in *Verdeckte Operationen*[1] hinwiesen, waren solche Methoden im Dritten Reich als Marionetten-Programmierung bekannt. Viele *Mind-Control*-Forscher und Traumatherapeuten stießen über Informanten auf Hinweise, daß diese Psycho-Projekte den Codenamen *Monarch* haben.

Die künstlich erzeugten Traumata rufen die Amnesie, die mentale Schutzmauer, die sich um den Programmierer herum aufbaut, hervor, um diesen vor der Entdeckung zu schützen. Andererseits verhindert diese Traumabarriere, daß die Hauptpersönlichkeit entdeckt, daß sie mißbraucht wurde und mehrere hypno-programmierte Persönlichkeiten aufweist.

Das zuvor vorgestellte MPD-Opfer Lynne wurde als Kind am ganzen Körper bandagiert und in eine Kiste gesperrt, um sie von allen Umwelteinflüssen zu isolieren.[18,19] Mit diesen Isolationstechniken wird der Wille des *Mind-Control*-Opfers gebrochen, um danach das Bewußtsein programmieren zu können.

Fortgeschrittene Methoden zur Bewußtseinsprogrammierung verwenden mit Flüssigkeiten gefüllte Isolationstanks, wie sie von dem angeblichen UFO-Entführungsopfer Michelle in Montauk beschrieben wurden. Dieses auf Trauma beruhende mentale Schutzschild ermöglicht es Kultmitgliedern oder Psycho-Agenten, ein normales Leben in der Gesellschaft zu führen und vollkommen unentdeckt zu bleiben. Die vorgeschobene Persönlichkeit könnte ein aufrichtiger Christ sein, während sich hinter künstlichen Traumata wahre Satanisten verbergen.

Jedes Trauma und jede Folter dienen einem Zweck. Manche *Mind-Control*-Opfer erinnern sich, daß man sie in einen mit Strom geladenen Käfig sperrte und mit Blitzlichtern bestrahlte.[8,25] Die Elektroschocks und die Lichteffekte erzeugen einen Effekt, bei dem das Opfer glaubt, in eine andere Dimension versetzt zu werden. Die Betroffenen beschreiben, daß ihre Experimentatoren modernst ausgestattet waren und ihre Körperfunktionen mit Hilfe von Computern und medizinischen Geräten überwachten.

Diese Aussagen sind Hinweise, daß an diesen Experimenten finanziell bestens ausgerüstete Spezialisten am Werk sind. Die rotgrünen Blitzlichter erzeugen die Persönlichkeitsspaltung oder helfen den Experimentatoren, an eine psycho-programmierte Persönlichkeit heranzukommen.

Monarch-Opfer, satanische Ritualmißbrauchsopfer und Personen mit angeblichen UFO-Entführungserlebnissen weisen mit der Zeit Post-traumatische Streßstörungen (PTSD) auf. Wenn der *Mind-Control*-Sklave für einen Geheimdienst oder einen Kult aktiv tätig ist, werden die PTSD-Symptome wie sozialer Rückzug und Selbstzerstörung in künstlich erzeugten Persönlichkeiten verborgen. Wenn das Opfer nicht mehr aktiv im Einsatz ist, können diese aufgestauten Frustrationen und Depressionen zum Selbstmord führen. In manchen Fällen werden die PTSD-geschädigten Persönlichkeiten programmiert, daß sie das Opfer zum Selbstmord treiben, wenn ein Therapeut herausfindet, daß sein Patient ein *Mind-Control*-Sklave ist.

Jede durch Traumata erzeugte Persönlichkeit ist von einer auf Amnesie beruhenden mentalen Schutzmauer umgeben. Die Erzeuger dieser Persönlichkeiten haben durch bestimmte hypnotische Befehle den Zugang zu jeder Bewußtseinsschale. Jede Schale ist eine eigene Persönlichkeit, der man eine individuelle Identität zuordnen kann. Der gesamte Persönlichkeitskomplex wird als *Bewußtseinssystem* bezeichnet.

Da jede Persönlichkeit bestimmte Fähigkeiten und Talente aufweist, greifen einzelne Persönlichkeiten auf die unterschiedlichsten Fähigkeiten des kompletten Bewußtseinssystemes zurück.

Falls eine Persönlichkeit ein fotografisches Gedächtnis besitzt, kann eine andere Persönlichkeit des Systems auf diese Fähigkeit zugreifen.

Die anfänglich intakte Persönlichkeit wird als *Kern* bezeichnet. Die Entstehung der verschiedenen Persönlichkeiten wird systematisch von den frühen Stadien an vom Programmierer geleitet. Wenn man ein MPD-*Mind-Control*-Opfer an ein EEG anschließt, erkennt man, daß jede Persönlichkeit unterschiedliche Ausschläge verursacht.

Mehrere Therapeuten haben bei unterschiedlichen Opfern des *Monarch*-Projektes Persönlichkeitsstrukturen entdeckt, die mit denselben Codebezeichnungen angesprochen werden können. Diese Tatsache läßt darauf schließen, daß der Programmierer seine Handschrift bei unterschiedlichen Opfern zurückließ.

Alpha-Programme besitzt jedes *Monarch*-Opfer. Diese Programmierung beinhaltet die Grundkommandos, mit deren Hilfe bestimmte Persönlichkeitsstrukturen des kompletten Systems über Telefonanrufe, Briefe, Zeichnungen oder bestimmte Codenamen und Wortphrasen aktiviert werden.

Im *Beta*-Programm werden den Opfern bestimmte Sexpraktiken beigebracht, um feindliche Agenten oder Politiker erpressen zu können, indem man sie mit einer auf sie angesetzten *Monarch*-Agentin bei eindeutigen sexuellen Handlungen fotografiert.

Delta-programmierte *Monarch*-Opfer sind als politische Killermaschinen ausgebildet. Andere Programme sind auf geheime Kuriere oder Computerspezialisten zugeschneidert.

Dr. Croydon Hammond präsentierte am 25. Juni 1992 bei der Fourth Annual Eastern Regional Conference on Abuse and Multiple Personality in Alexandria, Virginia, einen Vortrag über militärische und kultische *Mind-Control*-Programmtechniken.[26]

Dr. Hammond stieß im Laufe seiner Behandlungen von Patienten auf eine spezielle mentale Programmierart, die sogenannte *Green*-Programmierung.

Dr. Wilson Green war ein Spezialist für psycho-chemische Kriegführung in Edgewood.[3] Seine Ideen gingen soweit, daß er vorschlug, die Nahrungsmittel der Einwohner eines feindlichen

Landes mit psycho-chemischen Substanzen oder Halluzinogenen zu versetzen, um es wirtschaftlich ruinieren zu können. Seine Person ist geheimnisumrankt, und es gibt mehrere Hinweise, daß er ein *Paperclip*-Wissenschaftler war, der ursprünglich Grün oder Grünbaum hieß und seinen Namen anglisierte, um unentdeckt in den USA zu bleiben.

Bei seiner Technik wurde kabbalistischer Mystizismus, wie zum Beispiel mehrfarbige kabbalistische Bäume, verwendet. Personen, die mit dieser Technik programmiert wurden, wiesen Persönlichkeitsanteile auf, die durch die Codewörter Weisheit, Diana, Zelda, Schwarzer Meister oder Fundament aufrufbar waren. Alle diese Codewörter finden sich im kabbalistischen Baum wieder. Wenn man diese Hinweise in einem Patienten findet und die Codewörter kennt, kann man die Geheimnisse, die sich hinter den verschiedenen Persönlichkeiten verbergen, abrufen. Dr. Green hat für eine solche Entdeckung jedoch vorgesorgt und diese Personen zusätzlich mit Suggestionstechniken versehen, die die Therapeuten *Ultra-Green*-Programme nennen.[27]

Dr. Hammond fand heraus, wie man diese hypnotische Blockade erzeugte. Bei einem konkreten Fall wurde das Opfer mit acht Jahren auf einem Tisch festgebunden und mit einer Spritze Halluzinogene ähnlich LSD versehen. Als das Opfer zu halluzinieren begann, wurde mit den durch den Drogeneffekt verstärkten Suggestionen über Horrorszenarien begonnen. Die Botschaften lauteten, daß, falls jemand die Geheimnisse entreißen möchte, die Erinnerungen an die Drogeneffekte voll zur Wirkung kommen, so daß das Opfer verrückt wird.

Diese Prozeduren werden zu einem bestimmten Zeitraum wiederholt und machen es für einen Uneingeweihten unmöglich, das Opfer zu deprogrammieren. Je tiefer der Therapeut in die künstlich erzeugte Persönlichkeitsstruktur vordringt, desto eher beginnen die *Ultra-Green*-Suggestionen zu wirken, und der Patient wird verrückt.

Eine andere *Mind-Control*-Programmiertechnik wird als *Spin*-Programmierung bezeichnet. Dr. John Lovern fand diese Technik bei sieben seiner Patienten, die eine Historie an rituellem Mißbrauch aufweisen.[28] *Spin*-Programmierung erzeugt Schmerzen, schmerzvolle Emotionen und ähnliche Gefühle im kompletten Persönlichkeitssytem. Bei dieser Technik wird das Opfer auf einer drehbaren Vorrichtung angebracht und in Rotation versetzt. Durch den Rotationsvorgang wird der Schmerz oder verschiedene traumatische Erinnerungen simultan auf alle gespaltenen Persönlichkeiten übertragen.

Mit *Spin*-Programmierung kann man dem ganzen Persönlichkeitssystem Selbstmordabsichten einprogrammieren, falls ein Deprogrammierer an ihre Geheimnisse herankommen möchte. *Mind-Control*-Spezialisten setzen diese Technik ein, um die Psychotherapie von älteren Opfern zu erschweren oder um ein Persönlichkeitssystem eines neuen Opfers bilden und es total kontrollieren zu können.

Wir werden etwas später aufzeigen, daß man die bei den zuvor geschilderten Bewußtseinsprogrammiertechniken auftretenden Symptome auch bei Personen, die militärische Kontakte nach angeblichen UFO-Entführungserlebnissen oder satanischen Ritualmißbrauch erlebten, vorfindet.

6 *Die dunkle Seite der Parapsychologie*

In den letzten Jahren kamen durch die Deklassifikation einiger parapsychologischer Fernwahrnehmungs-Projekte Informationen über paranormale Projekte der amerikanischen Geheimdienste und Militärs ans Tageslicht.[29] Einige der bis in die *MKULTRA*-Zeiten zurückreichenden, für das Militär oder CIA arbeitenden Medien gingen an die Öffentlichkeit und schrieben sogar Bücher, in denen sie ihre PSI-Einsätze schilderten. Der Großteil der Dokumente, die diese Projekte beschreiben, wird aber noch immer unter Verschluß gehalten.

Neben wirklich geheimen Aufträgen scheint eine Verbindung mit dem *MKULTRA*-Projekt einer der Gründe dieser Geheimhaltung zu sein. Es kommen nämlich immer mehr *MKULTRA*-

Opfer an die Öffentlichkeit, die behaupten, daß sie für parapsychologische Forschungen an renommierten Universitäten und parapsychologischen Laboratorien mißbraucht wurden.
Oftmals hängen psychotronische und parapsychologische militärische Forschungen mit *Mind-Control*-Experimenten zusammen. Daß nicht nur amerikanische Geheimdienste an auf Traumata basierenden Erzeugungen künstlicher multipler Persönlichkeiten interessiert sind, beweist der Fall des deutschen *Mind-Control*-Opfers Dr. Gresch.[30,31] Dr. Gresch wurde 1951 als Sohn eines kanadischen Soldaten in Deutschland geboren, aber zur Adoption freigegeben.
Seit 1976 leidet Dr. Gresch an traumatischen Rückblenden von seiner von Gedächtnisverlust durchzogenen rätselhaften Vergangenheit. Erst seit einigen Jahren und seit er Psychologie studierte, kann er sich ein einigermaßen genaues Bild dieser Ereignisse machen. Seine Erlebnisse begannen in der Kindheit und setzten sich bis vor einigen Jahren fort. Dr. Gresch wurde als Kind in einem Waisenhaus 1951 von einem Arzt, der anscheinend mit dem deutschen Geheimdienst gemeinsame Sache machte, auf paranormale Fähigkeiten getestet und für Verhaltenskontroll-Experimente mißbraucht, so daß er mit der Zeit multiple Persönlichkeiten entwickelte.
Weitere Bewußtseinsfragmente entsprechen den von amerikanischen und kanadischen *Mind-Control*-Opfern beschriebenen Rückblenden von geheimen Einsätzen und Handlungen, an die sich die Kernpersönlichkeit nur sehr schwer erinnern kann. Dr. Gresch weiß nicht, für welche Behörden oder für welches Land er diese Einsätze ausführte. Interessanterweise dringen Erinnerungen an seine Bewußtseinsoberfläche, in denen seine Ausbilder behaupten, daß man seine paranormalen Fähigkeiten insbesonders für Remote Viewing schulen möchte.
Er schließt nicht aus, daß er von der CIA, dem israelischen Geheimdienst Mossad, für den Bundesnachrichtendienst (BND) oder den Verfassungsschutz (VS) ausgebildet und für Remote-Viewing-Aufträge eingesetzt wurde. Während der siebziger Jahre sollte er in deutsche Terrororganisationen infiltriert werden,

damit seine Auftraggeber über deren Aktivitäten auf dem laufenden gehalten würden.
Aufgrund der in der Sowjetunion durchgeführten PSI-Studien weiß man, daß Folter PSI-Phänomene zu stimulieren vermag.[32,33]
Ebenso sollen paranormale Erscheinungen im Zusammenhang mit multiplen Persönlichkeiten häufiger auftreten als bei nicht gespaltenen Personen. Es liegt also nahe, daß man mit dem Verfahren der auf Traumata basierenden *Mind-Control*-Methoden einen Zusammenhang zwischen PSI-Phänomenen untersuchte oder paranormale Fähigkeiten zu stimulieren bzw. fördern suchte.
Der Leningrader Forscher Leutin führte Experimente durch, bei denen die EEG-Muster von menschlichen Versuchskaninchen registriert wurden, während eine andere Person in einem entfernten Raum an den verschiedensten Körperteilen *elektrisch* stimuliert wurde. Die Stimulation erfolgte durch unterschiedlich intensive Stromstöße. Leutin fand eine direkte Korrelation zwischen den EEG-Mustern der Empfangsperson und der gefolterten Sendeperson.[33]
Diese unethischen Versuche dienten dazu, die Möglichkeit eines *anormalen* Informationstransfers in der Nähe und oberhalb der Schmerzschwelle eines Mediums zu untersuchen. Da die Sowjetunion zur Zeit des *Kalten Krieges* ein totalitäres Regime war, mußte man keine Untersuchungsausschüsse bezüglich Menschenrechtsverletzungen fürchten. Die sowjetischen Forscher wurden deshalb nicht gehindert, sehr starke physiologische Reize an den Versuchspersonen anzuwenden, um möglichst starke *anormale* Reaktionen zu erhalten.
Dr. Gresch teilte uns mit, daß er die Meinung vertritt, daß die Geheimdienste kurz nach dem *Zweiten Weltkrieg* damit begannen, in Waisenhäusern, Schulen und Universitäten nach potentiell PSI-begabten Kindern zu suchen, um ihre Fähigkeiten auszubilden und für militärisch-geheimdienstliche Zwecke einzusetzen.[31] Er vermutet, daß sein Fall für eine enge Kooperation zwischen deutscher, amerikanischer und eventuell auch israelischer Instanz spricht.

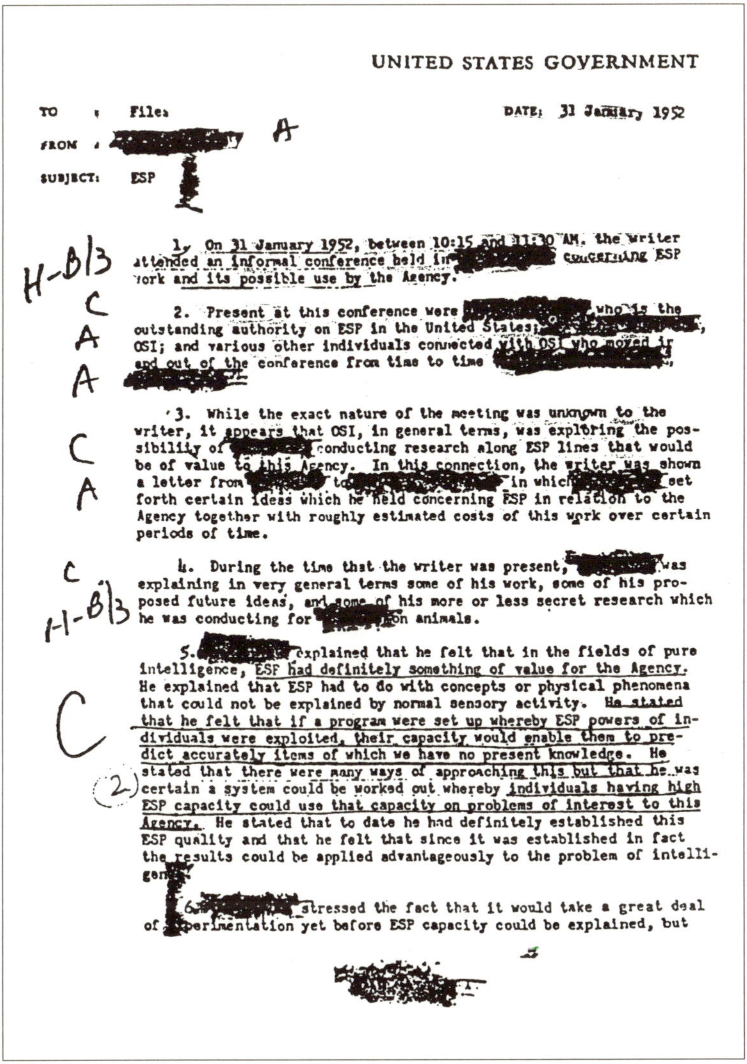

UNITED STATES GOVERNMENT

TO : Files DATE: 31 January 1952

FROM : [redacted]

SUBJECT: ESP [redacted]

1. On 31 January 1952, between 10:15 and 11:30 AM, the writer attended an informal conference held in [redacted] concerning ESP work and its possible use by the Agency.

2. Present at this conference were [redacted] who is the outstanding authority on ESP in the United States; [redacted], OSI; and various other individuals connected with OSI who moved in and out of the conference from time to time [redacted]

3. While the exact nature of the meeting was unknown to the writer, it appears that OSI, in general terms, was exploring the possibility of [redacted] conducting research along ESP lines that would be of value to this Agency. In this connection, the writer was shown a letter from [redacted] to [redacted] in which [redacted] set forth certain ideas which he held concerning ESP in relation to the Agency together with roughly estimated costs of this work over certain periods of time.

4. During the time that the writer was present, [redacted] was explaining in very general terms some of his work, some of his proposed future ideas, and some of his more or less secret research which he was conducting for [redacted] on animals.

5. [redacted] explained that he felt that in the fields of pure intelligence, ESP had definitely something of value for the Agency. He explained that ESP had to do with concepts or physical phenomena that could not be explained by normal sensory activity. He stated that he felt that if a program were set up whereby ESP powers of individuals were exploited, their capacity would enable them to predict accurately items of which we have no present knowledge. He stated that there were many ways of approaching this but that he was certain a system could be worked out whereby individuals having high ESP capacity could use that capacity on problems of interest to this Agency. He stated that to date he had definitely established this ESP quality and that he felt that since it was established in fact the results could be applied advantageously to the problem of intelligence.

6. [redacted] stressed the fact that it would take a great deal of experimentation yet before ESP capacity could be explained, but

[redacted]

Abb. 16: Die erste Seite eines CIA-Memorandums vom 31. Januar 1952 beweist, daß der US-Geheimdienst lange vor dem Bekanntwerden der Remote-Viewing-Projekte ein Interesse an außersinnlichen Wahrnehmungen hatte und Experimente mit paranormal begabten Personen durchführte, um ihre angeblichen Fähigkeiten für Spionagezwecke nützen zu können.

that he did feel that they were approaching a solution to the problem of how to control and direct this ESP capacity. He insisted that the know[redacted]e on ES at this point was far in advance of the basic knowledge [redacted]at was held on atomic energy and atomic weapons before the first [redacted]om bomb was developed.

[redacted] of course, is [redacted] and has been experimenting in ESP for many years. He is a well-known psychologist and has a wide reputation in his work. [redacted] and [redacted]. He obviously knows the field, although his presentation of ideas and facts was somewhat difficult to follow. The writer's attendance at this informal conference was at the invitation of [redacted] as stated above, and his presence there did not involve a security problem although [redacted] merely a "contact" cleared for the classification of "Secret". However, from a Bluebird point of view, this office has long studied ESP and has maintained a considerable interest in extra-sensory phenomena. The writer receives the bulletin of "Parapsychology", which is the official publication of the Rhine group at Duke University, and has long considered the possibility that ESP may have some bearing on Bluebird.

8. Because of the nature of [redacted] clearance and because of the informal type of conference, the writer was unable to ask any pertine questions of [redacted] concerning Bluebird or related matters. Furthermore, the writer is unable to say from the brief discussions held this morning whether or not I & S should support any advance of funds to [redacted] for research along the lines of interest to this Agency although it does appear that under certain controlled circumstances [redacted] theories should be exploited to their ultimate.

9. No additional conferences are scheduled for the immediate future for [redacted] but the writer believes that in the event [redacted] again has [redacted] visit him in Washington, the writer will be made cognizant of these talks and permitted to attend.

10. For a matter of record, [redacted] explained that the reason he was at the Agency was that someone in the Agency had made a request for films concerning ESP work and that since the request had been made directly to him, he had volunteered his services. It should be noted that the writer is the individual who made the request for [redacted] films and other material over a year ago.

[redacted]

[redacted]

[redacted]

p. 16

Abb. 17: Zweite Seite des CIA-Memorandums, in dem der Verfasser das Interesse an Parapsychologie für das BLUEBIRD-Mind-Control-Projekt darlegt. Dieses Interesse zeigt auf, daß Mind-Control– und parapsychologische Experimente einen gemeinsamen Nenner haben. Aufgrund ihrer sensitiven Beschaffenheit werden beide Gebiete innerhalb von Schwarzen Projekten durchgeführt.

Die an Dr. Gresch durchgeführten *Mind-Control*-PSI-Experimente wurden sowohl in Deutschland als auch in Wüsten-Camps durchgeführt. In den Wüsten-Camps behaupteten seine Täter, daß er sich in Israel befinde, obwohl er es nicht beweisen kann. Sein Fall scheint jedenfalls nahezulegen, daß solche Versuche und Experimente nicht nur auf die Großmächte beschränkt waren, sondern auch in Deutschland durchgeführt wurden bzw. werden.

Die von Dr. Gresch aufgestellten Vermutungen scheint der Fall eines anderen *Mind-Control*-Opfers, das aus Selbstschutzgründen anonym bleiben möchte und mit Mr. X bezeichnet wird, ebenfalls zu bestätigen. Auch er wurde im Alter von 10 Jahren aus einem Meditations-/Selbsthypnosekurs (Silva Mind-Control-Kurse), in welchen ihn seine Mutter gab, ausgewählt und auf paranormale Fähigkeiten getestet.[34]

Mr. X meint, daß sein Lehrer aufgrund seines guten Abschneidens interessierte Militärs verständigt habe. Eines Tages wurde er während einer Pause von seinem Lehrer zwei Männern in grünen Army-Uniformen vorgestellt. Nach einem Gespräch sagte einer von ihnen: »Du weißt, daß du eines Tages für mich arbeiten wirst!« Als zehnjähriger Junge nahm Mr. X diese Worte nicht ernst.

Seit dieser Zeit wurde er sein ganzes Leben hindurch manipuliert und gesteuert. Als er studierte, engagierte er sich sehr für Fußball. Bei jedem Spiel bemerkte er zwei Männer mit Uniformen unter den zusehenden Studenten. Mr. X meint, er besitze die Fähigkeit, Träume oder Ereignisse in der Zukunft eintreten zu lassen. Er war durch diese Fähigkeit der beste Sportler. Wenn er sich auf das Tor oder den Korb konzentrierte, bevor er in deren Nähe kam, gelang es ihm, beim Spiel aus den unmöglichsten Situationen in die Tore zu treffen. Mr. X kam es so vor, als ob diese sportlichen Erfolge durch Konzentration Wirklichkeit wurden.

Eines Tages erhielt er aus heiterem Himmel einen Brief mit der Einberufung zur Militärakademie nach West Point. Mr. X hatte aber keine Lust, sein Leben dem Militär zu verschreiben. Er ignorierte die Einberufung, da er sich auch nicht erinnern konnte, jemals einen Vertrag fürs Militär unterzeichnet zu haben. Weitere Briefe trafen ein, und schließlich bekam er einen Anruf von einem Major. Der Major wollte Mr. X ebenfalls dazu bewegen, sein Studium auf einer Militärakademie zu beenden.

Er lehnte abermals ab und ging schließlich auf die Universität von Rochester bei New York. Dort wurde er schließlich den von den Militärs gewünschten Experimenten und Tests unterzogen. Er erinnert sich noch, daß Hypnose eine große Rolle spielte. Einmal mußte er seine paranormalen Fähigkeiten vor sechs bis acht Männern präsentieren, von denen einer ein Senator oder ein Kongreßmann war. Dieser war von seinen Fähigkeiten sehr beeindruckt.

Mittlerweile glaubt Mr. X, daß man ihn zu einer Killermaschine ausgebildet hat. Er besitzt mehrere Erinnerungslücken und erhält gegenwärtig traumatische Rückblenden, die eine solche Konditionierung nahelegen. Heute weiß er, daß sein Nachbar, ein Psychologe, ebenfalls für seine Experimentatoren arbeitete. Als er das erste Mal zu einem unabhängigen Therapeuten ging, um seine Erinnerungslücken aufarbeiten zu können, vertraute er sich seinem Nachbarn, den er als Freund gewonnen hatte, an.

Dieser reagierte verstört und rief ihn bald darauf zu sich. Als Mr. X in seine Wohnung kam, befanden sich außer seinem Nachbar noch sechs oder sieben Männer in dem Wohnzimmer. Unter ihnen befand sich ein Militärbediensteter in einer grünen Uniform. Diese Männer verhörten Mr. X und paralysierten ihn mit Hilfe eines Codewortes. Danach brachte ihn der Nachbar in Hypnose und versetzte ihm eine hypnotische Blockade, so daß er sich nicht mehr an die Aufträge erinnern konnte.

Jedesmal, wenn sein Bewußtsein diese Blockade durchbrechen wollte, stieß er auf ein hypnotisch programmiertes, für ihn sehr reales Monster, das nur aus verrotteter Haut und Knochen bestand und ihn oder einen Therapeuten daran hinderte, die Gedächtnisbarriere durchbrechen zu können. Mr. X beschreibt diesen Prozeß folgendermaßen:

»... Ich erinnere mich, daß er mich von meinem eigenen Bewußt-

sein wegsperrte, indem er multiple Persönlichkeiten öffnete. Ich erinnere mich, wie ich mit ihm kämpfte, damit er dieses Vorhaben nicht durchführen konnte... Er sagte: ›Die Mauern schließen sich, und du kannst nicht dagegen ankämpfen.‹ In meinem Bewußtsein sah ich, wie sich große Wände um mich schlossen. Anhand seiner Instruktionen schlossen sich die Wände um mich, und ich bekam ein Gefühl, als ob ich mich in einem Stahlsarg befände. Ich konnte nicht dagegen ankämpfen und mich auch nicht bewegen. Er teilte mir mit, daß ich zu einem Ort innerhalb meines Bewußtseins geführt würde, an dem mich niemand finden würde. An diesem Punkt begann ich zu schreien, nein, nein, nein... Als ich mich geistig an diesem Ort befand, teilte er mir mit, daß eine Stahlplatte von der zehnfachen Größe eines Fußballfeldes auf mich auftreffen wird. Ich beginne zu schreien und höre wie er sagt: ›booom, booom, booom, booom‹... Ich erinnere mich, wie ich nun wieder an einem sicheren Ort bin.
Hinter den stählernen Wänden höre ich ein Schürfen und ein Kratzen. Es hört sich an, als ob ein wildes Tier an einer Tür kratzt. Als ich diesen Bereich durchdringen wollte, sah ich das Monster... Ein Bild eines Körpers, der halb verrottet war und nur mehr aus Haut und Knochen bestand. Als das Monster mit seinen Klauen meinen Kopf berührt, weiche ich angsterfüllt zurück... Das Monster behauptet, daß es mein wirkliches Ich sei...«[34]

Nach diesem traumatischen Ereignis wußte Mr. X nicht einmal mehr, daß er bei einem Therapeuten war. Sein Leben mit seinem *freundlichen* Nachbarn ging weiter. Nach folgenden fehlenden Zeitabschnitten tauchte er unter, ging wieder zu einem Therapeuten und konnte schließlich die zuvor geschilderten Erinnerungen aufarbeiten.

Blanche Chavoustie von der amerikanischen Organisation Advocacy Committee for Human Experimentation Survivors of *Mind-Control* (ACHES-MC) teilte uns mit, daß sie, seit sie 1956 in das College eintrat, unwissend Opfer solcher PSI-Experimente wurde.[35,36] Blanche Chavoustie wurde bei den parapsychologischen Laboratorien an der Princeton-Universität, in Pen State,

am Maimonides Center, der Syracuse-Universität und anderen Forschungseinrichtungen für *Mind-Control*-/PSI-Experimente mißbraucht.
Sie besitzt zum Teil medizinische Gutachten, die beweisen, daß man an ihr Experimente mit Implantaten, synthetischer Telepathie, halluzinogenen Drogen und Hypnose durchführte. Ein gewünschtes Ziel bei diesen Experimenten war die sogenannte telepathische Fernbeeinflussung anderer Menschen. Wie wir in Kapitel 1 aufzeigten, scheinen diese für militärische Zwecke einsetzbaren PSI-Phänomene auch noch heute eine große Bedeutung für militärisch-geheimdienstliche Psychotronik-Forschungen zu spielen.
Ende der sechziger Jahre nahm sie als Studentin an der Syracuse-Universität an telepathischen Fernbeeinflussungsexperimenten teil, wobei ihr eine unbekannte Flüssigkeit mit einer Spritze verabreicht wurde.
1971 wurde sie bezüglich solcher parapsychologischer Studien in einem Traumforschungslabor in mit Flüssigkeiten gefüllte Isolationstanks gesperrt und unter Drogen gesetzt. Während dieses Experimentes wurden ihre Gehirnfunktionen untersucht und EEG-Studien durchgeführt.
Ende 1977 arbeitete Blanche Chavoustie in einem hypnotherapeutischen Center, wobei sie vom Direktor mehrmals unter Hypnose gesetzt wurde. Aktuelle Nachforschungen ergaben, daß dieser Direktor als Hypnoseberater für die CIA arbeitete und schriftlich niederlegte, daß er etwa sechs Monate brauche, um einen politischen Killer mit Hilfe von Hypnose zu programmieren.
Die an ihr durchgeführten parapsychologischen Experimente beinhalteten sämtliche Telepathieanwendungsbereiche, die für militärisch-geheimdienstliche Zwecke geeignet sind:
1. Telepathische Fernbeeinflussung.
2. Telepathische Manipulation von Träumen.
3. Telepathisches Aushorchen einer anderen Person.
Die zuvor erwähnten Isolationstanks spielten für diese Experimente eine große Rolle, da man unter völliger Isolation aller Um-

UNIFORMED SERVICES UNIVERSITY OF THE HEALTH SCIENCES
4301 JONES BRIDGE ROAD
BETHESDA, MARYLAND 20814-4799

G R A N T   A G R E E M E N T

1. GRANT NO.:
MDA 905-94-Z-0080
AMENDMENT:
Original

2. PERIOD OF AWARD:
Budget Period:
9/15/94 through 9/30/95
Project Period:
9/15/94 through 9/30/95

3. PRINCIPAL INVESTIGATOR
Joan G. Turner,
DSN, MS, BS

4. PROJECT TITLE: The Effect of Therapeutic Touch on Pain & Infection in Burn Patients (N94-020A1)

5. AWARDED BY:
Uniformed Services University
of the Health Sciences
4301 Jones Bridge Road
Bethesda, MD 20814-4799
Tel. (301) 295-3303

6. AWARDED TO:
University of Alabama at Birmingham
1701 University Boulevard
UAB Station
Birmingham, AL 35294-1210
Tel. (205) 934-5266

7. AWARD AMOUNT:
$355,225 Total Award

8. ADMINISTERED BY:
Research Administration, Room A1032
Uniformed Services University
of the Health Sciences
4301 Jones Bridge Road
Bethesda, MD 20814-4799
Tel. (301) 295-3303

9. LEGISLATIVE AUTHORITY:
Title 10, United States Code, Section 178 and Title 10, United States Code, Section 2113, (j) (1) (A)

10. ACCOUNTING DATA:
USUHS: 9740130.1885 HL4D 9762 302701 410051 S503727 $355,225

Prime Funding Source: Department of Defense

11. TERMS AND CONDITIONS:
1. This award supports the research described in project N94-020A1.
2. Included in the Grant Agreement are the attached Special Provisions.
3. This award supports only the budget period shown in Block 2.
4. Funds are approved as indicated in the original budget. Funds may be rebudgeted between object classes without prior approval of USUHS provided there is no change in the scope of work and that the total amount of rebudgeted funds does not exceed 10% of the total award. All other rebudgeting actions require USUHS approval.

12. APPROVAL:
John E. Dexter
Vice President for Resource Management
Uniformed Services University of the
Health Sciences
Date: 9-20-94

13. ACCEPTANCE:
Kenneth J. Roozen, Ph.D.
Executive Vice President
University of Alabama at
Birmingham
Date: 11/9/94

Abb. 18: Dokument eines zwischen 15. September 1994 und 30. September 1995 durchgeführten Projektes, in dem man paranormale Effekte durch Berührung von Geistheilern an der Universität von Alabama untersuchte. Da das Projekt vom Verteidigungsministerium finanziert wurde, kann man davon ausgehen, daß das Militär die Fähigkeiten solcher Personen nicht zum Heilen von Verwundeten einsetzen würde, sondern ein Interesse hat, den umgekehrten Effekt beim Gegner hervorrufen zu können.

welteinflüsse meditative Fähigkeiten schulen kann. Im nächsten Kapitel werden wir aufzeigen, daß solche Isolationstanks nicht nur bei *Mind-Control* oder Opfern von PSI-Experimenten eine große Rolle spielen, sondern auch bei angeblichen UFO-Entführungen ihre Anwendung finden. Diese Tatsache wirft natürlich die Frage auf, ob sich hinter den vermeintlichen Außerirdischen nicht irdische *Mind-Control*-Spezialisten verbergen.

Blanche Chavoustie fand 1989 heraus, daß sie unwissend für diese Experimente benützt wurde. Zu dieser Zeit erhielt sie seltsame Telefonanrufe und Botschaften auf ihrem Anrufbeantworter. Sie wußte nicht, wer ihr die Botschaften hinterließ und was sie bedeuteten. Bald nach diesen Anrufen bemerkte sie, daß fremde Personen ein Interesse an ihr zeigten, daß man sie überwachte.

Nach einigen Monaten intensiver Belästigung wurde sie von einem Mitarbeiter des Cornell Medical Center mit einem Privatwagen ins Spital entführt und ohne Grund mit Medikamenten vollgepumpt. Mittlerweile weiß sie, daß die Ärzte sie als geisteskrank bezeichneten, um sie im Spital behalten zu können. Blanche Chavoustie bestätigt, daß sie während des Kidnappings ausrastete, da sie dachte, daß ihr Entführer einem Kult angehörte. Dieser Umstand spielte sie ihren Entführern natürlich in die Hände.

Nach 21 Tagen unfreiwilligen Spitalaufenthaltes kam sie wieder frei und strengte daraufhin einen bis zum heutigen Tag andauernden Prozeß gegen das Cornell Medical Center an. In der Zwischenzeit erhielt sie etwa 120 Seiten ihrer medizinischen Papiere. Interessanterweise stellte sich heraus, daß der Hauptgrund ihrer Entführung eine gynäkologische Untersuchung war. Sie besitzt aber keine Erinnerung, daß man diese Untersuchung an ihr durchführte. Ihr ist auch kein Grund für dieses Vorhaben bekannt.

Auf der Suche nach dem Sinn dieser Aktionen und Belästigungen stieß sie auf viele seltsame Ereignisse in ihrer Vergangenheit, für die sie erst jetzt Erklärungen findet. Mit der Hilfe von Therapeuten und Freunden kam sie dahinter, daß sie ein *MKULTRA*-

Opfer ist und die Experimente an ihr auch heute noch nicht zu Ende sind.

Es stellte sich heraus, daß ihr Leben seit ihrer Kindheit von unterschiedlichsten Behörden und Personen gelenkt wurde. Eine Therapeutin fand bei ihr Hinweise auf *Greenbaum*- und *Beta*-Programmierung. Zwischen 1966 und 1972 erhielt sie von angeblichen Freunden, die später wieder aus ihrem Leben verschwanden, mehrere Bilder, die unterbewußte Botschaften enthielten, um verschiedene *Mind-Control*-Programme ablaufen zu lassen.

In neuerer Zeit scheint Blanche Chavoustie so wie der in *Verdeckte Operationen*[1] vorgestellte Schwede Robert Naeslund mit gerichteter Energie bestrahlt zu werden. Es entwickeln sich seltsame spontane Verbrennungen oder rötliche Flecken auf ihrem Brustkorb. Der Hautarzt ist ratlos, da die Verbrennungen und Rötungen oft über Nacht auftauchen und perfekte symmetrische Strukturen bilden.

Blanche Chavoustie ist mit solchen Symptomen nicht alleine. Interessant ist auch, daß Personen nach UFO-Nahbegegnungen ähnliche Symptome aufweisen, die Hinweise liefern, daß sie mit gepulsten Mikrowellen oder ähnlichen elektromagnetischen Energien bestrahlt werden.[37]

Andererseits schreibt Dr. Michael R. Murphy von der Directed Energy Bioeffects Division des Human Effectivness Directorate der Brooks-Luftwaffenbasis bei einer im Februar 1998 stattgefundenen Konferenz über nicht-letale Waffen, daß gerade solche die gleichen Gewebeschäden hervorrufen. Unter dem Begriff »Remote Vital Signs Monitoring« schreibt er folgendes:

»... zusätzlich zu den angestellten Forschungen ist es wichtig, die bei nicht-letalen Waffen auftretenden biologischen Unsicherheiten zu reduzieren. Zur maximalen effektiven Einsetzbarkeit und Sicherheit sollte eine Einschätzung des gewünschten Effektes zur Verfügung stehen. Ist ein zusammengebrochener Testteilnehmer ein Schwindler, unfähig, bewußtlos oder sogar tot? Für menschliche Ziele würde eine Art Fernüberwachung des Herzschlages, der Atmung ... sinnvoll sein. Eine Kontrolle der von den nicht-letalen Waffen ausgehenden Energien und deren Effekte auf ihr Ziel sollte der Schlüssel sein, um die gewünschten Resultate erreichen zu können, ohne daß man bleibende oder tödliche Schäden verursacht…«[38]

Für die von Dr. Murphy geforderte Fernbeobachtung würden sich bio-telemetrische Implantate wie das in der Einleitung beschriebene, in Deutschland entwickelte ITES sehr gut eignen. Mit diesem Implantat würde man Blut-, Hirn- und Augendruck, Puls, Sauerstoffversorgung und Blutzuckergehalt einer unwissenden Testperson aus der Entfernung drahtlos überwachen können. Unwissend deshalb, da man dann mit Sicherheit die von Dr. Murphy befürchteten Schwindelergebnisse ausschließen kann.

Tatsächlich besitzt Blanche Chavoustie sowie andere in *Verdeckte Operationen*[1] vorgestellte *Mind-Control*-Opfer Röntgenaufnahmen, auf denen man kleine Fremdkörper erkennen kann. Bei der zuvor genannten Konferenz wurde mehrmals betont, daß man die im Tierversuch gewonnenen Werte nicht auf den Menschen übertragen könne und daß das beste Testobjekt der *Mensch* wäre.

Da Experimente an Menschen ein sehr heikles Thema sind und eine enorme Bürokratie mit sich ziehen würden, darf man spekulieren, ob für solche Tests ehemalige *MKULTRA*-Opfer herangezogen werden. Diese Personen wären registriert, und man wüßte sämtliche persönlichen und medizinischen Daten. Andererseits würden sich, so wie in *Verdeckte Operationen*[1] vermutet, Personen mit UFO-Entführungserlebnissen besonders gut eignen, da man ihre angeblichen Erlebnisse in der Öffentlichkeit nicht ernst nimmt.

Harlan Girard vom International Committee on Offensive Mikrowave Weapons teilte uns mit, daß sich bei seiner Organisation immer mehr Personen melden, die nach dem Besuch einer UFO- oder Parapsychologie-Konferenz oder einer Esoterik-Veranstaltung Symptome entwickeln, die auf Bestrahlung mit solchen exotischen Waffen hinweisen.[39,40]

Ein solches Opfer besuchte 1995 eine UFO-Konferenz in Mes-

International Committee for the Convention
Against Offensive Microwave Weapons
P.O. Box 58700
Philadelphia, PA 19102-8700

Tel: (215) 893-9505

December 18, 1996

Walter Andrus, Jr.
MUFON
103 Old Towne Road
Seguin, TX 78155

Re: **Biological Process Control Experiments by the Central Intelligence Agency**

Dear Mr. Andrus:

Because of our interest in weapons which exhibit coupling effects with the human neuro-musculo-skeletal system, we are contacted quite regularly (and increasingly more frequently) by persons wanting to know whether their symptoms can be related to Central Intelligence Agency mind control activity. Since 1990, we have identified perhaps 100 such cases and believe there may be 200-400 more cases out there.

About two months ago we were contacted by someone whose case has unique elements, in our experience. Several years ago this woman became interested in UFO's and in rapid succession attended a number of national and international conferences, including the 1994 and 1995 conferences at Mesquite, Nevada.

I am not implying that any or even some of these conferences were sponsored or sanctioned by MUFON. I do not know much about the UFO Community. However, a few days after returning to her home from the 1995 Mesquite, NV conference, this woman began to be assaulted with a variety of devices including a 3-day bombardment with what might have been infrasound. Her symptoms persist to this day.

This woman does not claim to have been abducted or to even have had any first hand experience with UFO's. However, she believes she may have been injected with some chemical near the base of her spine at Mesquite.

I think we can agree that the Intelligence Community has an interest in UFO's, has been the source of many UFO reports, confers occasionally (and informally) with UFO enthusiasts, and even may be responsible for the abduction of some persons under cover of an alien abduction scenario. However, the case at hand goes far beyond anything previously known to me. It suggests that the CIA may be using UFO conferences as a place for its agents to meet and evaluate persons who may become expendables in its mind control experiments after the conference.

How common would it be, in your experience, for someone to attend a UFO conference and suffer a high tech attack upon their person and mind immediately upon returning home? In the case at hand, the attack has been continuous, 24 hours a day, for one year now.

Do you think you have a responsibility to advise your membership that the CIA may be using UFO conferences to identify expendables for its mind control experiments?

Incidentally, the technology available to the CIA today produces effects similar to those associated with Satanic possession, as it is depicted in motion pictures. These effects are so profound that the CIA no longer uses the term mind control; the term for the effects which can be produced today is biological process control.

Your assistance in this matter will be very appreciated.

Yours sincerely,

original signed

Harlan E. Girard

Abb. 19: In diesem Brief teilt Harlan Girard vom International Committee on Offensive Microwave Weapons (ICOMW) dem Internationalen Direktor der UFO-Forschungsorganisation MUFON mit, daß sich beim ICOMW immer mehr Personen melden, die nach dem Besuch einer UFO-Konferenz Symptome entwickelten, als ob sie mit biologischen Prozeßkontrollwaffen wie Infraschall bestrahlt und unfreiwillig für Experimente ausgewählt wurden (© Harlan Girard).

quite, Nevada. Einige Tage, nachdem sie nach Hause zurückgekehrt war, wurde sie drei Tage ununterbrochen mit Infraschall bestrahlt. Eine solche Waffe arbeitet mit ultra-niederfrequenten elektromagnetischen Wellen (UHF), die Gebäude und Fahrzeuge durchdringen können. Die UHF-Wellen lassen sich fokussieren und lenken. Wenn jemand mit dieser Waffe belästigt wird, reagiert der Betroffene verstört und ist unfähig, einfache motor-sensorische Handlungen auszuführen. Im Extremfall hört der Bestrahlte zu atmen auf und stirbt.
Das in Mesquite ausgewählte Infraschall-Opfer leidet bis zum heutigen Tag an den Schäden dieser Attacke. Die von Harlan Girard gesammelten Hinweise und Fälle scheinen darauf hinzudeuten, daß manche Behörden diese Waffen mit Hilfe von *Schwarzen Projekten* testen.

7 Die Drogenforschungen der STASI

Im Oktober 1987 begannen Top-Wissenschaftler in der ehemaligen DDR für das STASI-Projekt *TOXDAT* Hunderte Drogen zu erforschen. *TOXDAT* war die ostdeutsche Antwort auf das CIA-Projekt MKULTRA. Von der Gauck-Behörde freigegebene Dokumente beschreiben neben den Auswirkungen der berauschenden Substanzen auch Anweisungen, wie man Menschen bei geheimen Einsätzen unbemerkt mit Drogen töten kann. Unter den von der STASI untersuchten Drogen befanden sich auch viele Halluzinogene, welche Schwebegefühle, Veränderungen des Zeitempfindens, Amnesie etc. verursachen. Es gibt viele Hinweise, daß die STASI wie ihre amerikanischen Kollegen unwissende Personen für Drogentests mißbrauchte. Aus den in den USA und in Deutschland freigegebenen Dokumenten erkennt man, daß halluzinogene Drogen bei verdeckten Einsätzen eine große Rolle zu spielen scheinen. Im Anschluß werden wir aufzeigen, daß es unter solchen Drogen auch einige gibt, die unheimliche Begegnungen mit Elfen und nicht-menschlichen Wesen vortäuschen können.

III

Satanische Alien-Projekte

»... Ich wurde auf einer Liege festgebunden. Jedesmal, wenn ich Schmerzen hatte und schrie, haben sie irgendwas mit meinen Ohren gemacht... Als ich sechs war, ist in dieser Hinsicht viel gelaufen. Leute in weißen Kitteln haben mir in einer Art Laboratorium Elektroschocks verpaßt...«

Ein satanisches Ritualmißbrauchsopfer aus Deutschland gab bei einem Interview mit den Satanismusfachmännern Guido und Michael Grandt an, von Personen in weißen Labormänteln Elektroschocks verpaßt bekommen zu haben. Solche Ereignisse sind durchaus üblich, obwohl Labors, Personen in weißen Kitteln oder Mänteln und Elektroschocks nicht der gängigen, bei satanischen Ritualen benützten Ausrüstung entsprechen.

»... Da ist eine Frau im weißen Labormantel. Ihr Name ist Sue Rhodes oder so ähnlich. Sie nennen sie manchmal Dr. Rhodes. Sie geben mir etwas zu trinken. Es schmeckt schrecklich. Ich befinde mich nun in einem Raum. Es ist wie... Er hat keine Fenster. Es befinden sich Maschinen in dem Raum. Der Raum mit den Maschinen... Es ist nicht sehr hell. Ich kann meine Arme nicht bewegen... Ich verspüre einen Druck im Kopf... Viele Blitzlichter... Blitzlichter... meine Augen schmerzen... Plötzlich hört es auf zu schmerzen...«

Auszug aus einer Hypnosesitzung mit der angeblichen UFO-/Militär-Entführten Michelle, New York, Juli 1997.

1 Von Militärs, Teufeln und Außerirdischen

Traumatherpeuten wie Valerie Wolf oder Dr. Colin Ross teilten uns mit, daß sich Personen unter ihren Patienten befinden, die vorgeschobene Persönlichkeiten besitzen und die sich an satanische Rituale erinnern, obwohl die übrigen Persönlichkeiten typische militärische *Mind-Control*-Techniken beschreiben.[1,2]
Andere Opfer wiederum glauben, daß sie dem Teufel persönlich begegnet sind. Da die anderen Persönlichkeiten derselben Person eindeutig militärisch orientierte Hypnoseprogramme aufweisen, scheint es hier eine Verbindung zu geben. Nicht selten werden rituelle Handlungen, bei denen Jugendliche mißbraucht werden, von Erwachsenen in Verkleidungen vollzogen.
Es gibt Beschreibungen von Mißbrauchstätern in Clown-, Geister-, Ritter-, Cowboy- oder Comicfiguren-Kostümen. Die deutschen Satanismusfachmänner Guido und Michael Grandt zitieren in ihrem Buch *Schwarzbuch Satanismus* die Aussage dreier deutscher Kinder, die durch ihre Mutter mit satanischen Zirkeln in Berührung kamen, folgendermaßen:
»... der hat sich ein schwarzes Kleid angezogen, das war schwarz, richtig schwarz ... Mama ist ein Geist, tanzt in einem Kleid mit Kugeln und einer Kette, dann ist es dunkel, mit Kerzen ... Messer mit Blut ... der Geist hat ein Kleid an, wenn er das Kleid auszieht, dann ist er wieder ein Mensch ...«[3]
In anderen Fällen sprachen Kinder von einem Mann, der sie an den Fernsehzauberer *Pan Tau* erinnerte, da er alles sehen und hören und durch Wände gehen könne. Kinder sind relativ leicht über Spiele in Rituale einzubinden. Wenn dabei an bekannte Figuren und Verkleidungen angeknüpft wird, können sich die Täter vor der Erkennung schützen. Mißbrauchsopfer, die von Cowboys oder Tieren in Menschengestalt erzählen, werden von Eltern, Mitmenschen oder Untersuchungsbeamten nicht ernstgenommen.
Es gilt als sicher erwiesen, daß bei Kulten, die ihrem Glauben

ernsthaft anhängen, die Maskerade einer alten Tradition entspricht. Im Mittelalter legten Männer und Frauen bei Hexensabbaten oft Tierfelle an, setzten Tierköpfe auf oder trugen Masken. In dieser Verkleidung konnten sie unerkannt ihren animalischen Trieben nachgehen und sie ausleben.

In einigen Fällen von satanisch-rituellen Mißbrauchsopfern (SRA-Opfer) geben die Betroffenen an, von Personen in weißen Labormänteln mit Elektroschocks gefoltert worden zu sein. Diese sind den in unserem Buch *Verdeckte Operationen*[4] behandelten Fällen, bei denen Personen mit angeblichen UFO-Entführungserlebnissen auch ungewollte militärische Kidnappings und Untersuchungen (MILAB-Fälle) erlebten, sehr ähnlich.

Abb. 20: Situationen wie diese werden von satanischen Ritualmißbrauchsopfern immer wieder beschrieben. In vielen Fällen entwickeln die Betroffenen mit der Zeit auf Traumata und Verdrängung beruhende gespaltene Persönlichkeiten, die danach von geschulten Kultmitgliedern, ähnlich wie bei militärischen Mind-Control-Projekten, für kultinterne Handlungen ausgebildet werden (© Jonesy).

Abb. 21: Die Zeichnung wurde während der Therapie eines angeblich bei satanischen Ritualen mißbrauchten Kindes angefertigt. Der Kreis, in dem sich das Opfer befindet, und das darüber schwebende Licht deuten auf Ähnlichkeiten mit UFO-Entführungserlebnissen. Manchmal werden sogar die angeblich außerirdischen Wesen wie die im Hintergrund befindlichen Kapuzenträger beschrieben.

Guido und Michael Grandt stießen bei ihren Recherchen so wie viele andere Forscher auch auf solche Fälle. Interessanterweise scheinen sich solche Fälle auch in Deutschland zu ereignen. Die beiden Forscher wurden von einer Therapeutin auf Heike (Pseudonym) aufmerksam gemacht. Heike wuchs in Deutschland auf und lebt seit einiger Zeit in Australien. Sie traf die beiden Satanismusforscher in Köln und erzählte ihnen von ihrer Vergangenheit als SRA-Opfer.[3]
Laut Heike wurde sie von ihrem Vater im Alter von zwei Jahren sexuell mißbraucht und mit anderen Kindern in der Nähe des Hamburger Hafens für sadomasochistische Filme benützt. Neben vielen bei SRA-Fällen üblichen Grausamkeiten sind einige

bestimmte traumatische Erinnerungen aus Heikes deutscher Vergangenheit von besonderem Interesse und besonderer Wichtigkeit. Sie kann sich sehr genau an die folgende Szene erinnern:
»... Ich wurde auf einer Liege festgebunden. Jedesmal, wenn ich Schmerzen hatte und schrie, haben sie irgendwas mit meinen Ohren gemacht... Als ich sechs war, ist in dieser Hinsicht sehr viel gelaufen. Leute in weißen Kitteln haben mir in einer Art Laboratorium Elektroschocks verpaßt, mich an Seilen aufgezogen, Doktorspiele gemacht. Und immer wieder haben sie mir eingebleut, mit niemandem darüber zu sprechen. Niemandem zu vertrauen, weil ich zu schwierig sei und sich sowieso keiner meiner annehmen würde...«
Solche Ereignisse sind bei SRA-Fällen durchaus üblich, obwohl Labors, Personen in weißen Kitteln oder Mänteln und Elektroschocks nicht zu den gängigen satanischen Ritualen gehören. Die im Kapitel I erwähnte UFO-/Militär-Entführte Michelle, sogenannte MILAB-Opfer und Überlebende von *Mind-Control*-Experimenten beschreiben hingegen ähnliche Prozeduren.
Überlebende des *Monarch-Mind-Control*-Projektes berichten

ELECTRIC SHOCKS

If the amnesia-for the-event, which the strong electric shock produces, would invari extend backward in time far enough to keep Subject from recalling that a pair of ele had been clapped on his head, then we would have a highly desirable amnesia.

Since one cannot be sure of this, Electric Shocks though electrodes applied to the h may as well be dropped.

See Electro-Narcosis. See also, Conditioning.

There is another vague possibility. Could a coil be arranged in chair or wall, so that switching it on would induce a current in Subject's head? Perhaps; but the ind current would have to be uncommonly heavy, while the induced current would stray all and as likely kill the S. as convulse him. Electrical experts disapprove.

See Electromagnetic Field.

Abb. 22: Auf dieser Seite eines ARTICHOKE/CIA-Handbuches wird beschrieben, wie man Elektroschocks zur Gehirnwäsche und in Verbindung mit Drogen zur Konditionierung einsetzt. Es ist interessant, daß auch manche angebliche UFO-Entführungsopfer und Opfer von satanischem Ritualmißbrauch diese Geheimdiensttechniken bis ins Detail wiedergeben.

sogar, daß man sie auf militärischen Stützpunkten mental programmiert hat, an den Satan oder an Außerirdische und UFO-Entführungen zu glauben. Das SRA-Opfer Margaret (Pseudonym) wurde vom Traumspezialisten Dr. Colin Ross untersucht. Margaret besitzt mehrere gespaltene Persönlichkeiten, von denen einige satanischen Ritualmißbrauch aufweisen. Laut SRA-Persönlichkeiten wurde sie zum Gebären von Babys benützt, die von den angeblichen Kultisten geopfert wurden.[5]

Dr. Ross war verblüfft, als er beim Aufarbeiten von Margarets Traumata auf einen Persönlichkeitsanteil stieß, der klare Erinnerungen an UFO-Entführungserlebnisse aufwies. Diese Persönlichkeit erinnerte sich genau an angebliche UFO-Insassen, die in ihre Wohnung eindrangen, sie schwängerten und ihr einige Monate später den Fötus entfernten. Einige Jahre später wurde ihr von den Außerirdischen ein menschliches Hybridkind präsentiert.[6]

Als Dr. Ross ihr mitteilte, daß diese Außerirdischen möglicherweise nicht real existieren, war diese Persönlichkeit zerstört. Margarets *Alien*-programmierte Persönlichkeit begann zu toben und zu schreien, daß er ihre Therapie ruiniert habe und aufgrund ihres Zweifels ihre Chancen zur Besserung verhindert würden.

Interessanterweise machte Margaret diese Behauptungen, bevor angebliche UFO-Entführungen in den USA und daraufhin weltweit in der Öffentlichkeit bekannt wurden. Dr. Ross wußte zu dieser Zeit nicht, daß Tausende Amerikaner dieselben Erinnerungen hatten. Er ist der Ansicht, daß seine Patientin komplexe, künstlich erzeugte Persönlichkeitsspaltungen besitzt, die verschiedene Hypnoseprogramme aufweisen. Immer mehr Medizinern und Therapeuten, die sich mit SRA-Opfern beschäftigen, stoßen auf ähnlich gelagerte Fälle.[1,2]

Die Geschichten dieser hypno-programmierten MPD-Opfer scheinen sich mit den Erinnerungen von angeblichen UFO-Entführungsopfern zu decken. Ein Teil der Persönlichkeiten erzählt den Therapeuten von traumatisch rituellem Mißbrauch, satanischer sexueller Folter, Terror und mentalen Brechungsmethoden in den Händen von satanischen Kulten.

Der andere Teil der Persönlichkeitsstrukturen erinnert sich an typische UFO-Entführungserlebnisse. Ein Patient erzählte seinem Therapeuten mit der Stimme eines Kindes, daß die UFO-Insassen große Köpfe mit schwarzen mandelförmigen Augen hatten. Die Wesen sprachen *telepathisch*, ohne daß sie ihre Lippen bewegten.[6]
Eine Häufung solcher Fälle führt immer mehr Forscher und Therapeuten zur Überzeugung, daß *irgend jemand* der Öffentlichkeit weismachen möchte, daß wir Kontakt mit außerirdischen Wesen haben. Diese Therapeuten vertreten die Meinung, daß wir durch solche Fälle programmiert werden, an Außerirdische zu glauben.
Solche zuvor erwähnten Fälle werden von den meisten UFO-Entführungsforschern ignoriert, weil sie nicht mit ihrem Weltbild oder ihren Gedankengebäuden übereinstimmen. Andererseits könnten einige prominente UFO-Forscher ein doppeltes Spiel spielen und mit den hinter diesen Fällen stehenden Personen zusammenarbeiten.
Katherine Sullivan (Pseudonym) weist so wie viele andere Betroffene auf Trauma beruhende multiple Persönlichkeiten auf. Sie wurde wie Lynne Moss-Sharman oder Blanche Chavoustie auf Militärbasen und in Spitälern zu einer politischen Killermaschine programmiert. Andere Persönlichkeiten wurden, wie von Dr. George Estabrooks angedeutet, für geheime Kurierdienste von diversen Geheimdiensten mißbraucht. Diese Kurierdienste beinhalteten Drogentransporte, Diamantenschmuggel und sogar Kinderhandel für mächtige, pädophile Politiker.
Ihre Therapeuten fanden heraus, daß sie auch Persönlichkeitsstrukturen besitzt, die satanischen Ritualmißbrauch aufweisen. Diese Persönlichkeiten erinnern sich an Männer, die mit schwarzen Roben bekleidet waren, als sie sich an ihr vergingen. Diese satanischen Handlungen beinhalteten Ekeltraining und andere bei SRA-Opfern geläufige Prozeduren, um künstliche multiple Persönlichkeiten erzeugen zu können.[7,8]
Interessanterweise behauptet auch Katherine, daß sie mit Hilfe von Drogen und Hypnose behandelt wurde, damit sie an UFO-

Entführungen und Außerirdische glaubte. In Wirklichkeit wurde sie für geheime Handlungen ausgebildet. Katherine hat traumatische Erinnerungen an einen Ort in der Nähe von Dallas, an dem in einem Hangar ein riesiges UFO-Modell an einer hydraulischen Aufhängung für *Alien*-Programme aufbewahrt wurde. Laut Katherine wurden ihr und anderen *Monarch*-Opfern in diesem UFO-Modell mentale Deckerinnerungen an UFO-Entführungen und *Alien*s einprogrammiert.[8]

Ein anderes *Monarch*-Opfer, Paul Bonacci, behauptet, daß er und andere Kinder an satanischen und UFO-bezogenen *Mind-Control*-Programmen auf der Offutt-Luftwaffenbasis teilnahmen. Paul Bonacci erinnerte sich an eine große Menge von Codebezeichnungen, die von anderen Betroffenen bestätigt wurden, obwohl sie ihn nicht kannten.[6]

Diese *Monarch*-Opfer behaupten, daß satanische und *Alien*-Programme an verschiedenen Militärbasen durchgeführt wurden. Laut Bonacci fanden in den Bergen von Colorado *Alien*-Programme statt. Bei diesen Prozeduren wurden den Betroffenen UFO-Modelle in künstlich ausgehöhlten Höhlen vorgeführt. Für die hypno-programmierten Deckerinnerungen wurden Masken verwendet.

Julianne McKinney, der Direktorin des Electronic Surveillance Projektes der Association of National Security Alumni, einer Organisation bestehend aus ehemaligen Militärs und Geheimagenten, ist eine Frau bekannt, die vorgibt, bei solchen UFO-Programmen als verkleideter *Alien* beteiligt gewesen zu sein.[9]

Therapeuten, die die Frau untersuchten, fanden wie bei Katherine Sullivan oder Paul Bonacci Persönlichkeitsanteile, die satanischen Ritualmißbrauch und UFO-/*Alien*-Erinnerungen aufweisen. Als Kind mußte sie ein Ganzkörperkostüm eines kleinen grauen Außerirdischen tragen, um *Mind-Control*-Opfern einen *Alien* vorzuspielen.

Bei dieser Maske waren der Kopf und der Nacken elektronisch manipulierbar, um einen besonders realistischen Effekt verursachen zu können. Wir haben in *Verdeckte Operationen*[4] aufgezeigt, daß geheime militärische Einheiten in angebliche UFO-Entführungen verwickelt sind. Wie es scheint, führen die Erinnerungen mancher SRA-Opfer ebenfalls zu geheimen Militärbasen. Diese Tatsachen und die zuvor vorgestellten Fälle münden in zwei Fragen:

1. Dient satanischer Ritualmißbrauch den Militärs oder Geheimdiensten als Hilfe zur Erzeugung multipler Persönlichkeiten oder als Deckerinnerungen für *Mind-Control*-Prozeduren oder geheime Experimente?
2. Sind *einige* oder sogar *alle* unerklärlichen UFO-Entführungsfälle mentale hypno-programmierte Deckerinnerungen von militärischen *Mind-Control*-Spezialisten?

Damit man diese zwei Fragen auf ihren Wahrheitsgehalt überprüfen kann, muß man folgende fünf Punkte beantworten:

1. Gibt es Beweise, daß hochrangige Militärs in satanische Kulte verwickelt sind?
2. Lassen sich UFO-Entführungen mit satanischem Ritualmißbrauch oder auf Traumata basierenden *Mind-Control*-Techniken vergleichen?
3. Lassen sich imaginäre ähnliche UFO-Entführungserlebnisse bei Personen, die keine UFO-Kenntnisse besitzen, hervorrufen?
4. Gibt es bei Personen mit angeblichen UFO-Entführungserlebnissen Hinweise, daß sie geheime militärische Aufträge oder Kurierdienste ausführen?
5. Gibt es Hinweise, daß Personen mit angeblichen UFO-Entführungserlebnissen gespaltene Persönlichkeitsstrukturen aufweisen?

Wenn man alle fünf Punkte mit *ja* beantworten kann, muß man das Phänomen der UFO-Entführungserlebnisse neu überdenken, und die Hypothese über außerirdische Besucher würde in ein anderes Licht gerückt werden. Solche militärisch-geheimdienstlichen UFO-Programme würden nichts mit Außerirdischen zu tun haben, sondern deren Mythos benützen, um hinter dieser *Maske* hypno-programmierte, auf Trauma beruhende MPD-Agenten oder Kuriere zu verbergen. Die betroffenen Personen würden glauben, daß sie von UFO-Insassen entführt wurden, während sie in Wirklichkeit einen geheimen Auftrag oder andere mental programmierte Dienste für ihre Auftraggeber ausgeführt haben.

2 *Verwicklungen von militärischen Mind-Control-Spezialisten in satanische Kulte*

Für viele Forscher ist der Satanist La Vey die Zentralfigur des modernen Satanismus. Die amerikanische *Kirche des Satans* hat Schätzungen zufolge weltweit etwa 20 000 Mitglieder. La Vey war ein Privatdetektiv und spielte in Roman Polanskis Film *Rosemaries Baby* den Teufel, der die Hauptfigur des Films, Mia Farrow, schwängerte. Am 30. April 1966 gründete er die Kirche Satans. La Vey schrieb als Oberhaupt seiner Kirche die *satanische Bibel*, die unter anderem ein Kapitel über die Auswahl eines *Menschenopfers* enthält.[3]

Vertreter seiner Kirche behaupten, daß diese Auslegungen nicht wörtlich zu verstehen sind. Weiters schreibt La Vey in seinem Werk, daß kirchliche Todsünden wie Lust und Habgier für seine Anhänger Tugenden sind. Die Gründung der *Kirche des Satans* ist maßgeblich auch mit dem Namen des Hollywood-Stars Jane Mansfield verknüpft, die sich persönlich bei den sexuellen Riten engagierte.

1969 hörte der Lieutenant Colonel Dr. Michael Aquino, Offizier bei der Abteilung für Gegenspionage der US-Armee und spezialisiert auf psychologische Kriegführung und Techniken der Desinformation (PSYWAR), einen Vortrag vom Chef der *Church of Satan*, La Vey, und fand eine Verwandtschaft zwischen seinem Beruf und den Lehren des Oberhauptes der amerikanischen *Kirche des Satans*.[3,6]

Nach der Rückkehr aus dem Vietnamkrieg ließ sich Lieutenant Colonel Dr. Aquino von La Vey zum Satanspriester weihen. Er arrangierte eine sogenannte *Grotte* der *Satanskirche* in Kentucky, wohin ihn die Armee versetzt hatte. Nach kurzer Zeit stieg der Spezialist für psychologische Kriegführung zur Nummer zwei hinter La Vey in der Hierarchie der *Kirche des Satans* auf.

Aufgrund seines Ansehens und Einflusses gelang es Dr. Aquino, öffentliche Konferenzen über die *Kirche des Satans* zu veranstalten, darunter sogar an der Universität von Louisville.

La Vey war von seinem Neuzugang anfänglich sehr begeistert,

bis dieser die Prinzipien des Chefs mehr und mehr zu unterlaufen drohte. Als La Vey die *Kirche des Satans* in eine zentralisierte Organisation umwandelte, verließen Dr. Aquino und andere hochrangige Teufelsanbeter die Kirche und gründeten den *Temple of Seth.*

Diese arkane Bezeichnung bedeutet übersetzt nichts anderes als *Tempel des Teufels*, da Seth die ägyptische Bezeichnung für Teufel ist. 1981 schrieb Lieutenant Colonel Dr. Michael Aquino mit einem anderen PSYWAR-Spezialisten, Colonel Paul E. Vallely, einen Artikel in der militärischen Zeitschrift *Military Review* mit dem Titel: »From PSYOP to MindWar: The Psychology of Victory.«[10] In diesem Artikel bezieht sich der Satanist auf den im Kapitel I erwähnten Pychotronik-PSI-Waffenartikel von Lieutenant Colonel Dr. John Alexander.

Dr. Aquino schreibt in seinem Artikel, daß Techniken der psychologischen Kriegführung gegenwärtig die Massenmedien beeinflussen, damit das Bewußtsein der Einwohner neutraler und feindlicher Länder an die nationalen Interessen der USA angepaßt wird. Diese PSYWAR-Aktivitäten bezeichnen die Autoren als *MindWar* (Bewußtseinskrieg), wobei auch die bevölkerungsweite Bewußtseinsmanipulation mit extremen niederfrequenten elektromagnetischen Wellen (ELF-Wellen), ähnlich wie in Dr. Alexanders Artikel, in Betracht gezogen wurde.

Es ist wahrscheinlich kein Zufall, daß ein in Neurolinguistik und Hypnose bewanderter PSYWAR-Fachmann wie Dr. Aquino La Veys *Kirche des Satans* unterwanderte und praktisch übernommen hat. Eine solche satanische Vereinigung eignet sich bestens zum Studium von traumata-induzierten *Mind-Control*-Techniken.

1987 berichtete das Nachrichtenmagazin *Newsweek*, daß Lieutenant Colonel Dr. Michael Aquino und seine Frau in eine Untersuchung von satanischem Ritualmißbrauch an Kindern verwickelt sind.[11] Ein Jahr zuvor wurde nämlich ein ziviler Kinderbetreuer der Presido-Armeebasis, an der Dr. Aquino wirkte, wegen Mißbrauchs von mehr als 60 Kindern angeklagt. Die Aquinos bezeichneten die Beschuldigungen als Hexenjagd, obwohl ein Kind Dr. Aquino und seine Frau Lilith in einem Geschäft bei Presido wiedererkannte. Das Mädchen identifizierte für die Polizei auch das Haus der Aquinos und einige Räumlichkeiten, darunter einen Raum mit schwarzen Wänden.

Bei Befragungen von Therapeuten gaben mehrere Kinder an, daß sie am Armeestützpunkt rituell mißbraucht wurden. Andere wiederum behaupteten, daß man sie zu privaten Wohnungen brachte und sie dort in rituelle Handlungen miteinbezog. Daraufhin verklagten 22 Familien die US-Armee erfolglos auf rund 66 Millionen Dollar Schadenersatz. Im Laufe der Untersuchungen stellte sich heraus, daß Lieutenant Colonel Dr. Michael Aquino zum Zeitpunkt der Beschuldigungen eine *Top-Secret*-Geheimhaltungsklassifikation besaß und sie ihm auch während der polizeilichen Nachforschungen nicht aberkannt wurde.

Laut eines deklassifizierten Army Intelligence-Dokumentes ist der *Temple of Seth* eine Gruppe, die auf nationalem Gebiet operiert.[12] Dr. Aquino ist das offizielle Oberhaupt des Satanszirkels, der mit Hilfe von untergebenen Satanisten geführt wird. Diese neun Untergebenen sind in Wirklichkeit seine Lieutenants. Eine Nachfrage beim FBI ergab, daß diese Behörde keine Unterlagen in bezug auf den *Temple of Seth* besitzt.

1991 verklagte Dr. Aquino den Secretary of the Army wegen dieser Untersuchungen auf Schadenersatz, da er Unwahrheiten in dem Bericht zu erkennen glaubte. Etwas später verliefen alle Klagen im Sand, obwohl der Verdacht des Kindesmißbrauches auf dem Presido-Armeestützpunkt an ihm haften blieb.[6]

Diese Anschuldigungen und Verwicklungen in satanische Umtriebe sind sehr bedenklich, da Dr. Aquino neben seinen militärischen Auszeichnungen und seiner akademischen Expertise in Politikwissenschaften ein Mitglied des National Advisory Board des American Security Council ist. Seine Doktorarbeit handelte über die Neutronenbombe.

Nach dem Skandal am Armeestützpunkt in Presido treten immer mehr Personen an die Öffentlichkeit, die behaupten, daß sie von Dr. Aquino für die CIA oder DIA für *Mind-Control*-Zwecke mit Hypnose und Folter präpariert wurden. Ein *Monarch*-Opfer behauptet, daß es von Dr. Aquino auf der Tinker-Luftwaffen-

basis bei Tulsa, Oklahoma, für verdeckte kriminelle Handlungen hypno-programmiert wurde. Bei diesen Prozeduren soll ihr fotografisches Gedächtnis für geheime Botendienste konditioniert worden sein.
Das zuvor erwähnte *Monarch*-Opfer Paul Bonacci gibt ebenfalls an, daß er über Dr. Aquinos satanische Verbindungen für Geheimdienstzwecke hypno-programmiert wurde. Seine traumatisierten Persönlichkeiten weisen viele künstlich hervorgerufene Deckerinnerungen auf. Darunter fanden Therapeuten Außerirdische, Mickey Mouse oder den Wizard of Oz. Die Gerüchte und Hinweise bezüglich der militärischen Verwicklungen mit dem *Temple of Seth* und dem *Monarch*-Projekt ließen sich noch weiter ausführen.
Aufgrund der satanischen Verbindungen von Lieutenant Colonel Dr. Michael Aquino, einem hochrangigen PSYWAR-Spezialisten, wäre es ein leichtes Spiel, durch satanische Rituale traumatisierte und an Persönlichkeitsspaltung leidende Opfer für militärisch-geheimdienstliche *Mind-Control*-Zwecke zu rekrutieren und auszubilden.
Bei der Untersuchung des Presido-Skandals stellte sich heraus, daß engste Mitarbeiter des *Temple of Seth* ebenfalls dem militärischen Geheimdienst angehörten. In einem Dokument der Army Intelligence ist außer ihm noch die Rede von einer Frau mit dem Namen Willie Brawning, die Captain der US Army Reserve ist, und einem Lieutenant, der ebenfalls in Geheimdienstaktivitäten verwickelt war.[12]
Der Fall von Lieutenant Colonel Dr. Michael Aquino ist ein Vorzeigebeispiel für die Verwicklung hochrangiger militärischer *Mind-Control*-Spezialisten in satanische Kulte. Im folgenden Unterkapitel werden wir aufzeigen, daß es sehr viele Parallelen zwischen angeblichen UFO-Entführungserlebnissen, satanischem Ritualmißbrauch und militärischen *Mind-Control*-Techniken gibt. Wenn Personen mit UFO-Entführungserlebnissen auch traumatische Rückblenden von Männern in weißen Kitteln, Labormänteln und Militärpersonal besitzen, scheinen sich die Erlebnisse und Prozeduren zu decken.

3 *Angebliche UFO-Entführungen, satanischer Ritualmißbrauch und militärische Mind-Control-Prozeduren im Vergleich*

Der klinische Psychologe Dr. Gwen L. Dean präsentierte 1992 bei der am Massachussetts Institute of Technology (MIT) abgehaltenen Konferenz über UFO-Entführungserlebnisse einen interessanten Vortrag über die Ähnlichkeiten zwischen angeblichen UFO-Entführungserlebnissen und den Erinnerungen von überlebenden Ritualmißbrauchsopfern.[13] Dr. Dean verglich für seine Studie 60 UFO-Entführungen, die von dem bekannten UFO-Entführungsforscher Prof. Dr. David Jacobs untersucht wurden. Er verglich die UFO-Entführungsstudien von Dr. Thomas Bullard, Budd Hopkins, Susan Powers, Richard Hall und Ausschnitte aus dem 1977 erschienenen Buch *The UFO Handbook*[14] von Hendry mit satanischen Ritualmißbrauchsfällen.
Interessanterweise zieht der Verhaltensforscher Dr. Kenneth Lanning von der Behavioral Science Division des FBI ebenfalls Vergleiche zwischen UFO-Entführungsberichten und Ritualmißbrauch. Es sei interessant, daß in beiden Fällen Hunderte Menschen, die sich niemals getroffen haben und aus unterschiedlichen Gebieten stammen, detailgetreu gleiche traumatische Geschichten wiedergeben.
Bei der Täterfindung stößt man auf ähnliche Probleme. Bis jetzt hat man bei UFO-Entführungen nur anekdotisch identische Geschichten, aber keinen hundertprozentigen Beweis, daß außerirdische Wesen die Täter sind. Bei satanischen Ritualmißbrauchsfällen wurden nur in ganz wenigen Fällen geopferte Babys, Filme von Blutopferriten und ähnliche Greueltaten entdeckt. Man kann aber nachweisen, daß es satanische Gruppen und Teufelsanbeter gibt, denen man solche rituellen Handlungen zutrauen kann.
Bei militärischen *Mind-Control*-Experimenten weiß man anhand von freigegebenen Dokumenten und Regierungsbestätigungen, daß man solche Experimente durchführte. Deshalb muß es auch Opfer dieser Experimente geben. Es ist ebenfalls sehr schwer

festzustellen, ob ein vermeintliches Opfer von Natur aus psychisch krank ist, infolge von wirklichen *Mind-Control*-Experimenten psychische Krankheiten entwickelte oder die Wahrheit behauptet.
In den Abbildungen 23, 24, 25 und 26 vergleichen wir die von Dr. Dean gefundenen Ähnlichkeiten zwischen angeblichen UFO-Entführungen und satanischen Ritualmißbrauchsfällen zusätzlich mit uns zugänglich gemachten Therapieberichten von

UFO-Entführungen	SRA-Mißbrauch	Mind Control
Untersuchungstisch	Altartisch	Untersuchungstisch
weiße Tücher	weiße Tücher	weiße Tücher
Röntgengeräte, Kopfbänder mit Elektroden und Drähten	Kopfbänder mit Elektroden und Drähten, Taser, Elektroschocker	Röntgengeräte, Kopfbänder mit Elektroden und Drähten, ECT
Nadeln, Spritzen Implantate	Nadeln, Spritzen Messer	Nadeln, Spritzen Implantate
Symbole, Abzeichen, Schriftzeichen, Dreiecke, Kreise	Symbole, Runen Schriftzeichen, Dreiecke, Kreise, Pentagramme	Symbole, Abzeichen Dreiecke, Kreise

Abb. 23: Die Tabelle gibt einen Vergleich der bei angeblichen UFO-Entführungen, satanischem Ritualmißbrauch (SRA) und Mind-Control-Experimenten beschriebenen Gegenstände wieder.

UFO-Entführungen	SRA-Mißbrauch	Mind Control
Geräte zum Lokalisieren	Geräte zum Lokalisieren	Geräte zum Lokalisieren
helle Lichter	helle Lichter	helle und farbige Lichter
Klammern	Klammern, Ketten, Gürtel	Klammern
Informationstransfer, Experimente mit bio-elektrischer Energie	Gehirnwäsche Folter	Gehirnwäsche, Folter, Experimente mit bio-elektrischer Energie
hautenge Kleider, Umhänge, Kapuzen, Overalls	Umhänge, Masken Kapuzenmäntel	Labormäntel, Arztbekleidung Militärbekleidung, Overalls, Uniformen

Abb. 24: Die Tabelle gibt einen Vergleich der bei angeblichen UFO-Entführungen, satanischem Ritualmißbrauch (SRA) und Mind-Control-Experimenten beschriebenen Prozeduren und Gewändern wieder.

UFO-Entführungen	SRA-Mißbrauch	Mind Control
runde Räume in einem UFO	innerhalb kreisförmiger Symbole	rechteckförmige Räume
Tunnels	Tunnels	Tunnels
Entführungen aus der Wohnung, dem Auto, der Natur	Entführungen aus der Wohnung, dem Auto, der Natur, von Friedhöfen, Kirchen	Entführungen aus der Wohnung, dem Auto, der Natur, Spitälern

Abb. 25: In dieser Tabelle wird ein Vergleich zwischen den von den Betroffenen beschriebenen Orten wiedergegeben.

UFO-Entführungen	SRA-Mißbrauch	Mind Control
Gedächtnisverlust Bindung zu Aliens	Gedächtnisverlust Bindung mit Kultisten	Gedächtnisverlust Bindung mit dem Experimentator
Vergewaltigung	rituelle Vergewaltigung	Vergewaltigung
Entnahme von Föten	Entnahme von Föten	Entnahme von Föten
halluzinogene Drogen	halluzinogene Drogen	halluzinogene Drogen
ESP, außerkörperliche Erfahrungen, Astralreisen, Psychokinese, Poltergeister	ESP, außerkörperliche Erfahrungen, Astralreisen, Psychokinese, Poltergeister	ESP, außerkörperliche Erfahrungen, Astralreisen, Psychokinese, Poltergeister
Schlafstörungen	Schlafstörungen	Schlafstörungen
Seestörungen	Seestörungen	Seestörungen
Kopfschmerzen	Kopfschmerzen	Kopfschmerzen
Selbstverstümmelung	Selbstverstümmelung	Selbstverstümmelung
Paranoia	Paranoia	Paranoia
Alpträume	Alpträume	Alpträume
Depressionen	Depressionen	Depressionen
posttraumatischer Streß, gespaltene Persönlichkeiten	posttraumatischer Streß, gespaltene Persönlichkeiten	posttraumatischer Streß, gespaltene Persönlichkeiten

Abb. 26: Diese Tabelle vergleicht die psychologischen und paranormalen Begleiterscheinungen an Mind-Control-Opfern, Personen mit angeblichen UFO-Entführungserlebnissen und Überlebenden von satanischem Ritualmißbrauch. Interessanterweise sind diese Symptome sehr ähnlich.

ehemaligen *Mind-Control*-Opfern. Bis auf die Erscheinungsform der Wesen ist aus den Tabellen ersichtlich, daß alle drei Mißbrauchsformen große Ähnlichkeiten aufweisen. Bei Fällen, in denen UFO-Entführte Wesen in dunklen Roben sehen, ist ein weiterer Vergleich zu Satanisten, die in schwarze Roben gekleidet sind, angebracht. Die technischen Geräte, die von manchen satanischen Ritualmißbrauchsopfern beschrieben werden, sind den von UFO-Entführungs- und *Mind-Control*-Zeugen beschriebenen sehr ähnlich.[15]

Viele der in Dr. Thomas Bullards UFO-Entführungsstudie beschriebenen Geräte wie Röntgenapparate erinnern ebenfalls mehr an irdische medizinische Versuchsanordnungen als an fortgeschrittene außerirdische Technik. Aus Tabelle 26 erkennt man, daß Symptome wie Gedächtnisverlust, mentale Abhängigkeit, Hilflosigkeit, Paranoia und sogar paranormale Erlebnisse wie Telepathie, Psychokinese, außerkörperliche Erfahrungen und Remote-Viewing durch streßbedingte Anspannungen und Traumata verstärkt hervorgerufen werden.

Alle drei Personengruppen erinnern sich, daß sie, nachdem sie ein Getränk verabreicht oder mit einer Spritze eine Lösung injiziert bekamen, willenlos wurden, an Halluzinationen litten oder ihr Bewußtsein verloren. Interessanterweise sind viele durch halluzinogene Drogen hervorgerufene Tranceerlebnisse diesen Erinnerungen sehr ähnlich. Solche Erlebnisse beinhalten Schwebegefühle, Reisen durch Tunnels, Zylinder, fliegende Untertassen, leuchtende Objekte, physische und psychische Untersuchungen, körperliche Zerstückelung und telepathischen Kontakt mit fremdartigen Wesen.

Diese Erkenntnis ist sehr wichtig, wenn man untersuchen möchte, ob die bei angeblichen UFO-Entführungen und manchmal bei satanischen Ritualmißbrauchsfällen erscheinenden fremdartigen Wesen durch Drogen und Hypnose verursachte Deckerinnerungen von geheimen Experimenten sind.

Bevor wir uns eingehender mit der Frage auseinandersetzen, ob man detailgetreue UFO-Entführungserlebnisse künstlich erzeugen kann, wollen wir genauer auf die unter den *Mind-Control*-Projekten erforschten mysteriösen Effekte von halluzinogenen Drogen eingehen und eine in der Presse oftmals zitierte Gruppe hinterfragen, die solche phantastischen Mißbrauchsfälle als falsche Erinnerungen herunterspielt.

4 *Nur falsche Erinnerungen?*

Es gibt natürlich auch Kritiker, die so wie bei den angeblichen UFO-Entführungsfällen satanischen Ritualmißbrauch abzuleugnen versuchen. Die radikalsten Kritiker bezweifeln, daß es das Phänomen der Traumaverdrängung überhaupt gibt. Sie bezeichnen diese zum Teil unter Hypnose wiedergewonnenen Erinnerungen an satanischen Ritualmißbrauch, UFO-Entführungen oder militärische Experimente als sogenanntes *False Memory Syndrom* (FMS), kurz als falsche Erinnerungen. Deshalb gründeten in den USA mehrere Psychologen und Psychiater die sogenannte False Memory Syndrom Foundation und meinen, daß es sich beim FMS um eine Krankheit handelt.[16]
Einige spektakuläre medienwirksame Fälle von offenbar falschen Erinnerungen an sexuellen Mißbrauch brachten die FMS-Foundation ins Rampenlicht der Presse. Im Mai 1994 gab ihnen ein spektakuläres Urteil in Kalifornien Auftrieb. Der 50jährige Vizepräsident einer Weinkellerei, Gary Ramona, hatte gegen die Therapeuten seiner 23jährigen Tochter eine Klage eingebracht, da in der Therapie herausgefunden wurde, daß sich ihre Magersucht und Depressionen aufgrund sexuellen Mißbrauchs durch den Vater eingestellt hätten.
Die Geschworenen gaben dem Vater recht, da man die mit Hilfe einer Wahrheitsdroge und Hypnose gewonnenen Erinnerungen als FMS ansah. Die beiden Therapeuten mußten 500 000 Dollar bezahlen. Seither standen in den USA Dutzende von Therapeuten in ähnlichen Prozessen vor Gericht. In einer Studie im US-Bundesstaat New York gab jeder dritte befragte Psychiater an, Patienten behandelt zu haben, die sich an satanische Rituale zu erinnern vermochten. Die Beschreibungen der Rituale sind, wie wir aufzeigten, ähnlich: Opferung abgetriebener Föten, zeremonielles Trinken von Blut und rituelle Vergewaltigung von Kindern. Andere Therapeuten gaben an, daß sie Personen mit angeblichen UFO-Entführungserlebnissen behandelt haben.
Aufgrund dieser Umfrageergebnisse berichtete das deutsche Nachrichtenmagazin *Der Spiegel*, daß sich zumindest in diesen

Fällen das Gedächtnis in erstaunlicher Weise kneten ließ. Wir wollen nun einen Blick auf die FMS-Foundation werfen und dabei Erstaunliches zu Tage bringen, was vielen Medienvertretern bisher entgangen ist.

Sollten so, wie von uns aufgrund vieler Indizien vermutet, militärisch-geheimdienstliche *Mind-Control-* und PSYWAR-Spezialisten in satanische Ritualmißbrauchsfälle und UFO-Entführungsfälle verwickelt sein, würde es einen Sinn ergeben, wenn man *alle* Fälle durch kompetente Fachleute in der Öffentlichkeit und der Presse verleugnen läßt.

Bei der Betrachtung der Mitglieder der FMS-Foundation wird man fündig. Das Gründungsmitglied Dr. Martin Orne arbeitete für die CIA und die Navy als Verhaltensforscher zur *MKULTRA*-Zeit. Gegenwärtig ist Dr. Orne am Experimental Psychiatry Laboratory der Universität von Pennsylvania angestellt. Er ist ein Spezialist in Hypnose, religiösen Kulten und *Mind-Control.*

Dr. Orne wurde 1960 von der vom CIA ins Leben gerufenen Human Ecology Fund an der Cornell-Universität finanziert. Der Human Ecology Fund wurde auch von dem in Kapitel II erwähnten *Mind-Control*-Spezialisten Dr. Even Cameron benützt. Diese Spezialisten führten Lobotomie-, Drogen-, Elektroschock-, Hypnose-, Schlafentzug- und elektronische *Mind-Control*-Experimente an unwissenden Patienten durch. Der *Mind-Control*-Forscher John Marks bekam Dokumente von der CIA frei, aus denen Dr. Ornes Interesse an Dämonologie, Hexerei, Voodoo und Parapsychologie für CIA-Studien ersichtlich ist.[17,18]

Eine andere Psychiaterin der FMS-Foundation besitzt eine ähnliche Vergangenheit wie Dr. Orne. Dr. Margaret Singer studierte die Verhaltensänderung an heimgekehrten Kriegsgefangenen des Koreakrieges am Walter Reed Army Institute in Maryland. Andere Unterstützer der FMS-Hypothese sind die *Mind-Control*-Spezialisten Dr. Robert Lifton und der im Januar 1999 verstorbene Dr. Jolyon West. Dr. Lifton war einer der Gründer des von der CIA vorgeschobenen Human Ecology Funds. Dr. West ging in die Geschichte ein, als er einen Elefanten durch eine Überdosis LSD tötete. Bei genauer Recherche erkennt man, daß die tragen-

August 22, 1961

Martin T. Orne, M.D., Ph.D., Director
Harvard Medical School
Department of Psychiatry
Studies in Hypnosis Project
74 Fenwood Road
Boston 15, Massachusetts

Dear Martin:

I am sending to thee a special delivery; one halo, pure gold, one pair of wings which you can try on for size, and a credit card for use in the hereafter.

Your article is of course excellent. Upon receipt of your letter, I immediately called Middendorf and he informed me before I could even broach the subject that they would of course grant your request for reprints. Some day I am going to have myself examined and find out why I do not consider these matters before I embarass my friends.

By the way, I will be at the APA meetings Friday and Saturday, September 1 and 2. Then I have to whip back here and head south. If at all possible, I will hold up at the Biltmore. If you and Ron are anywhere in the vicinity, let us sit down and yak at each other. I am not overlooking the fact that our meeting at Cambridge with yourself and Ron sort of crystallized an idea in my mind.

I had a wonderful month's vacation in Canada, Toronto, Ottowa, Quebec City, Murray Bay, St. John, New Brunswick and home. We particularly like the french country. My wife's native language is French, although she speaks Italian, English, and German as well. I find that with her along the red carpet is literally rolled out, and we see corners of the back country where they would set the dogs on me if I happened to turn up alone.

Thank you tremendously. Hope to see you at the APA. My best regards to Ron.

Sincerely yours,

G. H. Estabrooks

GHE:er

Abb. 27: Der Traumaarzt Dr. Colin Ross fand private Briefe aus den sechziger Jahren, die vom MKULTRA/CIA-Hypnosespezialisten Dr. George Estabrooks verfaßt wurden und an das FMS-Foundation Gründungsmitglied Dr. Martin Orne gerichtet waren. Aufgrund des Inhaltes sieht man, daß sich die beiden Mediziner auch privat bestens verstanden.

den Säulen der FMS-Foundation aus vielen ehemaligen *Mind-Control*-Spezialisten der CIA und Militärpsychiatern bestehen. Ein weiteres Gründungsmitglied der FMS-Foundation, Dr. Ralph Unterwager vom Institute for Psychological Therapies in

Northfield, Minnesota, verteidigte in einem Amsterdamer Pädophilenmagazin pädophile Neigungen.[3] Außerdem sagte er dem *Londoner Observer* am 12. Dezember 1993, daß es wissenschaftliche Untersuchungen gibt, daß 60 Prozent von sexuell mißbrauchten Mädchen die bei der Vergewaltigung aufgetretenen Gefühle als gut bezeichneten und daß dies auch für Buben, die von Pädophilen mißbraucht wurden, zutreffen könnte. Nach diesen Aussagen mußte das ehemalige Gründungsmitglied der FMS-Foundation seine Organisation verlassen.

Die FMS-Foundation würde sich aufgrund ihrer Verwicklungen mancher Mitglieder in frühe *Mind-Control*-Projekte der CIA bestens eignen, Therapeuten oder Betroffene, die Symptome von künstlich hervorgerufenen multiplen Persönlichkeiten oder künstlich erzeugte Deckerinnerungen haben, zu diffamieren und ihr Leiden auf das FMS zurückzuführen, damit die Hintermänner diverser Projekte geschützt werden. Es soll natürlich nicht der Eindruck erweckt werden, daß *alle* wiedererlangten Erinnerungen der Wahrheit entsprechen. Doch sollten die militärisch-geheimdienstlichen Verbindungen der strikten Gegner von durch Traumata verdrängten Erinnerungen zum Nachdenken anregen.

5 *Halluzinogene Drogen: Von Trancereisen, Dämonen, Elfen und anderen nicht-menschlichen Wesen*

Religiöse Gruppen, Schamanen, Medizinmänner, Hexen, okkulte Zirkel und Geisterbeschwörer verwendeten und erforschten bewußtseinsverändernde Drogen, seit es die Menschheit gibt. Die Hexen des Mittelalters verwendeten z. B. Schierling und bestimmte Pilze, um sich in Trance zu versetzen und außerkörperlich durch die Lüfte zu reisen.[19]

Ähnliche Berichte gibt es von Schamanen, die sich durch Meditation und Drogen in Ekstase versetzen und mental in andere Realitäten reisen. Schamanen sind Meister der Ekstase, ein Geisteszustand, der nur für ihn begreifbar ist und für jeden in der Nähe befindlichen Beobachter die Symptome eines Geisteskranken

aufweist. In diesem Zustand geht der Schamane auf außerkörperliche Reisen, erlebt himmlische und höllische Begebenheiten, trifft fremdartige, nur für ihn wahrnehmbare Wesen und hat ähnliche wie von Remote Viewern beschriebene Erlebnisse.
Voodoo-Priester auf Haiti sind ebenfalls Spezialisten in Trancereisen, auf Traumata beruhenden *Mind-Control*-Techniken und halluzinogenen Drogen wie dem sogenannten Zombiepulver, das Amnesie und einen leblosen Zustand bei seinen Opfern auslöst. Ein Teil dieses Pulvers besteht aus der sehr psychoaktiven Droge, welche aus der Pflanze Datura Stramonium gewonnen wird.
Magie, Dämonologie und Drogen gehen parallel einher. Die Zulu-Hexendoktoren in Basutoland, Afrika, benützen Drogen und Traumata, um bewußtseinskontrollierte Zombiesklaven, sogenannte *Tokoloshes*, zu erzeugen.[20] Ähnliche Verfahren finden sich im Satanismus wieder. Die okkulte Welt benützt seit langem halluzinogene Drogen und durch Rituale erzeugte Traumata zur Kontrolle von Menschen.
Mit Beginn der ersten *Mind-Control*-Experimente begannen sich die Geheimdienste ebenfalls für halluzinogene Substanzen zu interessieren. Die CIA finanzierte Dr. Bucher von der Harvard-Universität über das Army Surgeon Generals' Office mit über 150000 Dollar, damit er Drogen erforschen konnte, die bei Menschen psychologische Kontrolle bewirken.
Diese Forschungen begannen 1947 am Bethesda Naval Hospital in Maryland. Anhand von Dokumenten, die durch das FOIA-Gesetz an die Öffentlichkeit gelangten, weiß man, daß unter anderem das Mount Sinai Hospital, das Boston Psychopathic Hospital, die Universitäten von Illinois, Michigan und Minnesota, das Valley Forge General Hospital, die Detroit Psychopathic Clinic und das Letterman Hospital in Presido Experimente und Forschungen mit halluzinogenen Drogen durchführten. Das amerikanische Militär führte drogengestützte Hypnoseexperimente an der Army Chemical School in Ft. McClellan, Alabama, und am Edgewood Chemical Center durch. In Edgewood arbeiteten der berüchtigte Dr. Green und acht deutsche *Paperclip*-Ärzte.[21]

55-8

[redacted]

2 pages

DEPARTMENT [redacted]

January 26, 1956

[redacted]

Gentlemen:

The undersigned would like to apply for a yearly grant beginning February 1, 1956, for $2,750.00 for a research project to be carried out in the Department of [redacted]

The purpose of the study is to discover the pharmacological effects of certain groups of compounds prepared by Dr. [redacted] and associates of the Department of [redacted] In other words, we want to take a further step into the most basic aspects of pharmacology—biochemorphology, or the relation of chemical structure and physical properties of new chemical compounds to biological activity. We propose to test the following compounds:

a. Various synthetic isoquinoline derivatives.
b. Heterocyclic compounds containing two or more ring systems.

It is highly desirable to accumulate pertinent data on all these types of new compounds for the treatment of disease as well as for the advancement of science itself.

These compounds will be tested on the:

a. Central nervous system.
b. Autonomic nervous system.
c. Sensory nerves.
d. Sensory nerve ends.
e. Somatic motor neurones.

This classification, of course, includes drugs such as those producing hallucinations, tranquilization, sedation, anesthesia, adrenergic and cholinergic effects, and general and local analgesia. In addition, the compounds will be tested as to their effect on the smooth muscle itself and on possible antagonism to histamine.

[redacted]

Abb. 28: Im MKULTRA/CIA-Subprojekt 55 wurden verschiedene Drogeneffekte am menschlichen Zentralnervensystem, dem autonomischen Nervensystem, den Sinnesorganen und der Motorik von Menschen untersucht. Unter diesen Drogen befanden sich auch solche, die Halluzinationen, Emotionen, Gedächtnisverlust… hervorriefen.

[redacted]

[redacted]

TSS has developed, and has under continuing study, a number of procedures for influencing and predicting human behavior by chemical and psychological means. These techniques have both defensive applications (such as defense against interrogation and effects of isolation) and offensive applications (use of psycholochemicals to control or discredit an individual). They also may be useful in agent evaluation and in other ways.

b. Limitations

Much of this work involves pioneering in little-understood aspects of psychology. Testing of certain techniques on humans is difficult and, in some cases, impossible.

c. Objectives

Continue study in the field and make the findings available on a strictly-controlled, need-to-know basis.

10. [redacted]

a. [redacted]

(1) [redacted]

(2) [redacted]

b [redacted]

[redacted]

c. [redacted]

(1) [redacted]

(2) [redacted]

[redacted]

Master Sergeant James Stanley wurde für solche Drogenexperimente 1958 in Fort Knox, Kentucky, mißbraucht. Stanley erinnerte sich, daß er an einem Tisch saß und ihm ein Arzt im weißen Labormantel zwei Gläser mit einer klaren Flüssigkeit überreichte. Der Arzt teilte ihm mit, daß es Wasser sei und er es trinken solle. Etwas später wurde sein Kopf von schrecklichen Visionen geplagt, und sein Körper schien durch Raum und Zeit zu gleiten. In Wirklichkeit befand sich eine LSD-Lösung in dem Glas.

Nach drei Experimenten wurde Sergeant Stanley einer Gehirnwäsche unterzogen, damit er sich an nichts mehr erinnern sollte. Kurz nach diesen Experimenten erhielt Stanley eine Deckerinnerung, die ihn glauben ließ, er stehe neben einem Fluß. Anhand von freigegebenen FOIA-Dokumenten weiß man, daß Dr. Green die Idee hatte, solche psycho-chemischen, psychedelischen Substanzen den Einwohnern von gegnerischen Ländern über die Nahrungskette in geringen Dosen zu verabreichen, damit diese Halluzinationen, Konzentrationsstörungen und Depressionen bekommen sollten.

Infolge dieser Forschungen wurden mehr als 700 verschiedene Drogen und deren Effekte untersucht. Einige spezielle Drogen verursachen folgende Symptome:[20]

1. Versetzung in tranceähnliche Zustände.
2. Verstärkung von Traumata.
3. Umgehung von manchen Persönlichkeitsstrukturen bei Personen mit gespaltenen Persönlichkeiten durch andere Drogeneffekte.

Abb. 29: MKULTRA/CIA-Dokument, in dem die Verwendung von Drogen im Zusammenhang mit streng geheimen Feldstudien bei Isolationsexperimenten und Verhören diskutiert wird. Interessant ist die Bemerkung, daß bewußtseinsverändernde Chemikalien nicht nur zur Kontrolle einer Person, sondern auch zum Diskreditieren des Experimentes verwendet werden können. Der Fall von Michelle legt es nahe, daß man mit Hilfe solcher Drogen geheime Experimente als UFO-Entführungserlebnis oder als Begegnung mit nicht-menschlichen Wesen tarnt.

4. Hervorrufen außerkörperlicher Erfahrungen.
5. Amnesie, Willenlosigkeit, Gefügigkeit.
6. Wahrheitsfindung in Verbindung mit anderen Drogen.
7. Erzeugung von Illusionen wie: Schrumpfen, das Verschwinden oder Wachsen der Gliedmaßen.
8. Auslösung von Persönlichkeitsspaltung.
9. Steigerung der Lernfähigkeit.
10. Veränderungen der Haut.
11. Halluzinationen, mentale Verwandlung in Tiere, mentale Begegnungen mit nichtmenschlichen Wesen usw.
12. Zustände, in denen der Konsument telepathische Fähigkeiten erlangen kann oder Stimmen hört usw.

Bei Personen mit multiplen Persönlichkeiten gibt es Persönlichkeitsstrukturen, die nach Einnehmen von Halluzinogenen keine Effekte zeigen. Es gibt Drogen, die bei manchen Persönlichkeitsstrukturen Schlafzustände verursachen, während andere Persönlichkeiten der schlafenden Person wach bleiben. Demerol wird zum Beispiel intravenös verabreicht und setzt eine Person sofort in einen Trancezustand.

1964 führte die US-Armee eine interessante Untersuchung über Hexendoktoren in Zaire, dem ehemaligen Kongo, durch. Ein freigegebenes Dokument dieser Studie trägt den Titel: »Hexerei, Zauberei, Magie und andere psychologische Phänomene und ihre Implikationen für militärische und paramilitärische Operationen im Kongo.«[22]

In diesem Bericht werden Gegenmaßnahmen für Einsätze besprochen, bei denen der Gegner durch magischen Schutzzauber und magische Getränke geschützt wird. Im Bericht wurde unter anderem angeführt, daß Soldaten, die mit angeblichem Schutzzauber versehen waren, keine Angst vor ihren Gegnern zeigten, während die Verteidiger bis in die hohen Ränge Angst vor der Zauberarmee entwickelten.

Diese Tatsache war für PSYWAR-Spezialisten sehr wichtig, da man Gegenmaßnahmen – sogenannte *counter-magic*-Aktivitäten – durchzuführen begann. Bei der Untersuchung der angeblichen Zaubertränke stieß man auf weitere halluzinogene Drogen und Substanzen, die man während der laufenden *Mind-Control*-Projekte weiter untersuchte und bei verdeckten Einsätzen an unwissenden Personen testete!

Mehrmals wurde in diesem Buch erwähnt, daß *Mind-Control*-Opfer, aber auch die angebliche UFO-/Militär-Entführte Michelle berichteten, daß man sie in einen mit einer Flüssigkeit gefüllten Isolationstank sperrte. In diesem Tank schwebten die Opfer völlig von der Umwelt isoliert und erlebten ähnliche Trancereisen und außerkörperliche Erfahrungen wie Schamanen oder mittelalterliche Hexen.

Unsere Recherchen führten uns zu den Forschungen von Dr. John Lilly. Dr. Lilly führte diese Isolationstanks in den fünfziger Jahren für Gehirn- und Bewußtseinsforschungen ein. Er wollte das Gehirn vom Bewußtsein trennen, indem er eine Testperson völlig von ihren Umwelteinflüssen befreite. Diese Einflüsse sind z. B. Lichter, die die Augen stimulieren, die Schwerkraft, die auf einen Körper einwirkt, Stimulierung der Haut und tiefer liegender Organe, unterschiedliche Temperaturen und Bekleidung.

Dr. Lilly stieß bei seinen Forschungen auf schallisolierte Tanks in einer Forschungskammer des National Institute of Health. Diese Tanks wurden während des *Zweiten Weltkrieges* vom Office of Naval Research zur Erforschung des Metabolismus von Marinetauchern entwickelt. Mit dem Fund dieser Tanks begann die Isolationsforschung, bei der Dr. Lilly etwas später seinen Testpersonen und sich selbst halluzinogene Drogen wie LSD verabreichte.

Interessanterweise berichtet Dr. Lilly in seinem Buch *The Deep Shelf*, daß seine Testpersonen ähnlich wie Michelle Halluzinationen bekamen.[23] Eine Testperson beschreibt zum Beispiel:

»... Ich verbrachte mindestens einige Dutzend Sessions, jede mindestens zwei Stunden, in dem Isolationstank. Die Erfahrung war sehr angenehm, und Halluzinationen wurden pausenlos wahrgenommen. Kurz nach Betreten des Tanks hatte ich wie gewöhnlich außerkörperliche Erfahrungen und zeitverzerrende Halluzinationen. Ich konnte zum Beispiel meine Hände an meinem Kopf sehen, als ob ich mich von hinten beobachtete ...«

Eine Frau berichtete von einer Begegnung mit fremdartigen Lebewesen:
»... Ich hatte meine Augen die ganze Zeit geöffnet und blickte nach oben. Ich sah grauhäutige Gesichter mit stark hervorgehobenen Augenhöhlen, Leoparden, ein schwarzes Loch ... Da war ein hoher Bogen ... eine Halle ...«
Interessanterweise experimentierte Dr. John Lilly zur Zeit der Isolationstankversuche auch mit Gehirnimplantaten. In seinem Buch *The Scientist* schrieb er, daß Anfang der sechziger Jahre Isolationstankforschungen und Experimente mit Gehirnimplantaten eine militärisch-politische Angelegenheit wurden.[24] Zu dieser Zeit tauchten immer wieder Wissenschaftler und Mediziner, die für die Armee und CIA arbeiteten, bei Dr. Lilly auf und erkundigten sich bei ihm, ob man seine Forschungen zur Gehirnwäsche oder bei Verhören anwenden könnte.
Bei sorgfältiger Kontrolle und Stimulation einer in einem Isolationstank befindlichen Testperson kann man deren Weltanschauung in eine gewünschte Richtung lenken. Schwebezustände erhöhen die Suggestionsfähigkeit einer Person enorm. Wenn man in einen Isolationstank zusätzlich unterbewußte Botschaften, visuelle oder audiovisuelle Informationen einspielt, werden diese von der Testperson voll akzeptiert. Dr. John Lilly war sich vollkommen sicher, daß Geheimdienste oder das Militär seine Forschungsergebnisse bei Verhören und für *Mind-Control*-Experimente benützten.
Die beiden Journalisten der *Baltimore Sun*, Gary Cohn und Ginger Thompson, stießen bei ihren Recherchen über lateinamerikanische CIA-Umtriebe auf Hinweise, daß CIA-Agenten mit honduranischen Offizieren, die Todesschwadrone kommandierten und Folterungen durchführten, eine sehr nahe Beziehung hatten. Sie fanden heraus, daß es CIA-Handbücher gibt, die die honduranischen Offiziere für ihre Verhöre benützten.[25]
Im Mai 1994 stellte die *Baltimore Sun* einen FOIA-Antrag, um Informationen über diese Handbücher zu erhalten. 1996 gab die CIA einige relevante Dokumente und ein 1963 verfaßtes Verhörhandbuch mit der Bezeichnung KUBARK Counterintelligence Interrogation frei.

I. CONTINUATION OF STUDIES ON HYPNOSIS AND SUGGESTIBILITY

A. Preliminary clinical research during 1955-56 has yielded promisin leads in terms of knowledge of how hypnotizability can be influenc by pharmacological means. Several drugs have been identified that apparently are effective in speeding the induction of the hypnotic state, and in deepening the trance that can be produced in given subjects. These observations remain to be confirmed through studi of larger numbers of normal subjects, and insofar as possible, quai fied. Observations have also been made of drugs that provide some degree of immunity to hypnotic influence. These investigations als require considerable elaboration.

B. It is proposed that the experiments begun during 1955-56 involving hypnotizability, suggestibility, and the roles of certain drugs in altering these attributes, be continued and extended during 1956-67.

II. NEW STUDIES ON THE NATURE OF HYPNOSIS, SUGGESTIBILITY, AND TRANCE-LIKE STATES

A. Experiments involving altered personality function as a result of environmental manipulation (chiefly sensory isolation) have yielded promising leads in terms of suggestibility and the production of trance-like states. There is reason to believe that environmental manipulations can affect the tendencies for dissociative phenomena to occur. Isolation, in particular, can markedly change the individual's response to suggestion in the form of verbal communication.

B. It is proposed that new experiments utilizing special environmental manipulations, including sensory isolation, be begun with a view to-

NOTICE

Abb. 30: In diesem ARTICHOKE/CIA-Dokument aus den fünfziger Jahren ist ersichtlich, daß man mit bestimmten Drogen oder Isolations-Experimenten die Hypnotisierfähigkeit einer Person beeinflussen kann. Es ist deshalb naheliegend, daß die von Militärs verhörten Personen vor den Verhören solche Drogen oral oder injiziert verabreicht bekommen.

In diesem Handbuch werden, wie von Dr. John Lilly vermerkt, Isolationstanks für Verhöre von gefangenen Spionen empfohlen. In dem Handbuch werden sogar einige Isolationstankexperimente wie folgt beschrieben:

»... Zwei Subjekte wurden in einen Warmwassertank völlig eingetaucht. Das Wasser strömte langsam und hatte eine Temperatur von 34,5 Grad Celsius. Beide Subjekte trugen *Black-Out-Masken*, die den ganzen Kopf umfaßten und nur das Atmen zuließen. Der Geräuschpegel wurde herabgesetzt, so daß die Testpersonen nur ihre eigene Atmung wahrnahmen. Keine der beiden Testpersonen blieb länger als drei Stunden in dem Tank. Beide bekamen einen unstillbaren Hunger nach Wahrnehmungen ... sie begannen zu phantasieren und entwickelten visuelle Eindrücke, die Halluzinationen entsprachen ...«[26]

Nachdem die Testpersonen aus dem Isolationstank geholt wurden, hatten sie kein Zeitempfinden mehr. Nach dieser Prozedur erkennt eine Person den, der sie verhört, als eine Art Vertrauensperson an, da sie sich nach einem menschlichen Kontakt sehnt. Ein Fragesteller wird so zu einem beruhigenden ersehnten Gegenüber. Durch einen kurzzeitigen Isolationstankaufenthalt erhält man die gleichen Symptome, als wenn man einen Gefangenen mehrere Wochen oder Monate lang in Isolierungshaft sperrt.

Die in Kapitel I vorgestellte Michelle ist mit großer Wahrscheinlichkeit ein solches Versuchskaninchen. Da Michelle neben ihren militärischen Erlebnissen auch angebliche UFO-Entführungserlebnisse aufweist, befragten wir den Leiter des MUFON-*Abduction-Transcription*-Projektes (MATP) Dan Wright, ob er ähnlich gelagerte Fälle in seinen Daten hat.[27]

Beim MATP wurden bis zum Sommer 1997 906 Hypnosemitschriften von 256 separaten UFO-Entführungsfällen auf ihre Gemeinsamkeiten untersucht. In diesen 256 Fällen beschreiben 42 Personen traumatische Begegnungen mit irdischem Militärpersonal und solche wie in *Verdeckte Operationen*[4] geschilderten Erlebnisse und Kidnappings zu militärischen Stützpunkten.

Zwei Personen aus Dan Wrights Studie erzählten, daß sie in zylinderförmige, mit einer Flüssigkeit gefüllte Behälter gesteckt wurden. Drei beschrieben Tanks, und zwei Entführte gaben an, daß sie von den angeblichen UFO-Insassen gezwungen wurden, die in den Behältern befindliche Flüssigkeit einzuatmen. Dan Wrights Fälle berichten nicht von außerkörperlichen Erfahrungen oder Halluzinationen. Zwei von sieben Personen mit Tank-Erlebnissen berichten auch, daß sie von irdischem Militärpersonal gekidnappt wurden. Diese militärischen Kontakte fanden angeblich zu einem anderen Zeitpunkt statt.

Die in unserem Buch *Verdeckte Operationen*[4] vorgestellte UFO-/Militär-Entführte Lisa (Pseudonym) erinnert sich bewußt an ein militärisches Kidnapping in einer Untergrundforschungsanlage. Bei diesem Erlebnis sah sie mehrere Menschen in Flüssigkeitstanks. Sie wurde ebenfalls in einen Tank geworfen, der mit einer schäumenden goldgelben Flüssigkeit gefüllt war.[28]

Bei diesem unfreiwilligen Bad wurde sie von anderen Personen, die sich außerhalb des Beckens befanden, beobachtet. Diese Erinnerungen sind für Lisa sehr traumatisch, da man sie zwang, die Flüssigkeit einzuatmen. Die beiden Entführten aus Dan Wrights Studie wurden ebenfalls komplett in die Flüssigkeit getaucht und gezwungen, diese zu atmen. Ähnliches berichtet die UFO-Entführte Kim Carlsberg in ihrem Tagebuch.[29] Auch sie wurde von angeblichen UFO-Insassen gezwungen, die in einem Tank befindliche Flüssigkeit zu trinken und darin zu atmen. Bei diesem traumatischen Vorhaben erlebte sie außerkörperliche Erfahrungen.

Bei Experimenten zur Atmung von Flüssigkeiten würde unter anderem die Marine profitieren. Die ersten Forschungen für das Atmen von Flüssigkeiten wurden von Dr. J. Kylstra Mitte der siebziger Jahre durchgeführt.[30] Dr. Kylstra war ein Psychologe an der State-Universität von New York. Er reicherte Salzwasserlösungen mit Sauerstoff an, so daß er Mäuse bis zu 18 Stunden durch das Atmen dieser Flüssigkeit am Leben erhielt. Er stellte seine Versuche für die US-Marine an und arbeitete in Kompressionskammern. Im Laufe der Jahre wurden die Techniken im Tierversuch verbessert. Anfang der neunziger Jahre gelang es Wissenschaftlern, Hunde bis zu zwei Stunden in einer Flüssigkeit am Leben zu erhalten. Nach diesen bizarren Tierversuchen kann man spekulieren, ob man gegenwärtig Tests mit Menschen durchführt. Ein Entführungsopfer aus Dan Wrights Studie beschreibt ein ähnliches Szenario in einem angeblichen UFO folgendermaßen:

»... Oh, es ist Wasser. Wie soll ich atmen? Kann ich darin atmen? Sie stecken etwas in meine Nase ... Es tut weh, ich mag es nicht. Nun berührt mich einer von ihnen. Er berührt meinen Vorderkopf, und es hört auf zu schmerzen ... Da ist dieses Ding in meiner Nase, und ich kann dadurch atmen. Ich befinde mich innerhalb eines Behälters ... Es ist Wasser darin, wie in einem Schwimmbad ... Ich kann durch die Wände sehen. Es kommt mir vor, als ob ich mich sehr schnell bewege ... Oh! Einer steht außerhalb des gläsernen Behälters. Er erzählt mir, daß die Beschleunigung der Grund sei, warum ich in der Flüssigkeit bin ... irgendwas mit der Schwerkraft ... bewege mich sehr schnell.«[27]

Bei diesem unter Hypnose erinnerten Tankerlebnis wurde die Betroffene nicht gezwungen, in der Flüssigkeit zu atmen. Ihr wurde etwas in die Nase gesteckt, damit sie in der Flüssigkeit atmen konnte. Ihre Beschreibung ist den von Dr. John Lilly verwendeten Atmungsmasken für seine Isolationstank-Experimente sehr ähnlich.[24]

Wenn diese Person wirklich wegen der sehr hohen g-Kräfte eines beschleunigten UFOs in dem Tank war, stellt sich die Frage, wieso die angeblichen UFO-Insassen diese Kräfte außerhalb solcher Behälter aushielten. Es ist durchaus möglich, daß man dieser Person mit suggestiven Botschaften von außerhalb des Tanks die hohen g-Werte als Grund ihres Tankaufenthaltes in ihr Bewußtsein einsuggerierte.

Viele Erlebnisse von Personen mit angeblichen UFO-Entführungserlebnissen sind den Geschichten von überlebenden *Mind-Control*-Opfern bis auf das Aussehen ihrer Experimentatoren sehr ähnlich. Unter den von den Geheimdiensten und Militärs getesteten Drogen befinden sich auch solche, bei denen der Konsument

vermeintliche, auf geistiger Basis beruhende, für ihn sehr reale Begegnungen mit kleinen elfenartigen, den beschriebenen UFO-Insassen sehr ähnlich sehenden kleinwüchsigen Wesen hat.[31]
Solche Drogen sind die Halluzinogene Dimethyltryptamine (DMT), Psilocybin und eine von den Schamanen des südamerikanischen Regenwaldes benützte Droge namens Ayahuasca. Diese Drogen wurden von unabhängigen Forschern und Psychologen der CIA ausführlichst wegen möglicher quantenphysikalischer Verbindungen mit dem Bewußtsein studiert.
Bei der 1983 über Bewußtsein und Quantenphysik stattgefundenen Lilly-/Goswami-Konferenz am Esalen-Institut präsentierte der Halluzinogenspezialist Terence McKenna einen Vortrag mit dem Titel: »Tryptamine, Halluzinogene und Bewußtsein«. Bei diesem Vortrag betonte er, daß bei diesen Drogen die Halluzinationen völlig real erscheinen, weil sich die Substanzen auf den visuellen Cortex des Gehirns konzentrieren. Der Konsument wird *eins* mit den phantastischen Landschaften und Gebieten, in denen er auch auf kleine Wesen trifft, die man als Elfen oder als die in der UFO-Literatur beschriebenen kleinen grauen, großköpfigen Außerirdischen deuten könnte.
Laut McKenna sind diese virtuellen Gebiete für den Menschen komplett fremdartig und beschreiben ähnliche Szenarien wie in dem Film *The Wizard of Oz*. Er bemerkt auch, daß Angstzustände, die durch die Droge DMT verursacht werden, beim Konsumenten ein Trauma auslösen können.[32]
Die kleinen elfenartigen Wesen scheinen mit dem Bewußtsein des DMT-Konsumenten zu kommunizieren. Sie teilen ihm mit, daß er nicht traurig sein soll, oder daß er sie nicht beobachten soll. Ähnlichkeiten zur Kommunikation mit angeblichen UFO-Insassen sind durchaus angebracht.
DMT-Konsumenten behaupten, daß diese Wesen Bilder telepathisch in ihr Bewußtsein implantieren. Viele der von Personen mit angeblichen UFO-Entführungserlebnissen beschriebenen *Otherworldly Journeys* sind den durch diese Drogen erlebten Phantasien sehr ähnlich.[4] Manche DMT-Konsumenten berichten, daß sie nach der Einnahme dieser Halluzinogene durch ein

großes oranges, rotierendes, blütenähnliches Tor schritten und danach eine bizarre Landschaft und fremdartige Wesen wahrnahmen. Oft durchschreiten sie mental auch helle Tore, um danach in dieses geheimnisvolle Elfenreich transferiert zu werden.[33]
Viele dieser Beschreibungen erinnern an die Elfenmythen keltischer Sagen. Es ist durchaus möglich, daß keltische Druiden mit Hilfe von Halluzinogenen durch Trancereisen in solche Zauberwelten übertraten. In einer kurzen Zusammenfassung sollen fünf übliche Phasen, die DMT-Konsumenten bei unterschiedlichen Experimenten erlebten, beschrieben werden.
1. Die anfänglichen Symptome: DMT-Konsumenten beschreiben, daß sie nach Einnahme dieses Halluzinogens eine Veränderung des Raum-/Zeitgefühles wahrnehmen. Die Perspektive von Räumen verändert sich, und sie können nah und fern nicht mehr unterscheiden. Nahe Objekte wurden von den Testpersonen noch näher wahrgenommen. Weiter entfernte Objekte befinden sich anscheinend noch weiter von den Personen weg. Andere, nicht in Trance befindliche Personen werden ebenfalls in Bewegung wahrgenommen, obwohl sie sich im Raum ruhig verhalten.
2. Eintritt in den DMT-Zustand: Im Laufe der Zeit verändern sich die Farben. Die neuen Farben sind hell, intensiv und anregend. Alle matten Farben verschwinden. Gegenstände beginnen zu leuchten, geradlinige Objekte fangen an, sich zu verformen, und scheinen ein Eigenleben zu entwickeln. Danach formen sich Korridore, in denen sich Türen öffnen und schließen. Einige Konsumenten geben an, daß sie zu diesem Zeitpunkt wußten, daß sie zu einem unbekannten Ort befördert werden. Die Reise in den DMT-Zustand wird oft als Tunnelphase wahrgenommen. Viele DMT-Konsumenten beschreiben tunnelähnliche Schläuche oder Lichttunnel, in denen sie in den DMT-Zustand transformiert werden.
3. Der DMT-Zustand: Die Realitätstransformationen und die offensichtlichen Halluzinationen enden. Danach glauben die Konsumenten, daß sie sich in einer anderen Welt, einer anderen Realität befinden – ihre *Otherworldly Journey* ist beendet. Die Kon-

sumenten beschreiben seltsame Maschinen, Gebäude und Wesen, die für sie völlig real sind.
4. Das DMT-Universum: Oft weiß der Konsument nicht, ob er die Augen offen oder geschlossen hält. Es gab Fälle, bei denen die Testperson glaubte, daß sie sich verwandelte. Sie gab an, daß sich ihre Körperformen veränderten oder die Körperhaare zu wachsen begannen. Solche durch Drogen hervorgerufenen Wahrnehmungen könnten bei mittelalterlichen Werwolflegenden eine bedeutende Rolle gespielt haben. Die für unsere Thematik interessantesten DMT-Erlebnisse beinhalten aber elfenähnliche humanoide Wesen, die als Außerirdische wahrgenommen werden. Ein DMT-Konsument berichtete zum Beispiel von so einer Begegnung folgendermaßen:
»... Alles, was ich von diesem Zustand weiß, sind die außerirdischen Wesen. Sie starrten mich an und untersuchten mich. Ich glaube, ich durfte sie auch untersuchen ...«
Solche Begegnungen, die UFO-Entführungserlebnissen nicht unähnlich sind, wurden von DMT-Konsumenten mehrmals berichtet.
5. Die DMT-Realität: Wenn der Konsument völlig in dem DMT-Zustand gefangen ist, nimmt er diese fremdartigen Wesen wahr. Manche DMT-Testpersonen beschrieben, daß sie mit diesen Wesen kommunizierten.
Punkt (5) ist für den Vergleich mit UFO-Entführungserlebnissen von besonderer Bedeutung, da die DMT-Konsumenten und Personen mit UFO-Entführungserlebnissen nach einer Realitätstransformation von ähnlichen Begegnungen berichten. Die Testperson Zarkov berichtete zum Beispiel nach Inhalieren von 40 bis 50 Milligramm DMT über die folgende Begegnung mit den fremdartigen humanoiden Wesen:
»... Ein schweres Gefühl überkam meinen Körper. Es war, als ob ich mit einer sehr hohen Beschleunigung in einer großen Rakete nach oben flöge. Mein visuelles Blickfeld löste sich in phantastische Farben auf ... Danach sah ich mehrere Wesen, die sich vor einem Kontrollpult bewegten. Die Sicht war nicht klar. Mir kam vor, als ob ich sie durch einen Bildschirm beobachtete. Die Wesen

Abb. 31: Solche Szenarien erlebten viele Menschen, nachdem sie die halluzinogene Droge Dimethyltrypatomine (DMT) einnahmen. In diesem veränderten Bewußtseinszustand beschrieben sie für sich durchaus reale Begegnungen mit Wesen, die sie als Außerirdische bezeichneten. Diese Wesen sehen den in der UFO-Forschung bekannten kleinen Humanoiden und den in der Folklore beschriebenen Elfen sehr ähnlich (© Jonesy).

waren menschenähnlich und sahen den gigantischen insektenähnlichen Kreaturen, die ich unter dem Einfluß von Strophariapilzen wahrnahm, nicht ähnlich ...«[34]

Die menschenähnlichen Wesen werden meistens als elfenähnlich beschrieben. Die Maschinen erinnern Zarkov an Kristalle und Metalle. Alle DMT-Konsumenten, die vollkommen in dieses Universum eintauchten, meinten, daß die fremdartigen Wesen und deren Umgebung vollkommen real waren.

Die durch Halluzinogene wie DMT oder LSD hervorgerufenen Trancereisen erinnern stark an die in *Verdeckte Operationen*[4] behandelten *Otherworldly Journeys* zu phantastischen Planeten, Orten oder unterirdischen Reichen, wie sie auch in der irdischen Mythologie und Folklore beschrieben werden. Meistens betreten angebliche UFO-Entführte diese Orte nach Durchschreiten oder Durchfliegen einer Lichtbarriere, eines Tunnels oder eines großen höhlenähnlichen Hohlraumes. Am Ende der Reisen befinden sich fremdartige Städte oder märchenhafte kristalline Gebilde, nicht-menschliche Wesen und manchmal auch bekannte Personen.

Nach dieser kurzen psychedelischen Exkursion sollte jedem Leser klargeworden sein, daß man durch halluzinogene Substanzen ähnliche Erlebnisse hervorrufen kann, wie sie von Personen mit angeblichen UFO-Entführungserlebnissen berichtet werden. Im Anschluß versuchen wir, den aufgeschlossenen Lesern eine auf diese Erkenntnis aufbauende Hypothese zu präsentieren, die möglicherweise sehr viele UFO-Entführungserlebnisse erklären kann und aufzeigt, wie einfach es ist, identische UFO-Entführungserlebnisse bei unterschiedlichen Personen künstlich hervorzurufen.

6 *Künstlich hervorgerufene UFO-Entführungserlebnisse*

In diesem Buch soll erstmals aufgezeigt werden, wie einfach es ist, künstlich ein ähnliches UFO-Entführungserlebnis an unterschiedlichen Personen hervorzurufen. Eine Pionierarbeit auf diesem Gebiet gelang in den letzten 20 Jahren dem Englischprofessor Dr. Alvin H. Lawson und dem Hypnosearzt Dr. W. C. McCall. Beide Forscher führten am Anaheim-Hospital in Kalifornien eine sogenannte UFO-Entführungsstudie an *imaginären* UFO-Entführungsopfern durch.[35]

Bei dieser Studie hypnotisierte Dr. McCall 16 zuvor auf ihr UFO-Wissen getestete Personen und rief an ihnen, ohne suggestiv einzuwirken, künstliche UFO-Entführungserlebnisse hervor. Die Testpersonen durften sich nicht für UFOs oder ähnliche Phänomene interessieren und wurden unter Hypnose das erste Mal mit dieser Thematik konfrontiert. Jeder Person wurden die folgenden neun Fragen gestellt und die frei erzählten Antworten mit einem Tonband aufgenommen. Interessanterweise erhielten Dr. Lawson und Dr. McCall von beinahe allen 16 Teilnehmern kaum von angeblich *realen* UFO-Entführten zu unterscheidende Antworten. Beide Wissenschaftler nahmen anfänglich an, daß jeder imaginäre UFO-Entführte unterschiedliche Geschichten erzählen wird.

Alle Testpersonen beschrieben mehrere detaillierte Szenarien, wie sie auch in realen UFO-Entführungsfällen beschrieben wurden. Diese Details sind: kleine fötusähnliche humanoide Wesen, Lichttunnel, das Durchdringen von Wänden und festen Gegenständen, apokalyptische Botschaften und vieles mehr. Bei der Untersuchung bezüglich der Ähnlichkeit zwischen den künstlich hervorgerufenen und angeblich realen UFO-Entführungserlebnissen stießen Dr. Lawson und Dr. McCall auf die während der sechziger Jahre durchgeführten LSD-Studien von Dr. Stanislav Grof. Dr. Grof untersuchte zu dieser Zeit mit Hilfe von halluzinogenen Drogen Geburtstraumata seiner Patienten.

Mittlerweile sind die beiden Forscher zu der Ansicht gelangt, daß die *Mehrheit* von UFO-Entführungserlebnissen spontan wiedererlebte Geburtstraumata sind. Durch diese imaginären UFO-Entführungen wurden aufgrund des Hypnosezustandes die in jedem Menschen tief im Unterbewußtsein verborgenen traumatischen Erinnerungen an den Geburtsvorgang geweckt.[36] Die von Dr. Alvin Lawson ausgearbeiteten Fragen bezüglich seiner Studie lauteten:

1. Stellen Sie sich vor, Sie sehen ein unbekanntes Flugobjekt – beschreiben Sie es!

Alle Testpersonen fühlten, daß das UFO sie beobachtete. Viele reale UFO-Entführte beschreiben ebenfalls, daß sie sich von den Außerirdischen beobachtet fühlten. Eine Testperson sah eine plazentaförmige, surrende Scheibe über ihrem Kopf schweben. Diese imaginären UFOs ähnelten flachen Scheiben, die von außen wie eine Plazenta aussehen. Innerhalb des vermeintlichen UFOs beschrieben die Testpersonen die Räumlichkeiten als rund. Ähnlich wie ein Fötus den Mutterleib wahrnimmt.

2. Stellen Sie sich vor, Sie befinden sich plötzlich an Bord des unbekannten Flugobjektes – wie sind Sie hineingekommen?
Dieses Erlebnis kann als symbolische Wiedergeburt betrachtet werden. Viele angeblich reale UFO-Entführte betrachten dieses Erlebnis sogar als ein solches. Einige Testpersonen wurden durch zylinderförmige Schläuche nach oben in das UFO gezogen. Dabei durchdrangen sie den festen Boden des imaginären

Abb. 32: Diese Zeichnung illustriert eine Trancereise des Ogalala-Sioux-Schamanen Black Elk aus dem 19. Jahrhundert. Nach einer kurzen Meditation und einer Einnahme von halluzinogenen Drogen erfuhr Black Elk eine durch einen Schutzvogel geleitete Himmelsreise in einem tunnelartigen Lichtstrahl, der in ein UFO-ähnliches Teepee mündet. Dort traf er eine Gruppe von Himmelswesen, die er als weise Großväter beschrieb. Danach erlebte der Schamane eine traumatische Zerstückelungszeremonie. Nachdem er spirituell wiedergeboren wurde, kehrte er auf einer UFO-ähnlichen Wolke vom Himmel zurück (© Dr. Alvin Lawson).

Flugobjektes. Alle diese UFO-Eingänge oder Ausgänge waren vaginalförmig, außer die Testperson hatte einen Kaiserschnitt oder eine Zangengeburt.

Es ist interessant, daß Schamanen und andere Mystiker eine symbolische Wiedergeburt als *Zerstückelung* erleben, die in den Höhepunkt von sogenannten Trancereisen mündet. Diese Visionen sind in vielen Varianten von vielen Völkern überliefert. Der Schamane erlebt in seinem erweiterten Geisteszustand, wie er von wilden Tieren, Ahnengeistern, der *Tiermutter* oder ähnlichen Geisterwesen zerstückelt wird. Dabei wird einigen Berichten zufolge sein Fleisch gekocht, die Augen werden aus den Höhlen, die Knochen aus den Gelenken gerissen und ähnliches mehr. Am Ende der Prozedur erfolgt das Zusammenfügen der Einzelteile – die sogenannte *Wiedergeburt* als Schamane.

3. Sie befinden sich innerhalb des unbekannten Flugobjektes – was sehen Sie?

Alle Testpersonen beschrieben das Innere ihres UFOs als großen runden Raum mit seltsamen Geräuschen, die als Echo des Pressens vor der Geburt erklärt werden können. Die Wände wurden wie das gewölbte Innere einer Gebärmutter beschrieben. Sie hatten das Gefühl zu schweben, was als Schwimmen des Fötus in der Gebärmutter gedeutet werden kann. Diese fötalen Erinnerungen decken sich mit den Erfahrungen, die das Ungeborene durch das Gehen, Schwimmen und Turnen der Mutter machte.

4. Stellen Sie sich vor, Sie sehen einige Wesen in dem unbekannten Flugobjekt – wie sehen diese Wesen aus?

Welche Wesen die Testpersonen auch beschrieben (Mensch, Tier, Roboter, exotische Formen...), im gebärmutterähnlichen UFO sind die *Aliens* immer ähnlich wie ein Fötus. Aus diesem Grund meint Dr. Lawson, daß es zwischen den Beschreibungen der Wesen durch imaginäre und reale UFO-Entführte sehr große Ähnlichkeiten gibt. Daher scheint auch die mentale Bindung zwischen diesen Wesen und den angeblichen Entführten erklärbar zu sein.

Interessanterweise beschreibt Dr. Grof ebenfalls sechs Wesenstypen, die seinen LSD-Testpersonen beim Wiedererleben ihrer Geburtstraumata begegneten.[36] Dieselben Typen fanden sich auch bei angeblichen UFO-Entführten wieder und können folgendermaßen beschrieben werden:

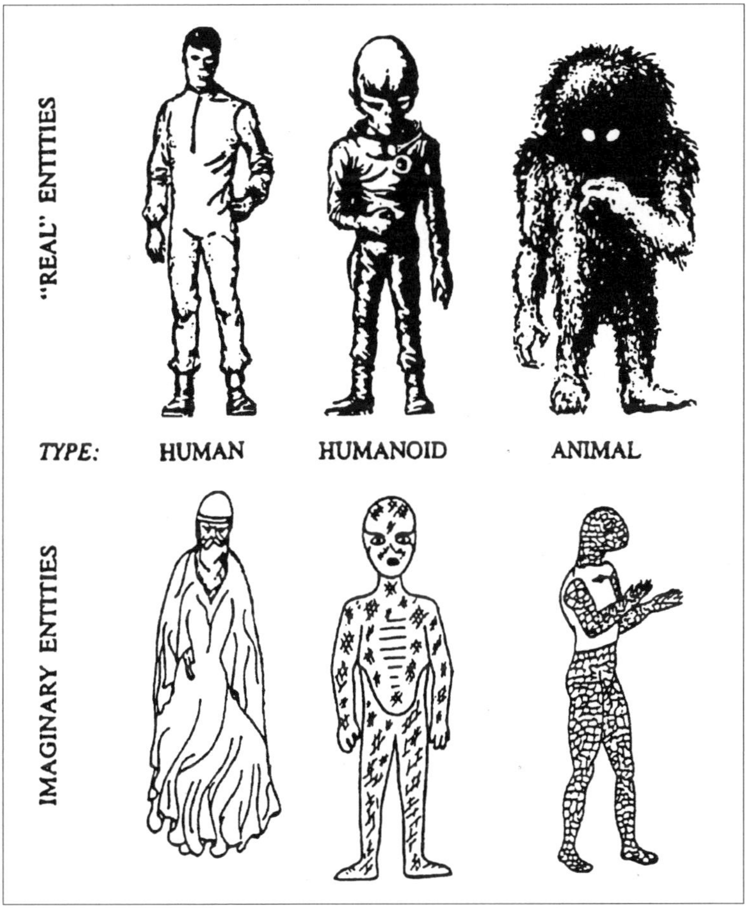

Abb. 33: Diese Zeichnung vergleicht drei UFO-Wesen, die während angeblich realer UFO-Entführungen beobachtet wurden (oben), mit den Wesen von drei imaginären UFO-Entführten (unten) aus Dr. Alvin Lawsons Studie (© Dr. Alvin Lawson).

a) Menschen.
b) Humanoide.
c) Tierische Wesensformen.
d) Roboter.
e) Exotische Wesen.
f) Erscheinungen oder Formwandler.

Exotische Wesen, tierische Wesensformen, Roboter oder Formwandler könnten durch den Einfluß von Fernsehen, Filmen, Comics und Folklore vom Unterbewußtsein aufgenommen worden sein und sich beim Wiedererleben eines Geburtstraumas einfinden. Geschieht diese durch äußere Einflüsse verursachte Kontaminierung nicht, bleiben fötusähnliche Wesen zurück. Daß reptilienartige Wesen in Dr. Grofs und Dr. Lawsons Studien aber auch bei angeblich realen UFO-Entführungen sehr oft wahrgenommen werden, führt Dr. Lawson auf die in vielen Menschen sitzenden Urängste vor Schlangen und Echsen zurück.

5. Stellen Sie sich vor, diese Wesen untersuchen Sie – was geschieht mit Ihnen?

Die Untersuchungen, die LSD-Testpersonen und Dr. Lawsons imaginäre UFO-Entführte beschrieben, scheinen auf die Handlungen zurückführbar zu sein, die im Kreißsaal nach der Geburt am Neugeborenen durchgeführt werden. Diese Untersuchungen können Überprüfungen der Körperöffnungen, Untersuchungen oder das Abgreifen der Genitalien sein, Bäder, Abtrocknen, Herumreichen, Anstarren, Blutabnahmen, bis zum Verabreichen von Medikamenten. Zwei Testpersonen konnten sich an nichts mehr erinnern, da ihre Mütter aufgrund der starken Schmerzen während des Geburtsvorganges schmerzstillende Mittel verabreicht bekamen. Diese Medikamente lösten bei den Babys eine Amnesie aus.

Andere imaginäre UFO-Entführte aus Dr. Lawsons Studie und Dr. Grofs LSD-Testpersonen beschrieben, daß sich die Finger der Untersucher kalt und feuchtklebrig anfühlten. Diese Erinnerungen können auf Gummihandschuhe, wie sie von Ärzten verwendet werden, zurückgeführt werden. Die Untersuchungsvorgänge an den imaginären UFO-Entführten waren ebenfalls sehr traumatisch und emotionell, obwohl sie keine wirklichen UFO-Entführungserlebnisse aufwiesen. Dr. Lawson ist der Meinung, daß diese Untersuchungen durch die für das Neugeborene traumatischen Erinnerungen der nachgeburtlichen Untersuchungen und Handlungen im Krankenhaus erklärbar sind, wobei er sich auf die Parallelen mit Dr. Grofs Geburtstraumastudie beruft.

6. Die Wesen teilen Ihnen eine Botschaft mit – was sagt diese Botschaft aus, und wie erhalten Sie die Botschaft?

Die Kommunikation erfolgte nicht verbal, sondern emotional und symbolisch. Es stellte sich eine Bindung zwischen den *Aliens* und den imaginären Entführten ein. Der *Alien* stellt eine Art Mutterfigur dar. Manche Testpersonen erhielten von den imaginären *Aliens* ähnlich wie bei angeblich realen UFO-Entführungen apokalyptische Botschaften vermittelt.

7. Wurden Sie von diesem Erlebnis berührt?

Für einige Testpersonen war das Erlebnis ein emotionaler Höhepunkt. Für Personen, die keine gute Kindheit hatten, blieb die Bindung zwischen *Alien*/Mutter und dem Betroffenen aus.

8. Rückkehr zum Ausgangspunkt der imaginären Entführung und Ende der Hypnosesitzung.

Die Testpersonen erwachten aus der Hypnose mit einem positiven oder negativen Bindungserlebnis. Manche der in Hypnose Entführten konnten nach der Sitzung nicht mehr unterscheiden, ob sie eine reale oder eine imaginäre UFO-Entführung erlebten. Eine Testperson war aufgrund der Untersuchungen im imaginären UFO völlig erschrocken. Andere beklagten sich über die Kälte, die die Wesen ausstrahlten. Andere wiederum verspürten eine mütterliche Wärme. Die guten oder negativen Bindungsgefühle zu den imaginären Wesen waren für die Beteiligten das unvergessenste Erlebnis nach der Studie.

Da Dr. Lawsons Ergebnisse von den renommierten UFO-Entführungsforschern[37,38,39] aus unverständlichen Gründen ignoriert oder als oberflächlich abgetan wurden, veröffentlichte er im Internet die komplette Analyse inklusive der Hypnosemitschriften von vier Testpersonen.

Die wichtigsten Punkte, auf die Dr. Lawson und Dr. McCall ihre Hypothese stützen, sind:
1. Beschreibung von Föten oder embryonalen Wesen.
2. Beschreibung vieler Details, die von UFO-Entführungsforschern nicht publiziert wurden.
3. Eine mögliche archetypische Verbindung zwischen Geburtsvorgängen und UFO-Entführungsdaten verbindet den Fötus mit dem UFO-Entführungserlebnis, die diskusförmige Plazenta mit dem UFO, die wirbelähnlichen Öffnungen mit UFO-Eingängen, die Nabelschnur mit Lichtstrahlen, Tunnels ...

Dr. Lawson und Dr. McCall bemerken außerdem, daß die von ihnen aufgestellte *Birth Memory Hypothesis* (BMH) durch zwei ihrer imaginär Entführten aus folgenden Gründen bestätigt wurde. Eine Studie von UFO-Entführten, die eine Kaiserschnittgeburt erlebten, ergab, daß diese Personen keine Tunnelerlebnisse aufwiesen. Tunnel und Lichtstrahlen wurden nur von *vaginal* geborenen UFO-Entführten beschrieben.

Eine Analyse von imaginär UFO-Entführten, die Problemgeburten aufwiesen (Zangengeburten, Zwillinge, Müttern, denen schmerzstillende Mittel verabreicht wurden ...) scheinen die BMH außerdem zu unterstützen.[35,40] Eine der Testpersonen beschrieb, daß sie mit einer zangenförmigen Vorrichtung in das imaginäre UFO gehoben wurde. Dr. Lawson überprüfte bei dieser Person den Geburtsvorgang und fand heraus, daß sie eine Zangengeburt durchgemacht hatte.

Einen ähnlichen Fall schilderte der Dipl.-Phys. Illobrand von Ludwiger bei der MUFON-CES Tagung 1997 in Reutlingen.[41] Er zeigte zur Belustigung der Anwesenden eine Zeichnung, die laut Beschreibung eines angeblichen UFO-Entführungsopfers ange-

Abb. 34: Dieses Bild repräsentiert den Horror eines Geburtstraumas, der während einer LSD-Sitzung von einem Patienten von Dr. Stanislav Grof wiedererlebt wurde. Der hilflose, zerbrechliche Fötus hängt von einem großen domförmigen Hohlraum an seiner Nabelschnur. Die für das Ungeborene destruktiv erscheinenden Einflüsse der Gebärmutter werden als gigantische Klauen und vogelähnliche Monster symbolisiert.

fertigt wurde und den Entführten auf einer von einem UFO ausgefahrenen Zange hängend zeigte. Leider konnte man bei diesem Fall nicht überprüfen, ob der angebliche UFO-Entführte ebenso wie Dr. Lawsons Testperson eine Zangengeburt erlebt hatte. Die BMH von Dr. Lawson würde solche Fälle jedenfalls erklären.

Besonders interessant ist die zuvor angesprochene Verbindung von Erlebnissen, die durch halluzinogene Drogen verursacht werden. Eine der größten Ähnlichkeiten zwischen Dr. Grofs LSD-Geburtstraumastudien und UFO-Entführungserlebnissen ist das Schweben in einem Lichtstrahl nach oben. Zu diesem Zeitpunkt wurden Dr. Grofs Testpersonen und Dr. Lawsons imaginäre UFO-Entführte mit dem vermeintlichen Erlebnis *eins*.[35,36]

Ähnliche Reisen in den Himmel beschreiben auch Schamanen bei ihren Trancereisen. Eine weitere interessante Parallele zu Dr. Grofs LSD-Testpersonen ist die Wahrnehmung von großen gewölbten Räumen mit bullaugenförmigen Fenstern. Dr. Grof schreibt in seinem mittlerweile vergriffenen Buch *Realms of the Human Unconscious: Observations from LSD Research*[36] über die Erfahrungen seiner LSD-Testpersonen mit geistigen Erlebnissen in anderen Universen und über die Begegnung mit deren Einwohnern folgendes:

»...Die seltsamen *Alien*-Welten, die LSD-Konsumenten entdekken und erfahren, scheinen eine eigene Realität, die von unserem Kosmos abgespalten ist, zu besitzen. Diese Realitäten scheinen in einer anderen Dimension, die mit unserem Universum koexistiert, zu existieren. Ein Individuum kann Wesen begegnen, die bizarre Erscheinungsformen aufweisen und mit unverständlichen Naturgesetzen operieren. Sie scheinen intelligente Wesen zu sein, deren emotionale Charakteristiken keine Ähnlichkeit mit menschlichen haben. In vielen Sitzungen berichteten LSD-Testpersonen von Kontakten mit fliegenden Untertassen und anderen Typen außerirdischer Raumschiffe. Manchmal glaubten die Testpersonen, daß diese Raumschiffe von entfernten Gebieten im Universum stammten. Andere wiederum glaubten, daß sie es mit Expeditionen von anderen Dimensionen oder parallelen Welten zu tun hatten. Solche fremdartigen Universen können kleiner oder größer als unser Universum sein und unerklärliche Energieformen beinhalten.«

Dr. Lawson ist der Ansicht, daß seine imaginären UFO-Entführten so wie Dr. Grofs LSD-Testpersonen kollektive emotionale Erinnerungen an ihre Geburtserfahrungen erlebten. Solche Erinnerungen beginnen im Mutterleib, setzen sich im traumatischen Geburtsvorgang fort und enden in einer neuen, für das Neugeborene fremdartigen Umgebung, in der andere Wesen vorhanden sind – die Geburtshelfer im Krankenzimmer.

Gute und schlechte Geburtserfahrungen manifestieren sich im Unterbewußten. Dr. Lawson und Dr. McCall vertreten die Ansicht, daß bei manchen Personen und LSD-Konsumenten diese Geburtserfahrungen als traumatische, für sie reale Rückblenden oder Tagträume an die Bewußtseinsoberfläche brechen.

Aus Platzmangel konnten wir hier nur die grundlegenden Ergebnisse von Dr. Lawsons und Dr. McCalls BMH-Studie vorstellen. Es sollte aber jedermann klargeworden sein, daß eine große Anzahl von UFO-Entführungserlebnissen, Trancereisen und anderen mystischen Erfahrungen ihren Ursprung im innersten Bewußtseinszustand haben können und infolge des gegenwärtigen *Alien*-Booms als reale UFO-Entführungserlebnisse interpretiert werden.

Da die CIA und verschiedene militärische Behörden seit den Nachkriegsjahren in Drogenexperimente verwickelt waren und sehr wahrscheinlich auch die LSD-gestützten Geburtstraumastudien von Dr. Stanislav Grof in dem an *Mind-Control*-Experimenten beteiligten Esalen-Institut unterstützten oder zumindest Bescheid wußten, liegt es nahe, daß diese Behörden den Zusammenhang zwischen halluzinogenen Drogen wie LSD, DMT etc. mit wiedererlebten Geburtserinnerungen und angeblichen UFO-Entführungserlebnissen seit den sechziger Jahren kannten.

Aufgrund dieser im tiefsten Unterbewußtsein des Menschen gespeicherten traumatischen Erinnerungen ist es besonders leicht, via Hypnose und Drogen einer unwissenden Person identische Erlebnisse einzusuggerieren. In Dr. Lawsons Studie wurden gar keine suggestiven Fragen gestellt, obwohl seine Testpersonen ähnliche Geschichten erlebten. Wenn man suggestive Fragen stellt, ist es kein Problem, diese in jedem Menschen verborgenen Erinnerungen zu wecken und die Fötusform von angeblichen Außerirdischen zu favorisieren. Wir möchten aber daran erinnern, daß die BMH nicht alle UFO-Entführungserlebnisse oder UFO-Nahbegegnungen mit fremdartigen Wesen erklären kann.

Ein Rätsel bleiben zur Zeit UFO-Nahbegegnungen, bei denen Personen angeben, daß sie fremdartige Wesen außerhalb eines UFOs sahen und keine UFO-Entführung erlebten.[42] UFO-Entführungserlebnisse, in die mehrere Personen verwickelt sind, lassen sich ebenfalls nur sehr schwer mit der BMH erklären.

Wenn man allerdings UFO-bezogene PSYWAR-Aktivitäten in Betracht zieht, könnten solche zur Zeit unerklärlichen UFO-Entführungsfälle oder Nahbegegnungen bewußter oder inszenierter Schwindel sein. Im folgenden Unterkapitel werden wir erstmals Details von militärischen Verhören präsentieren, die mit gekidnappten UFO-Entführungsopfern auf Militärstützpunkten durchgeführt wurden, und versuchen, deren Sinn zu erklären.

7 *Militärische Verhöre von Personen mit angeblichen UFO-Entführungserlebnissen*

Die meisten Personen, die vom Militär gekidnappt wurden, erinnern sich bei vollem Bewußtsein oder unter Hypnose, daß sie von Militärpersonal, Männern in Geschäftsanzügen oder Personen in weißen Labormänteln über ihre UFO-Erlebnisse verhört wurden. Diese Verhöre finden meistens in einem abgelegenen Zimmer einer unterirdischen Forschungsanlage oder einer Militärbasis statt. Die Entführten werden vor oder nach den in *Verdeckte Operationen*[4] beschriebenen Untersuchungen wie gynäkologische Analysen, Suche oder Einsetzen von Implantaten, Experimente in Isolationstanks etc. von Militärs durch Forschungsanlagen eskortiert und in einen Verhörraum gebracht. Die kanadische MILAB-Entführte Brenda (Pseudonym) beschreibt ein solches Szenario folgendermaßen:

»... Ich befand mich in einem militärischen Hangar. Ich erinnere mich, daß ich dort zwei Männer, die mit weißen Labormänteln bekleidet waren, traf. Danach wurde ich durch ein großes Tor in einen Raum, der in eine Halle einmündete, geführt. An der Mauer der Halle sah ich ein Schild mit der Aufschrift ›Kalte Stadt in der Zukunft‹. Als ich mit den beiden Männern die Halle entlang schritt, sah ich ein UFO-ähnliches Flugobjekt, konnte es aber nicht klar erkennen. Nach diesem Zwischenfall wurde ich in einen Raum, der sich in einem größeren Raum befand, gebracht und darin von zwei anderen Männern in weißen Labormänteln verhört. Diese beiden Männer waren etwa fünfzig Jahre alt. Ein Mann stand hinter mir und der andere vor mir.

Manchmal stießen sie mich an die Mauer, während sie mit mir sprachen. Ich erinnere mich, daß ich zu Tode erschrocken fragte, ob sie mich töten würden. Sie antworteten, daß sie mich auch töten könnten, wenn sie wollten. Ich erinnere mich auch daran, daß einer der Männer eine Flasche Chloroform in seiner Hand hielt und etwas davon auf ein Tuch tropfte, das der zweite Mann hielt. Danach legten sie dieses Tuch über meinen Mund, so daß ich mein Bewußtsein verlor und zu Hause wieder aufwachte. Ich konnte nicht mehr klar sehen, da ich mein Zimmer nur durch einen Nebel wahrnahm und mich schlecht fühlte. Ich fühlte mich zu dieser Zeit nicht gut, weil der Chloroformgeschmack nicht verschwand ...«[43]

Die furchteinflößenden Verhörmethoden, die Positionierung der am Verhör beteiligten Personen und die Einschüchterungsversuche sind bei militärischen Verhören durchaus üblich. Interessant ist auch die Beschreibung der verschachtelten Räume. Die in *Verdeckte Operationen*[4] vorgestellte MILAB-Entführte Debby Jordan erinnerte sich ebenfalls, daß man sie in solchen Räumlichkeiten in einer unterirdischen Forschungsanlage untersuchte. Brenda kann sich zur Zeit nicht an den Inhalt des Verhörs erinnern und möchte in Zukunft mit Hilfe von Hypnoseregressionen etwas Licht in das Dunkel bringen. Es ist eine Tatsache, daß sich die meisten MILAB-Entführten nicht an den Inhalt des Verhörs erinnern können.

Das von Brenda gesehene UFO-ähnliche Flugobjekt und der Hangar weisen darauf hin, daß das Verhör in einer geheimen Forschungsanlage eines Luft- und Raumfahrtunternehmens stattfand. Das Flugobjekt könnte eine UFO-ähnliche Drohne oder ein Modell sein, damit die Entführte meint, daß in dieser Anlage auch außerirdische Wesen tätig seien oder die Regierung außerirdische UFOs in ihrem Besitz habe. Überlebende von *Mind-Control*-Experimenten behaupten ebenfalls, solche UFO-Modelle auf Militärbasen gesehen zu haben.

Daß Forschungseinrichtungen der amerikanischen Luft- und Raumfahrtunternehmen in UFO-Entführungen verwickelt sind, beweist ein anderer sehr gut untersuchter Fall. Melinda Leslie erinnert sich seit 1993 an angebliche UFO-Entführungserlebnisse, bei denen auch Militärpersonal und Personen in weißen Labormänteln beteiligt waren. Eine Entführung ereignete sich in der Nähe der streng geheimen Luft- und Raumfahrtforschungsanlage Lancaster in Südkalifornien.[44]

Bei diesem Erlebnis waren außer ihr noch drei Freunde betroffen. Alle vier Personen fuhren mit ihrem Auto entlang des Forschungsgeländes und erinnerten sich an ein sehr helles Licht oder ein hell strahlendes Flugobjekt. Danach verloren sie ihr Bewußtsein und fanden sich einige Zeit später in ihrem Auto wieder.

Alle an dem Vorfall beteiligten Personen unterzogen sich unabhängig voneinander einer Hypnoseregression, bei der ein überraschendes Ergebnis ans Tageslicht kam. Sie berichteten, daß sie einen Mann in einer Navy-Uniform sahen, der ihre Untersuchung durch kleine graue, großköpfige, außerirdische Wesen beobachtete. Die vier erinnerten sich außerdem, daß sie kopfhörerähnliche Vorrichtungen auf ihren Köpfen spürten.

Für Melinda Leslie sollte dieses Erlebnis nicht das einzige bleiben. Sie erinnert sich mittlerweile, daß sie im November 1993 von zwei Männern in Tarnanzügen entführt und zu einer Militärbasis gebracht wurde. Die beiden Männer drangen in ihr Haus ein und verabreichten ihr eine Droge. Als sie wieder erwachte, fand sie sich so wie Brenda in einem Hangar wieder. Interessanterweise erinnerte sie sich auch an ein dreieckiges UFO-ähnliches Flugobjekt. Melinda Leslie unterzog sich einer mehrstündigen Hypnoseregression, mit deren Hilfe sie ihre Erinnerungen an das beunruhigende Erlebnis auffrischte.

Bei dieser Regression kamen ein traumatisches Verhör und andere wichtige Punkte ans Tageslicht. Melinda Leslie machte uns ihre Hypnoseaufzeichnungen zugänglich. Der erste wichtige Punkt war eine Erinnerung an einen Hangar. Sie erinnerte sich, daß ein Helikopterpilot auf sie zukam und aufgeregt fragte, was sie denn auf dieser Liege mache und daß sie sich auf militärischem Sperrgebiet befinde. In diesem Moment erschienen ein Mann in einer Navy-Uniform und zwei Männer in weißen Labormänteln, die den Piloten autoritär zurechtwiesen und ihn zu schweigen befahlen.

Dieser sehr wichtige Zwischenfall zeigt auf, daß nicht das ganze auf der Militärbasis anwesende Personal in diese illegalen Machenschaften eingeweiht war. Danach wurde sie ähnlich wie Brenda in einen Verhörraum gebracht. Melinda konnte sich an Gänge, Hallen, Überwachungskameras und Metalltüren erinnern. Im Verhörraum befanden sich ein Tisch und einige Sessel. Sie wurde gezwungen, sich in einen der Sessel zu setzen. Nun injizierte ihr ein Mann in einem weißen Labormantel eine Droge und verabreichte ihr ein seltsames Getränk. Danach fühlte sie sich *high*. Ein Mann faßte ihr an die Wangen und starrte ihr in die Augen.

Nach diesen Handlungen richteten die Männer ein Licht auf ihren Sessel, und ein Mann postierte sich hinter ihr. Kurz danach trat ein rothaariger Militäroffizier an Melinda heran und befragt sie bezüglich ihrer angeblichen UFO-Entführungserlebnisse. Seltsamerweise wollte er Informationen über UFO-Technologie. Er stellte ihr folgende Fragen:

»... Was haben sie dich gefragt? Erzähle mir von ihrer Technologie! Was teilten sie dir mit? Was fragten sie dich? Welchen Auftrag erhieltest du? Erzähl es mir, erzähl es mir, erzähl es mir ... Du weißt, du bist nicht von ihnen, du gehörst zu uns ...«[44]

Dieses Verhör war sehr traumatisch für Melinda, da sie sich nicht erinnern konnte, ob sie die Fragen beantwortete. Am Tonband kann man erkennen, daß sie der Therapeut beruhigte, als sie zu weinen und zu schreien begann. Nach diesem Verhör wurde sie vom gleichen Mann einer Gehirnwäsche unterzogen. Ein Ausschnitt aus dieser Prozedur lautet:

»... Du kannst es mir nicht erzählen, auch wenn du möchtest. Du kannst nichts mehr erzählen. Du kannst dich an nichts mehr erinnern, auch wenn du möchtest. Wir fixierten es. Versuche es nicht! Du wirst dich an nichts mehr erinnern! Das ist ein schlechter Traum. Du wirst dich an nichts mehr erinnern! Das ist ein schlechter Traum. Du warst niemals hier ... Ich existiere nicht ... Nichts von dem ist passiert ...«[44]

Obwohl Melinda Leslie unter Drogen gesetzt wurde, versuchte sie, sich der Gehirnwäsche zu widersetzen. Nach dem Verhör wurde sie von Militärpersonal durch Hallen, Gänge und Tore zurück in den anfänglich erwähnten Hangar geführt, wobei sie sich an weitere Details erinnern konnte. Im Hangar befanden sich mehrere dunkle, unmarkierte Helikopter und ein dreieckiges, unkonventionelles Flugobjekt. Anhand weiterer Erinnerungen weiß man, daß sie mit einem Helikopter nach Hause geflogen wurde.

Die in unserem Buch *Verdeckte Operationen*[4] ausführlich behandelte MILAB-Entführte Leah Haley erinnerte sich unter Hypnose ebenfalls an ein Verhör auf einer Militärbasis, nachdem man sie mit einem dunklen, unmarkierten Helikopter hingeflogen hatte. Ein Auszug aus der mit Hilfe der Hypnoseregression wiedererlangten Erinnerung lautet:

»... Ich wehrte mich, als sie mich aus dem Helikopter zerrten. Ich verstehe nicht, wieso sie mich da hineinbringen ... Es ist kalt. Männer greifen mir an beiden Seiten unter die Arme. Sie führen mich in ein Gebäude. Ich sehe Männer entlang eines Tisches sitzen, der sich in einem Konferenzraum befindet. Irgend jemand gibt mir eine Spritze in den rechten Arm. Es fühlt sich wie eine Tetanusspritze an. Die Männer in Uniform halten mich noch immer fest ... Sie sehen wie Militärs aus ... Sie haben kurze

Haare... Sie sehen nicht bekannt aus... sie zwingen mich, in einen Sessel zu sitzen... Ich bin zerstreut. Ein Mann in einer blauen Uniform steht zu meiner Rechten. Ein anderer Mann, der mit militärischen Auszeichnungen dekoriert ist, befindet sich am gegenüberliegenden Ende des Tisches... Der Mann aus dem Helikopter nennt mich eine kleine dreckige Hure... Plötzlich kommt jemand von der anderen Seite des Raumes und legt mir einen Mantel über die Schultern...«[45]

Danach erinnert sich Leah Haley an eine ähnliche Gehirnwäsche wie Melinda Leslie. Auch sie kann sich nicht mehr an die beim Verhör gestellten Fragen und Antworten erinnern.

»...Da spricht ein Mann zu mir. Er erzählt mir, daß ich nichts gesehen habe. Er ist nicht nett zu mir. Ich kann ihn nicht beschreiben, da ich ihn nur verschwommen wahrnehme. Nun bewegt er sich über meinem Kopf. Zuerst war er auf der anderen Seite des Raumes. Nun kommt er nahe an mich heran und stützt sich am Tisch ab. Er sagte mir in einem autoritären Ton, daß ich kein Raumschiff gesehen habe. ›Du hast kein Raumschiff gesehen... ...Verstanden... Du hast nichts gesehen... Du weißt von nichts... Es ist nicht dein Geschäft...‹ Eine Frau in einer blauen Uniform bringt einen Kassettenrekorder in den Raum und legt ihn auf der anderen Seite des Tisches nieder...«[45]

Der Ehemann der 1997 verstorbenen Forscherin und MILAB-Entführten Dr. Karla Turner, Casey Turner, erinnerte sich ebenfalls daran, daß er von Militärpersonal gekidnappt und auf einen Militärstützpunkt gebracht wurde. Unter Hypnose erinnerte er sich an die folgende Verhörszene:

»...Ich bin nun in einem kleinen Raum, wo ich nur drei Stück Möbel erkennen kann. Da ist ein metallener Sessel, in den ich mich setzen muß. Ich sitze nun im Sessel. Da ist auch ein einzelner Tisch im Zimmer. Ein Offizier steht neben einem zweiten Sessel und sieht mich an. Der Wächter steht außerhalb des Zimmers und schließt die Tür. Nun bin ich mit dem Offizier alleine. Es sieht aus, als ob er ein Vorgesetzter der Wache ist. Ich mag ihn nicht. Ich werde ihm keine Fragen beantworten... Ich kämpfe mit meinem Bewußtsein... Ich begehre auf und höre seine

Stimme von der Ferne: ›... Erzähle mir, erzähle mir, sage mir ...‹ Das ist alles, an was ich mich erinnere ...«[46]
Auch Casey Turner kann sich nicht daran erinnern, was er dem Offizier antwortete. Ihm fehlte trotz der Hypnoseregression die Erinnerung an die Kernszene des Verhörs. Die im ersten Kapitel vorgestellte Michelle unterzog sich im Sommer 1997 weiteren, von Dr. Kouguell durchgeführten Hypnoseregressionen, um sich an ein Verhör an einem unbekannten Ort zu erinnern. Vor der Hypnosesitzung erinnerte sie sich wie viele andere Entführte an einen langen Tisch, Männer in Geschäftsanzügen und weißen Labormänteln. Wir haben Michelles Hypnosemitschrift erhalten und konnten uns deshalb überzeugen, daß vom Hypnotiseur keine suggestiven Fragen gestellt wurden. Der interessanteste Teil dieser Mitschrift lautet:
»... Da ist eine Frau im weißen Labormantel. Ihr Name ist Sue Rhodes oder so ähnlich. Sie nennen sie manchmal Dr. Rhodes. Sie geben mir etwas zu trinken. Es schmeckt schrecklich. Ich befinde mich nun in einem Raum. Es ist wie ... Er hat keine Fenster. Es befinden sich Maschinen in dem Raum. Der Raum mit den

ELECTROMAGNETIC FIELD

An alternating current in a Solenoid coil suspended around a subject's head, has been reported to distrub, confuse and cause a sensation of lights flashing at the rate of alternation.

Q 1. Could such effect be obtained by A.C. of practicable strength, if the coil were concealed beyond the room's walls?

Q 2. If the alternations were at the rates at which flashing lights may convulse a sensitized subject (see FLICKER), would these sensations-of-light be strong enough to give the same effect as actual lights?

These questions seem worth investigation--at a low priority.

Abb. 35: Auf dieser Seite eines ARTICHOKE-Handbuches aus den fünfziger Jahren wird eine Versuchsanordnung beschrieben, bei der elektromagnetische Felder blitzlichtartige Effekte in der Wahrnehmung eines Menschen verursachen. Bei dieser Mind-Control-Technik werden Wechselströme durch solenoidförmige Spulen, die um den Kopf der Versuchsperson angeordnet sind, durchgeschickt. Michelle beschrieb unter Hypnose eine genau gleiche Versuchsanordnung inklusive von Lichteffekten.

Maschinen… Es ist nicht sehr hell. Ich kann meine Arme nicht bewegen… Ich verspüre einen Druck im Kopf… Viele Blitzlichter… Blitzlichter… meine Augen schmerzen… Plötzlich hört es auf zu schmerzen…«[47]

Danach sagt Dr. Kouguell, daß sie sich auf die ursprünglichen Erinnerungen bezüglich des Verhörs konzentrieren solle.

»…Da sind Mäntel, Labormäntel. Labormäntel und leichte Überzüge. Sie wollen Antworten. Sie wollen Antworten von mir… Sie fragen mich: ›Von woher kommen sie?… Von woher kommen sie?‹ Ich antwortete: ›Sie kommen von uns.‹… Sie befragen mich über die Außerirdischen, den Grauen…, aber ich durfte ihnen nichts über die *Anderen* erzählen…«[47]

Michelle erinnerte sich, daß sie sich in einem irdischen Gebäude oder einer Forschungsanlage befand und nicht in einem UFO. Sie glaubt, daß ihre Verhörer viel mehr Antworten von ihr wollten. Außerdem sah sie noch zwei weitere Personen, die von den Männern in den weißen Labormänteln befragt wurden. Michelle meint außerdem, daß die Männer in den Labormänteln besorgter wirkten als die Personen in den Geschäftsanzügen. Nach dieser Regression glaubt sie, daß sie nicht zum ersten Mal ein solches Verhör erlebte. Sie erinnerte sich besonders an den weiblichen Arzt mit dem Namen Dr. Rhodes. Nach dieser Hypnosesitzung teilte Michelle uns mit, daß ihr drei Dinge rätselhaft blieben:[47]

1. Die Tatsache, daß sie nur über die Grauen sprechen konnte, nicht aber über die *Anderen.* Sie hat keine Ahnung, wer die Anderen sind. Nebenbei kann sie sich so wie die anderen MILAB-Entführten nicht an die Antworten und genauen Fragen während des Verhörs erinnern.
2. Daß sie auf die Frage, woher sie kommen, mit von uns antwortete, obwohl sie eine andere Meinung bezüglich dieser Frage hat.
3. Sie entdeckte eine andere Bekannte unter den beiden Personen, die außer ihr verhört wurden. Diese Bekannte war aber um einige Jahre jünger, als sie gegenwärtig ist.

Nach der Hypnosesitzung kontaktierte Michelle ihre Bekannte und beschrieb ihr, an was sie sich erinnern konnte und wie sie aussah. Es stellte sich heraus, daß sie ihre Bekannte genauso beschrieb, wie sie vor etwa zwanzig Jahren aussah. Die Frisur und sogar die Ohrringe wurden wiedererkannt, obwohl Michelle ihre Bekannte erst seit drei Jahren kennt. Diese hat keine Erinnerung an ein Verhör mit Michelle. Eine unabhängige Hypnosesitzung mit Michelles Bekannter befindet sich in Vorbereitung. Würde sich diese unter Hypnose ebenfalls an das Verhör erinnern, wäre dies eine Überraschung und würde den Fall noch interessanter machen.

Die in *Verdeckte Operationen*[4] vorgestellte MILAB-Entführte Lisa (Pseudonym) erlebte ähnliche Verhöre durch Militärpersonal. Im August 1993 hatte sie ein UFO-Entführungserlebnis, dem ein militärisches Kidnapping und ein Verhör im Freien und etwas später auf einer Militärbasis folgte. Lisa erinnert sich an folgendes Ereignis:

»... Ich wurde von den Militärs verhört und herumgestoßen. Ich war am Boden und hatte meine Hände über meinem Kopf verschränkt. Ein Mann stößt mich und hält mich nieder. Männer in grünen militärischen Kleidern befragen mich, während andere in schwarzen militärischen Uniformen im Hintergrund bei den Militärfahrzeugen standen. Sie sagten immer wieder, daß ich ihnen mein Wissen geben soll. Sie sagten: ›Unter allen Umständen. Verstehst du!‹ ...«[48]

Auch Lisa konnte sich nicht daran erinnern, was die Militärs von ihr wissen wollten oder was sie ihnen zur Antwort gab. Am 17. Dezember hatte sie eine weitere Rückblende eines Verhörs auf einer Militärbasis.

»... Die Soldaten waren sehr grob zu mir ... Ich sagte, daß sie mit dem Stoßen aufhören sollten. Danach brachten sie mich in ein Büro ... Ein Mann stand hinter meinem Sessel. Er trug grüne militärische Kleider ohne ein Namensschild oder militärische Abzeichen ... Er begann, mir Fragen bezüglich meiner Erlebnisse mit den Außerirdischen zu stellen. Es schien, als ob er nicht wußte, wie die Menschen reagieren würden, wenn man die UFO-Angelegenheit der Öffentlichkeit mitteilte. Ich erzählte ihm, daß viele Menschen es akzeptieren würden und andere niemals ...«[48]

Bei einem weiteren Verhör traf sie abermals auf denselben Mann. Dieser Mann sagte zu ihr, daß sie der Schlüssel zum Verständnis sei.

»... Er sagt, es sei in meinem Kopf. Es muß abgerufen werden, da ich der Regierung gehöre... Es standen bewaffnete Männer in grünen Uniformen neben mir. Männer in schwarzen Uniformen standen dahinter. Ich mußte mich in einen seltsam geformten Sessel setzen. Ein Mann in grünen Militärkleidern berührte mich vorne und seitlich am Kopf. Er sah aus, als ob er wegen mir frustriert sei ...«[48]

Wir könnten solche mittlerweile gesammelten militärischen Verhöre von Personen mit UFO-Entführungserlebnissen noch weiter fortführen. Es gibt auch viel mehr angebliche UFO-Entführte, deren Erinnerungen irdische Komponenten aufweisen. Seit unseren Forschungen in bezug auf militärische Verwicklungen in UFO-Entführungen und unseren weltweiten Publikationen zu dieser sensiblen Thematik erfuhren wir, daß es viel mehr UFO-Entführungsfälle gibt, die eine irdische militärische Komponente aufweisen, als einige weltweit bekannte UFO-Entführungsforscher behaupten.

Jedermann kann sich überzeugen, daß Budd Hopkins, Prof. David Jacobs und Prof. John Mack in ihren Büchern diesen Aspekt jahrelang verschwiegen, obwohl auch sie solche Fälle unter ihren Klienten haben oder hatten. Diese Einblicke wurden erst möglich, seit die Betroffenen selbst ihre traumatischen Erinnerungen niederzuschreiben und zu publizieren begannen. Es kann sich jeder Leser überzeugen, daß man in jedem Buch, das ein Betroffener selbst verfaßt hat, Hinweise auf militärische Verwicklungen, oftmals in Randbemerkungen, finden wird. Wir werden an einer anderen Stelle des Buches auf die Problematik des bewußten Verschweigens oder Herabspielens von militärischen Verwicklungen in UFO-Entführungen genauer eingehen.

Es sollte aber jedermann mittlerweile klargeworden sein, daß es bei diesen Verhören einen springenden Punkt gibt. Dieser Punkt ist die Tatsache, daß die Betroffenen über den genauen Inhalt des

Verhörs, die detaillierten Fragen und deren Antworten keine oder fast keine Erinnerungen haben und man diese auch mit Hilfe von Hypnose nicht lösen kann. Im Gegensatz dazu können sie sich teilweise unter Hypnose sehr gut an ihre Entführungen, die Militärbasen, die Räumlichkeiten und an die an den Verhören beteiligten Personen erinnern.
Die Sätze »Es ist in meinem Kopf. Es muß abgerufen werden« erinnern an ein verborgenes geheimes Wissen, das den zu verhörenden Personen entrissen oder bei ihnen abgerufen werden soll. Es soll ein Geheimnis entdeckt werden. Diese Vorfälle und Befragungen erinnern eindeutig an die in Kapitel II vorgestellten, von Dr. George Estabrooks entworfenen Prozeduren zur Befragung von geheimen hypno-programmierten persönlichkeitsgespaltenen militärischen Kurieren oder Spionen.[49,50,51] Im Anschluß wollen wir erstmals versuchen, dem Sinn solcher Verhöre auf den Grund zu gehen.

8 *Hinweise, daß Personen mit angeblichen UFO-Entführungserlebnissen auf militärischen Basen für geheime Einsätze ausgebildet werden*

Wenn man nach dem Sinn solcher militärischen Verhöre von Personen, die anscheinend UFO-Entführungserlebnisse erlebten, forscht, erkennt man die Gemeinsamkeiten mit den in Kapitel II beschriebenen Psycho-Agenten. Es stellt sich die Frage, ob MILAB-Entführte neben militärischen Experimenten auch zu MPD-hypno-programmierten Spionen ausgebildet werden. Die Verhöre sind identisch mit den von Dr. George Estabrooks geschilderten Abrufvorgängen von geheimen Kurieren.[49,50]
Eine genaue Recherche bei MILAB-Entführten weist tatsächlich in eine solche Richtung, die wir nun anhand einiger Beispiele erstmals verdeutlichen möchten. Die in *Verdeckte Operationen*[4] ausführlich behandelte MILAB-Entführte Katharina Wilson erhielt in der letzten Dezemberwoche von 1996 Rückblenden, in denen sie sich selbst und Militärpersonal, das der Luftwaffe an-

gehörte, sah. Sie vermerkte diese Erinnerungen in ihrem Tagebuch, obwohl sie damit nichts anfangen konnte.

»... Einige von ihnen trugen keine Uniform, da wir neue Rekruten waren. Es war eine große Gruppe, und wir wurden von einer kleineren Gruppe, bestehend aus Kommandopersonen, unterwiesen. Ich erinnere mich, daß ich vor diesen Personen salutierte ... Wir befanden uns in einem Auditorium, und ich stellte fest, daß nur wenige in unserer Gruppe professionelle Soldaten waren. Wir waren Zivile, die von der kleineren Kommandogruppe unterwiesen, inspiziert und begrüßt wurden ... Ich glaube, daß ich eine Prüfung machen mußte. Ich wollte eine gute Arbeit verrichten und ein guter Soldat sein ...«[51]

Drei Monate später hatte sie eine weitere Rückblende, wo sie junge Soldaten in einer blauen oder grauen Uniform und weibliche Soldaten in einer schwarzen Uniform sah. Ihre Aufzeichnungen setzten sich wie folgt fort:

»... Ich gehe nun über einige Stiegen zu einem anderen Platz innerhalb der Barackensiedlung. Ich sehe zwei oder drei weibliche Soldaten in schwarzen, enganliegenden Uniformen. Sie tragen keine Insignien an ihren Uniformen. Ich denke, daß ich auch so eine Uniform tragen werde. Wir scheinen neu zu sein. Da sind einige andere Frauen und einige Stufen, die nach oben führen. Wir gehen nach oben und ich falle her ... verdammt! ... Ich habe mir meine Haut an den Knien abgeschürft und blute. Ich setze mich auf eine Art Tribüne innerhalb eines großen Raumes mit einigen anderen weiblichen Soldaten und einigen Kommandeuren ... Sie sprechen mit uns, aber ich kann mich an nichts mehr erinnern ... Befehle ... Vorschriften ... Ich habe sehr viel zu lernen ... sehr viel zu tun ...«[51]

Katharina Wilson glaubt, daß dieses *militärische Training* wirklich stattfand, da die Rückblenden sehr real waren. Weil sie keine Abschürfungen am Körper fand, glaubt sie, daß dieses für sie unerklärliche Ereignis zu einer früheren Zeit stattfand. Im November 1997 drang ein weiteres interessantes Erinnerungsfragment an ihre Bewußtseinsoberfläche:

»... Ich befand mich in einer militärischen Schule. Eine junge

Frau zeigte mir einen Schlafraum, den ich während meines Aufenthaltes benützte. Wir standen beide in dem Raum, der mir zugeteilt wurde. Ich teilte ihr mit, daß ich mich an nichts mehr erinnern kann... Ich kann mich an nichts mehr erinnern und bin sehr verwirrt. Es scheint nicht überzeugend zu sein, daß ich hier gelebt und studiert habe. Ich erinnere mich an eine ebene weiße Mauer, an deren oberem Ende sich rechteckige Fenster befanden... Draußen schien die Sonne... Als nächstes saß ich an einem Tisch, der sich auf einem offenen Platz befand... Ich hatte das Gefühl, als ob ich mich in einem Turnsaal aufhielte... Ich hatte reguläre USAF-Pullover an und trug ein USAF-Handbuch bei mir. In diesem Handbuch befanden sich alle Dienstvorschriften... Ich mußte auf Computerpapier einen Test ausfüllen.
Während ich diesen Test ausfüllte, kam eine Frau auf mich zu und sagte: ›Schau auf die Dreißig.‹ Diese Zahl legte die Haarlänge fest, und ich fuhr mir durch die Haare und dachte, meine sind zu lang. Danach beschäftigte ich mich wieder mit dem Test... Mir wurde unwohl, da ich nun wußte, daß ich der Luftwaffe angehörte... Ich war nervös, weil ich nicht wußte, was meine Zukunft hergab...«[51]

Diese traumatischen Träume, Erinnerungen oder Rückblenden ergeben nur einen Sinn, wenn Katharina Wilson in ihrer Jugendzeit zu einem persönlichkeitsgespaltenen hypno-programmierten Psycho-Agenten oder zu einem geheimen Kurier ausgebildet wurde. Eine solche Ausbildung würde auch ihre *verlorenen Zeitabschnitte*, die sie UFO-Entführungen zuschreibt, erklären. Katharina A ist eine gewöhnliche Studentin und Hausfrau und weiß nicht, daß eine andere Persönlichkeit von ihr eine von der Luftwaffe erzeugte hypno-programmierte Psycho-Agentin ist.

Wie es scheint, ist Katharina in den letzten Jahren keiner festigenden Hypnoseprogrammierung unterzogen worden, so daß die Erinnerungen der verschiedenen künstlich erzeugten Persönlichkeiten wieder miteinander zu verschmelzen beginnen. Solche Symptome wurden von Therapeuten, die ehemalige Opfer des *Monarch-Mind-Control*-Projektes unter ihren Patienten haben, ebenfalls festgestellt.[52,53] Aufgrund ihrer vielen MILAB-Erinnerungen ist es sehr wahrscheinlich, daß man ihre UFO-Entführungserlebnisse als Deckerinnerung zum Schutz vor Katharina B.s Erinnerungen mit Hilfe von Drogen und Hypnose in ihr Bewußtsein einprogrammierte. Aus diesem Grund erinnert sich Katharina A zeitweise an UFO-Entführungserlebnisse.

Wenn Katharina Wilson nur ein Einzelfall wäre, könnte man diese Hypothese verwerfen. Sie ist aber bei weitem nicht die einzige MILAB-Entführte, die möglicherweise vom Militär oder einem Geheimdienst für geheime Einsätze oder Kurierdienste nach einer Leitlinie des Dr. George Estabrooks ausgebildet wurde.

Die UFO-Entführte Kim Carlsberg beschrieb in ihrem 1995 erschienenen Buch *Beyond my Wildest Dreams* Erlebnisse und Tagebuchaufzeichnungen, die auch in diese Richtung weisen.[54] Sie stammt aus einer typischen zerrütteten Ehe aus dem Mittelwesten der USA. Ihr Vater hatte Alkoholprobleme und verursachte deshalb Ehekrisen am laufenden Band. Sie beschreibt ihre Kindheit als eine pure Hölle, da ihr Vater im Laufe der Zeit auch gewalttätig wurde. Er schlug ihre Mutter und sperrte die Kinder in ihr Zimmer. Aus diesem Grund entwickelte sie eine multiple Persönlichkeit. Innere Stimmen teilten ihr mit, daß ihre Eltern gut, aber nicht so weit entwickelt sind wie andere Menschen.

Innere Stimmen sind ein mentaler Schutz und treten bei Personen, die an MPD leiden, sehr oft auf. Als Kim mit ihrem Psychologiestudium begann, fand sie selbst heraus, daß sie eine multiple Persönlichkeit besaß. Anfang der neunziger Jahre begann sie sich an typische UFO-Entführungserlebnisse zu erinnern. Am 30. August 1992 drangen traumatische Rückblenden an ein militärisches Kidnapping an ihre Bewußtseinsoberfläche. Bei dieser Erinnerung wurde sie, so wie viele andere UFO-Entführte, in eine militärische Untergrundbasis gebracht. Sie erinnerte sich an einen Automaten, der einem Fahrkartenautomaten ähnlich sah und am Eingang eines Gebäudes, das am Hang eines Berges lag, angebracht war.

Beim Eingang zur Basis verlor sie das Bewußtsein. Nachdem Kim ihr Bewußtsein wiedererlangt hatte, erinnerte sie sich an eine Untersuchung und an eine Vorhalle, in der viele Menschen aufgeregt herumliefen. Einige Zeit später fand sie sich wie Katharina Wilson in einem Auditorium mit vielen anderen Personen wieder. Ein Mann stand im Zentrum und schien Fragen zu beantworten. Sie erinnerte sich an eine farbige Frau in einer militärischen Uniform, die zu ihr sagte: »Du wirst für etwas ausgebildet!« Danach kann sie sich an nichts mehr erinnern. Neben anderen MILAB-Rückblenden und Isolationstankerlebnissen gibt es auch ein Ereignis, das auf einen geheimen Kurierdienst hinweist.

Therapeuten von ehemaligen *Mind-Control*-Opfern fanden Hinweise, daß ein Großteil des Lebens von solchen Personen gestellt und manipuliert wird. Kim Carlsbergs Erlebnisse scheinen ebenfalls in diese Sparte zu passen. Sie gibt an, daß sie nach den ersten wegen ihrer angeblichen UFO-Entführungserlebnisse durchgeführten Hypnosesitzungen komplett von der *New-Age*-Bewegung vereinnahmt wurde. Sie gibt wie viele andere Personen mit UFO-Entführungserlebnissen vor, in dieser aus gutgläubigen Menschen bestehenden Bewegung ernst genommen und verstanden worden zu sein. Kim fand heraus, daß viele Personen, die an UFOs glauben, in esoterische Praktiken verwickelt sind und paranormale Fähigkeiten ohne kritisches Hinterfragen akzeptieren.

Da die UFO-Entführungserlebnisse von Kim Carlsberg auch parapsychologische Phänomene beinhalteten, begann sie auch an das *Channeling* zu glauben. Unter diesem Begriff versteht man das Empfangen telepathischer Botschaften von anderen Wesensformen und Geistern. Es ist der moderne Ausdruck von Medienkommunikation. Dieses gutgläubige Umfeld war für ein Ereignis, bei dem Kim möglicherweise als geheimer Kurier tätig war, sehr wichtig.

Eines Tages erhielt sie von einer *Freundin* eine Anzeige über eine Channelingkonferenz in Athen, Griechenland. Sie nahm die Anzeige mit nach Hause und verschwendete anfänglich keinen Gedanken daran, nach Griechenland zu fliegen, da die Reise zu teuer war. In der folgenden Nacht begann sie zu träumen, daß sie eine schöne Zeit mit Freunden in Griechenland verbringen würde. Am folgenden Tag bekam sie einen unerwarteten Scheck mit der Post. Daraufhin suchte sie die Werbeanzeige und holte unter der angegebenen Telefonnummer jede Information bezüglich dieser Konferenz ein.[54]

Sie war plötzlich wie besessen davon, nach Griechenland zu fliegen. Eine Frau am anderen Ende der Leitung teilte ihr mit, daß sie noch an diesem Tag 500 Dollar für die Konferenz anzahlen müßte. Diese Summe war für Kim jedoch zu hoch, so daß sie das Ganze wieder vergessen wollte. Als sie die Post holte, lag abermals ein Scheck, diesmal jedoch im Werte von einigen tausend Dollar, in dem Briefkasten. Interessanterweise war ihr der in New York befindliche Absender jedoch unbekannt und auch über das Telefon nicht erreichbar. Kim beschrieb ihr Gefühl nach Erhalt dieses Schecks folgendermaßen:

»... Ich fuhr ganz langsam und verwirrt nach Hause. Es gab eine Million Dinge, die ich mit diesem Geld machen wollte. Ich wußte, eine höhere Macht war an der Arbeit und wollte, daß ich nach Griechenland zu dieser Konferenz flog. Ich wollte sie nicht behindern oder ihre Pläne ändern. Ich rief den Reiseveranstalter an und buchte den Flug ...«[54]

Da Therapeuten von *Mind-Control*-Opfern ähnliche Fälle unter ihren Patienten haben, darf man spekulieren, ob hinter der höheren Macht, die Kim Carlsberg für diese Ereignisse verantwortlich machte, Personen wie Dr. George Estabrooks steckten. Kim schob alle unerklärlichen Begebenheiten und Koinzidenzen auf das Wirken einer außerirdischen Macht. In Wirklichkeit könnten alle Ereignisse von einem Geheimdienst gestellt worden sein, damit man sie ohne ihr Wissen als geheimen Kurier nach Griechenland lotsen konnte.

Wie schon erwähnt, sind solche geheimen Kurierdienste bei *Mind-Control*-Opfern nichts Neues. Katherine Sullivan erinnert sich mittlerweile, daß sie als Drogenkurier, Waffenschmugglerin und zum Überbringen von geheimen Botschaften eingesetzt wurde. Sie unternahm ähnliche unvorhergesehene Reisen, z. B. nach Südamerika und auf einige Inselstaaten. Es ist auch durchaus üblich, daß man MPD-hypno-programmierte Personen in

Terrororganisationen einschleust oder für Aufgaben einsetzt, die kein normaler Mensch ausführen würde.[7,8]

Katherine besitzt traumatische Rückblenden und Persönlichkeitsstrukturen, die den Ideen der rechten Milizen und der radikalsten amerikanischen Neonaziorganisation, der Aryan Nation, entsprechen. Interessanterweise besitzt sie auch Erinnerungen an sogenannte *Alien*-Programme. Bei diesen Programmen werden dem *Mind-Control*-Opfer anscheinend UFO-Entführungserlebnisse als Deckerinnerungen ins Gedächtnis einprogrammiert. Laut Katherine werden diese Deckerinnerungen neuerdings mit Hilfe von Virtual-Reality-Vorrichtungen, Großraumbildschirmen und Drogen in das Bewußtsein der Betroffenen eingespielt.[8]

Interessant ist auch, daß ein Schwerpunkt beim MUFON-*Abduction-Transcription*-Projekt von Dan Wright möglicherweise in eine ähnliche Richtung weist.[55] Viele UFO-Entführte behaupten, daß sie in Zukunft einen Auftrag ausführen müssen. Sie können sich aber nicht erinnern, worum es sich bei diesem Auftrag handelt.

Etwa 33 UFO-Entführte in Dan Wrights MATP-Studie verspürten ein Gefühl, als ob sie von den UFO-Wesen auf eine Mission vorbereitet wurden. Sie gaben an, eine Arbeit oder einen Auftrag in der Zukunft ausführen zu müssen, obwohl sie nicht wissen, welche Arbeit das ist. Im folgenden Fall ist auch wieder eine paranormale Komponente im Spiel:

»... Mir erzählt man, daß ich eine Arbeit zu tun hätte. Das ist, was mir mitgeteilt wurde. Definitive Arbeit zu tun ... Sie sagten auch, daß ich sensitiv bin. Was auch immer sensitiv ist ... Er sagte: ›Wir sind seit einer langen Zeit hier, um zu lehren. Du hast eine Mission zu erfüllen, die du gewählt hast, bevor du gekommen bist, und sie wird in der Zukunft erfüllt.‹«[55]

Es ist interessant, daß hier auf eine sensitive Person zugegriffen wurde. Etwa 66 Personen in seiner Studie gaben unter Hypnose an, daß sie lernen mußten. Oft spielen bei diesen Lernprozessen große Bildschirme, auf denen die Entführten dreidimensionale geometrische Figuren wahrnehmen, eine Rolle. Diese Strukturen könnten von enthusiastischen UFOlogen als Sternkarten oder ähnliches gedeutet werden. Möglicherweise wurden auch Betty und Barney Hill solche Strukturen gezeigt, die später als Sternbild gedeutet wurden.

Wie zuvor bemerkt, werden solche Lern- und Bildschirmszenarien oftmals bei wiedererweckten Erinnerungen von ehemaligen *Mind-Control*-Opfern entdeckt. Den einzigen Unterschied stellen die Ausbilder dar. Auf der einen Seite sind es Menschen, während sie in Dan Wrights Studie als außerirdische Wesen wahrgenommen werden.

Die MILAB-Entführte Lisa kann sich an Codewörter und Namen wie *Ortega*, *Top Hat*, *Top Shelf* und *JANUS* erinnern. Sie behauptet, daß sie diese Wörter während eines militärischen Kidnappings auf einem Blatt Papier sah. Interessanterweise nahm Katherine bei Projekten teil, die ebenfalls *Top Hat* und *Sir Lancelot* hießen. Die Tatsache, daß sich Lisa und Katherine niemals begegnet sind und wir als erste Forscher auf diese Verbindung stießen, läßt es als sehr wahrscheinlich erscheinen, daß Lisa und Katherine an *Alien*-Programmen teilnahmen und als Psycho-Agentinnen eingesetzt wurden.

Eine andere MILAB-Entführte, Amy (Pseudonym), hatte ebenfalls Erlebnisse mit den in *Verdeckte Operationen*[4] behandelten unmarkierten Helikoptern, angebliche UFO-Entführungserlebnisse und ungewollte militärische Kontakte. Am 8. Oktober 1994 schrieb sie einen seltsam realen, beängstigenden Traum in ihr Tagebuch ein.[56] In diesem Traum wurden sie und andere Personen von Militärpersonal mit einer pfeffersprayähnlichen Waffe betäubt und in einem Militärlastwagen zu einer Militärbasis gefahren. Sie erinnert sich an typische Untersuchungen, Spritzen und ähnliche medizinische Prozeduren. Ein Auszug aus ihrem Tagebuch lautet folgendermaßen:

»... Ich wollte mich befreien ... Die Frau sagte zu mir, daß ich mich nicht bewegen soll. Sie begann, mich härter anzufassen und sagte: ›Bewege dich nicht mit der Nadel!‹ Danach sagte sie etwas zu der Person, die meine Füße hielt ... Als nächstes erinnere ich mich, daß ich mich in einem Büro befinde. Eine andere

Frau hypnotisierte mich oder wollte mich mental programmieren, kontrollieren, damit ich etwas für sie ausführe. Als sie mit jemandem sprach, wollte ich ausbrechen. Ich war noch immer sehr verwirrt, niedergeschlagen und groggy, so daß ich nach vorne fiel. Sie half mir auf und wollte wissen, was los sei, obwohl ich unter Drogen stand… Ich begann schnell, ihre Instruktionen zu wiederholen, die sie mir früher suggeriert hatte. Ich wiederholte dieselben Phrasen immer wieder, bis sie mit mir zufrieden war…«[56]

Diese Sätze begannen mit: »Nimm deine Kinder und gehe nach Oklahoma.« In den folgenden Tagen wollte Amy diesen für sie unerklärlichen Alptraum der mittlerweile verstorbenen Forscherin Dr. Karla Turner mitteilen. Sobald sie den Traum niederzuschreiben begann, fing sie zu weinen an und wurde mental daran gehindert. Nach einigen Monaten schaffte sie es doch noch, den Traum in ihr Tagebuch zu schreiben. Solche mentalen Blockaden sind bei MPD-Hypno-Programmen üblich! Es liegt daher sehr nahe, daß Amy auf einer Militärbasis ein MPD-Programm erhielt. In der Zwischenzeit kamen weitere Erinnerungsschübe, die in diese Richtung weisen.

»…Nachdem diese Ärztin ihre Arbeit verrichtet hatte, brachte man mich in einen anderen Raum. Sie setzten mich an einen Tisch, an dem mehrere Männer und Frauen saßen. Die Ärztin saß neben mir und sprach mit den anderen, als ob ich gar nicht anwesend wäre. Als sie zu sprechen aufhörte, blickte sie mir aus der Nähe ins Gesicht und begann mich zu befragen… Ich haßte sie, weil sie sich so nahe an meinem Gesicht befand. Sie begann, mir Fragen zu stellen. Ich antwortete ihr, kann mich aber nicht mehr erinnern, was ich sagte… Sie zeigte mir einige Bilder und fragte mich, ob ich wisse, was das bedeute…«[56]

Bevor Amy diese Rückblenden bekam, ereigneten sich noch andere seltsame Ereignisse. Sie wurde von unbekannten Personen beschattet und von einem Mann, der eine Kappe mit einem seltsamen Symbol – Dreieck im Kreis – aufhatte, fotografiert. Außerdem wurde sie von den erwähnten dunklen, unmarkierten Helikoptern mehrmals belästigt. Uns liegen Videoaufnahmen dieser Helikopter vor, die beweisen, daß sie existieren und sie zu überwachen scheinen.

Die Hinweise auf geheime Aufträge, Hypnoseprogramme, militärische Verhöre, bei denen sich die Betroffenen nicht mehr an die von ihnen gegebenen Antworten erinnern können, legen nahe, daß die Betroffenen, wie von Dr. George Estabrooks prognostiziert, zu unwissenden Psycho-Agenten ausgebildet wurden.

Nebenbei wollen wir anmerken, daß wir mehrere ähnlich gelagerte UFO-Entführungsfälle kennen, jedoch aus Platzgründen nur einige repräsentative Fälle vorgestellt haben.

Außerdem machten wir bei vielen MILAB-Entführten eine Umfrage, mit deren Hilfe wir feststellten, daß diese Personen mit großer Wahrscheinlichkeit wirklich multiple Persönlichkeitsstrukturen aufweisen. Wir stellten den Betroffenen 20 Symptome vor, die man bei Personen mit MPD, bevor sie in eine andere Persönlichkeit überwechseln, sehr häufig antrifft.[57] Unsere Testkandidaten wußten nicht, um was es sich bei diesen Fragen handelte.

Interessanterweise beantworteten alle MILAB-Entführten zwischen 12 und 20 Fragen mit *Ja*. Der Durchschnitt lag etwa bei 16 MPD-Symptomen. Wir sind deshalb der Ansicht, daß dieses Ergebnis nahelegt, daß MILAB-Entführte und möglicherweise Personen mit *reinen* UFO-Entführungserlebnissen künstlich hervorgerufene MPD aufweisen.

Zu diesem Schluß kamen auch Dr. Croydon Hammond und Dr. Colin Ross. Dr. Hammond meint, daß es *Mind-Control*-Spezialisten möglich ist, mit Hilfe von Geräuschen, Lichteffekten und Drogen bei einem Menschen in relativ kurzer Zeit die für MPD-Programmierung interessanten Gehirnwellen zu erzeugen. Viele MILAB-Entführte und Personen mit *reinen* UFO-Entführungserlebnissen beschreiben solche Prozeduren.[58] Aufgrund dieser Erkenntnisse stellen sich deshalb drei Fragen, da es bis jetzt schwer herauszufinden ist, für welche Aufträge MILAB-Entführte wirklich herangezogen werden.

1. Sind MILAB-Entführte MPD-hypno-programmierte militäri-

sche Spione, die trainiert werden, damit sie während realer UFO-Entführungen an Bord der vermeintlichen Raumschiffe spionieren können?

2. Sind ihre angeblichen UFO-Entführungserlebnisse nur MPD-hypno-programmierte Deckerinnerungen, um geheime militärisch-geheimdienstliche Missionen verbergen zu können?

3. Sind *alle* UFO-Entführungserlebnisse ein Konglomerat aus unverstandenen psychologischen Phänomenen, wie Dr. Lawsons BMH und drogengestützte *Mind-Control*-induzierte Deckerinnerungen? Zum gegenwärtigen Wissensstand könnten alle drei Punkte der Wahrheit entsprechen.

Wir haben in *Verdeckte Operationen*[4] Hinweise präsentiert, daß es in Nordamerika eine militärische Einsatzgruppe zu geben scheint, deren Vorgesetzte die Meinung vertreten, daß UFO-Entführungen real ablaufen. Für eine solche verdeckt operierende Gruppe könnte Punkt (1) durchaus zutreffen.

In einem solchen Fall würde aus einer gewöhnlichen Hausfrau mit UFO-Entführungserlebnissen eine auf Trauma basierende MPD-hypno-programmierte Psycho-Agentin, die für diese Personen innerhalb hypothetischer UFOs spioniert, da speziell vom Militär ausgebildete Persönlichkeitsstrukturen während einer UFO-Entführung aufmerksame furchtlose, militärtreue Verbündete sind. Diese Variante würde auch die Verhöre bezüglich der angeblichen UFO-Erlebnisse oder der gewünschten UFO-Technologie rechtfertigen. Ein uneingeweihter Therapeut würde nicht an die militärtreue Persönlichkeit herankommen, da er die Codewörter zum Persönlichkeitswechsel nicht kennt. Er kann nur die unwissende Kernpersönlichkeit befragen.

Aus diesem Grund erinnern sich die Kernpersönlichkeiten auch nicht an die gestellten Fragen und an die gegebenen Antworten während eines Verhörs. Dieses Gespräch wird mit der militärtreuen Persönlichkeit des Systems geführt. Sollte Punkt (2) zutreffen, bleiben die Prozeduren gleich. Die Erinnerungen und Fragen bezüglich UFO-Entführungserlebnissen wären in diesem Fall künstlich erzeugte Deckerinnerungen.

Es wäre aber durchaus denkbar, daß die Militärärzte die *Alien*-Thematik zum Durchdringen solcher Deckerinnerungen und als Hilfe zum Überwechseln in die anderen Persönlichkeiten ansprechen müssen. Falls gewöhnlich auftretende UFO-Entführungserlebnisse auf zur Zeit nicht ganz verstandene psychologische Phänomene zurückführbar wären, stellen MILAB-Entführungen mit Sicherheit einen *externen* Einfluß in diesem komplexen Phänomen dar.

9 *Der PSI-Faktor*

Eine weitere Möglichkeit für ein militärisches Interesse an Personen mit angeblichen UFO-Entführungserlebnissen könnten parapsychologische Studien sein. Wie wir aufgezeigt haben, zeichnet sich in der Entwicklung zukünftiger *Soft-Kill*-Waffen ein Trend in Richtung Psychotronik ab.

Außerdem interessierten sich militärische Stellen und Geheimdienste schon vor den mittlerweile bekanntgewordenen Remote-Viewing-Experimenten am Stanford Research Institute für Personen, die solche Fähigkeiten aufwiesen.

Sofern UFO-Entführungserlebnisse keine künstlich erzeugten Deckerinnerungen sind, scheinen Telepathie, Psychokinese, Remote-Viewing, Präkognition, Telekinese und außerkörperliche Erfahrungen häufige Nebeneffekte zu sein.

Der sehr gut untersuchte UFO-Entführungsfall von Betty Andreasson ist ein Paradebeispiel für solche paranormalen Begleiterscheinungen.[59] Psychokinesephänomene wurden in ihrem Fall oftmals dokumentiert. Es gibt Situationen, wo die Wasserhähne in ihrer Wohnung spontan zu rinnen begannen oder sich die Türen ohne Fremdeinwirkung öffneten. Einmal soll ihr Autoschlüssel in den Händen geschmolzen sein. Verbogene Silberlöffel, Apporte und unerklärliche kleine Lichtkugeln sind häufige Begleiterscheinungen von angeblichen UFO-Entführungen. Diese kleinen, sich spontan materialisierenden Lichtbälle wurden nicht nur von der Betroffenen, sondern auch von unabhängigen Zeugen beobachtet und sogar gefilmt.

Einige sehr gut untersuchte Fälle aus Dan Wrights MUFON-*Ab-*

duction-Transcription-Projekt (MATP) sollen das PSI-Interesse der angeblichen UFO-Insassen veranschaulichen:
»... Er erzählt mir etwas über ... es hört sich verrückt an ... gut und böse ... Er teilt mir mit, daß ich es nicht weitererzählen soll ... Er zeigt mir, wie ich Objekte mit meinem Bewußtsein bewegen kann ... Sie zeigen mir, wie ich Gegenstände bewegen kann ... Ich habe eine Schüssel bewegt ... Ich war in der Küche und traf die Mauer ...«[55]
Eine andere UFO-Entführte berichtet, wie ihr die UFO-Insassen beibrachten, ihre angeblichen PSI-Fähigkeiten zu schulen.
»... Ich bin mir durchaus bewußt, daß sie mir Dinge sagen und mich lehren, wie ich meine PSI-Kräfte einsetzen soll ...«[55]
In anderen Fällen geben die Entführten an, daß sie die kleinen grauen Wesen an Bord eines UFOs lehrten, ein solches mit Geisteskraft zu steuern. Da es auch irdische militärische Projekte in bezug auf die geistige Beeinflussung von Materie zu geben scheint, liegt es nahe, daß militärische Wissenschaftler, die an wissenschaftlichen Grenzbereichen arbeiten, ein Interesse an Personen mit angeblichen UFO-Entführungserlebnissen haben könnten, da bei ihnen solche PSI-Fähigkeiten häufiger auftreten als bei Personen ohne UFO-Entführungserlebnissen.
Ein weiteres militärisches Interesse an paranormal begabten Personen könnte die gezielte genetische Stärkung ihrer PSI-Fähigkeiten sein. Der ehemalige PSI-Spion Ingo Swan meint, daß es durchaus Hinweise gibt, daß angeborene paranormale Fähigkeiten vererbbar sind. Das würde wiederum bedeuten, daß die PSI-Fähigkeiten der Kinder zweier paranormal begabter Personen noch besser ausgebildet sein sollten als bei den Eltern. In der Realität ist das meistens nicht der Fall, da bei zufälligen Bekanntschaften die Wahrscheinlichkeit sehr gering ist, daß beide Partner stark ausgeprägte paranormale Fähigkeiten aufweisen.
Nach Vollendung der später im Buch beschriebenen Human-Genome-Projekte könnten Militärs oder Geheimdienste, die an paranormalen Fähigkeiten interessiert sind, die genetischen Unterschiede zwischen paranormal begabten und gewöhnlichen Personen untersuchen und ihre genetischen Unterschiede feststellen.

Nach Finden eines postulierten PSI-Gens könnten im geheimen künstlich befruchtete *Supermenschen* gezüchtet werden, die vielfach bessere PSI-Eigenschaften aufweisen als natürlich begabte Medien. Es wäre durchaus denkbar, daß sich hinter dem genetischen Interesse an MILAB-Entführten ein genetisches PSI-Projekt verbirgt.

Wie wir in *Verdeckte Operationen*[4] hingewiesen haben, ist die geistige Steuerung von Flugkörpern auch ein Ziel der militärischen Luft- und Raumfahrtindustrie. Diese nicht zu unterschätzenden Parallelen zwischen angeblichen *Alien*-Interessen und gegenwärtig stattfindenden militärischen Forschungen, die in Grenzbereiche jenseits unserer Vorstellungskraft vordringen, sollte man nicht vernachlässigen.

10 Eine skeptische Betrachtung der Ignoranten unter den UFO-Entführungsforschern

Wie schon erwähnt, zeigen sich gerade die in der Öffentlichkeit bekannten UFO-Entführungsforscher wie Budd Hopkins, Prof. David Jacobs und Prof. John Mack bei der offensichtlich militärischen Verwicklung in UFO-Entführungen sehr schweigsam. Prof. Jacobs präsentierte in seinem 1998 erschienenen Buch *The Threat*[60] auf einigen Zeilen seine Hypothese bezüglich militärischer Verwicklungen in UFO-Entführungen, da wir diese Thematik im MUFON UFO Journal und auf mehreren Internetseiten publik gemacht haben.[49, 50]

Laut Prof. Jacobs sind die beobachteten Militärs von den Außerirdischen gezüchtete hybride Mischwesen, verkleidet in militärische Uniformen, die einige UFO-Entführte in stillgelegten oder abgelegenen Teilen von aktiven Militärbasen für die grauen Außerirdischen untersuchen. Diese Hypothese erscheint angesichts der in unseren Publikationen und diesem Buch präsentierten Hinweise und Fälle derart lächerlich, daß man Prof. Jacobs in dieser Angelegenheit mit den Ansichten von UFO-Kontaktlern wie George Adamski und Co. gleichsetzen kann.

Wir wurden in der Zwischenzeit von mehreren MILAB-Entführten bezüglich seiner Hypothese kontaktiert, da einige Betroffene mittlerweile glauben, daß er mit dem Militär gemeinsame Sache macht und diesen Unsinn aus Gründen der Desinformation verbreitet.[61]

Wie man sieht, können derart lächerliche Hypothesen mehr Schaden anrichten, als sie zur Wahrheitsfindung beitragen. Es wäre für ihn besser gewesen, wenn er zu dieser Thematik geschwiegen hätte, da man nun seine anderen Forschungsergebnisse ebenfalls in Frage stellen kann.

Eine andere MILAB-Skeptikerin ist die Frau des in diesem Buch mehrmals erwähnten Lieutenant Colonel Dr. John Alexander, die nach der Veröffentlichung des ersten MILAB-Artikels im MUFON UFO Journal einen Beschwerdebrief an den Editor schrieb, in dem sie meinte, daß die Erinnerungen an militärische Verhöre und Kidnappings aus den Phantasien sexuell frustrierter einsamer Frauen stammten und ein kompletter Unsinn seien.[62]

Einer der Autoren (Dr. Lammer) und mehrere zum Teil verheiratete Betroffene entkräfteten ihre unnötigen und oberflächlichen Kommentare.[63, 64, 65, 66] Es ist natürlich interessant, wenn man weiß, daß ihr Ehemann hochrangige Positionen im amerikanischen Militär hatte bzw. hat, ein PSYWAR-Spezialist ist und das Konzept der nicht-letalen Waffentechnologien sowie eine psychotronische Kriegsführung propagiert.[67] Außerdem interessiert er sich ebenso wie seine Frau *privat* für das UFO-Entführungsphänomen und ist der wissenschaftliche Berater der von dem amerikanischen Multimilliardär Robert Bigelow gegründeten grenzwissenschaftlichen Forschungsorganisation National Institute of Discovery Science (NIDS).

Es ist schon seltsam, daß diese Personen zum Teil Entführungen von Menschen durch außerirdische Wesen propagieren oder nicht ausschließen. Die ungewollten militärischen Kontakte ihrer eigenen Patienten ignorieren, mit absurden Hypothesen zu erklären versuchen oder so wie Victoria Alexander auf das FMS verweisen.

IV

Bio-genetische Experimente und geheime Klon-Projekte

»... Klonen und das Reprogrammieren der DNA sind erste Schritte, eins mit Gott zu werden ...«

Dr. Richard Seed zu Journalisten von CNN am 7. Januar 1998. Der Physiker möchte mit gleichgesinnten Kollegen in der nahen Zukunft eine Klinik zum Klonen von Menschen eröffnen.

»... Ich sehe Menschen in Tanks ... Die Tanks lehnen etwa 25 Grad geneigt an den Wänden. Sie berühren die Mauern. Die Menschen befinden sich in einer Ruhephase ... Es war eine klare Flüssigkeit in den Tanks. Ich glaube, diese Menschen wurden über eine seltsame Vorrichtung hinter ihren Köpfen am Leben erhalten ...«

Das angebliche UFO-Entführungsopfer Christa Tilton beschreibt, wie sie während eines militärischen Kidnappings in einer unterirdischen Forschungsanlage identisch aussehende Menschen in Glasbehältern sah.

1 *Biotechnologie: Medizinische Hoffnung oder ein Betätigungsfeld für moderne Frankensteins?*

Knapp vor der Jahrtausendwende steht die Menschheit an der Schwelle, die etwa drei Milliarden Gene, die Bausteine des Lebens, entziffert zu haben. Diese Erkenntnis wird die Welt, in der wir leben, in der Zukunft entscheidend prägen.

Man weiß, daß zwei von drei Menschen durch genetische Defekte im Laufe ihres Lebens sterben. Mehr als 4000 Krankheiten entwickeln sich aus einem einzigen Gendefekt in einem Fötus. Viele andere Krankheiten wie Krebs, die Immunschwächekrankheit AIDS und Arthritis können ebenfalls auf genetische Defekte im Immunsystem zurückgeführt werden.

Wenn man diejenigen Gene, die eine Krankheit auslösen, identifizieren und manipulieren kann, würden genetisch hervorgerufene Krankheiten mit der Zeit verschwinden. Biotechnologen würden durch genetische Tests an Föten feststellen, ob diese mit genetischen Defekten geboren werden.

Diese von den multinationalen Biotechnologiekonzernen verbreiteten, von jedem Kranken herbeigesehnten Wunder haben aber auch einen Klumpfuß, der in die entgegengesetzte Richtung weisen könnte.[1]

Die negativen Aspekte der Gentechnologie werden natürlich vor der Öffentlichkeit weitgehend verschwiegen. Die Grenze zwischen Gut und Böse, zwischen Traum und Alptraum liegt hier sehr viel näher, als man glauben möchte. Wenn man *alle* genetischen Bausteine des Lebens identifiziert hat, tun sich folgende Möglichkeiten auf, die in Verbindung mit militärischen und finanziellen Interessen früher oder später zutreffen werden. Diese sind:

1. Genetisch manipulierte Nahrungsmittel und Pflanzen, die von einer Handvoll Multis erzeugt und vertrieben werden.
2. Genetisch manipulierte Tiere wie Hühner ohne Federn, Superschweine …

25

Solche trockenen Stellen an angelaufenen Fenstern sind bei vielen Personen, die an-
›einend mit gerichteter Energie bestrahlt werden, üblich. Die Aufnahme stammt vom neu-
·ländischen Mind Control-Opfer Janine Jones. Im Insert ist eine Illustration eines Helikop-
·s zu sehen, der mit einer exotischen Waffe gerichtete Energie auf ein Haus abstrahlt
Janine Jones).

Links im Bild ist Edwin Sibert, der Direktor der US Army Intelligence im Nachkriegs-
ropa, zu sehen. Er war verantwortlich, daß der deutsche Spionagechef General Reinhard
:hlen, rechts im Bild zu sehen, durch Projekt Paperclip geheim in die USA einreisen durfte
d für den ehemaligen Feind zu arbeiten begann.

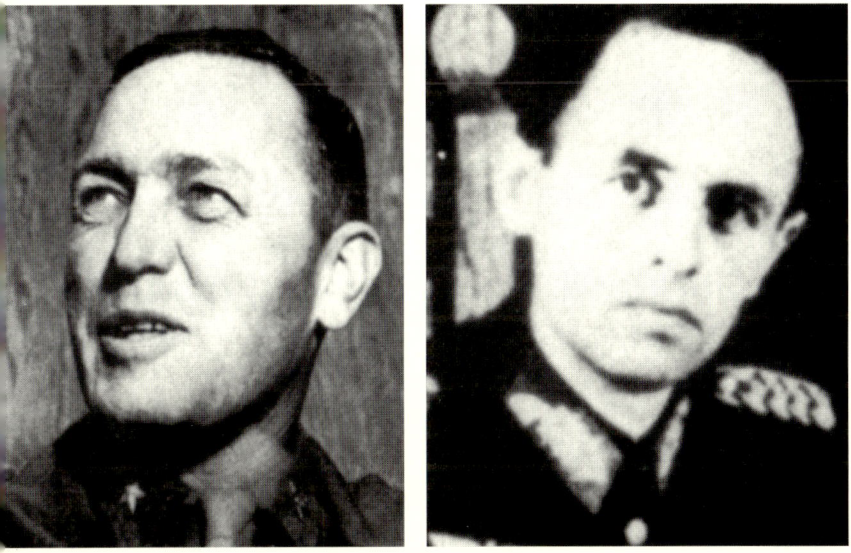

26

27 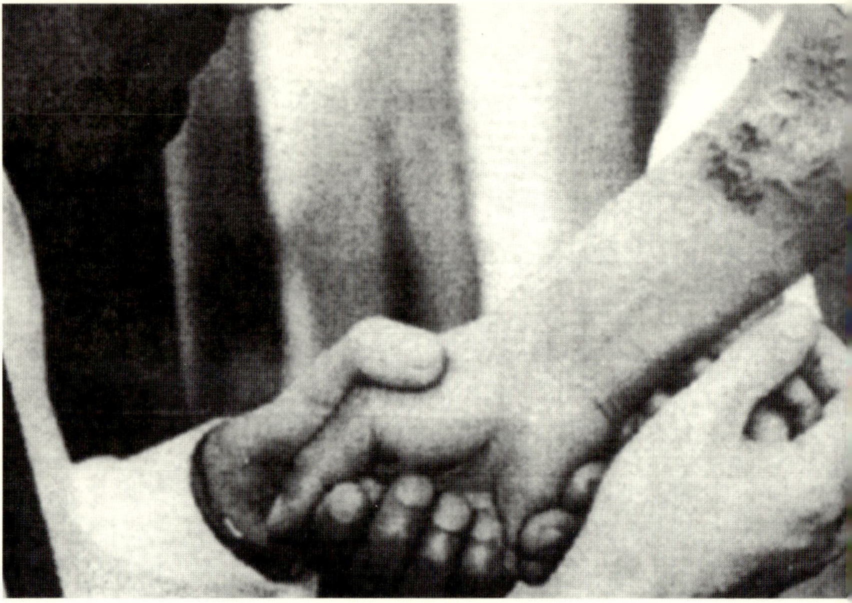

27 Im Holmesburg-Gefängnis in Pennsylvania wurden unter Projekt MKNAOMI bio-chemische Experimente an den Häftlingen durchgeführt. Das Foto zeigt den Arm eines menschlichen Versuchskaninchens, das unwissend an einem Experiment mit dem Kampfstoff »Poison Ivy« teilnahm.

28 Die Traumatherapeutin Valerie Wolf sprach am 15. März 1995 vor dem Advisory Committee on Human Radiation Experiments mit zwei ihrer Patientinnen über deren Erfahrunge als langjährige militärisch-geheimdienstliche Mind Control-Opfer. Claudia Mullen und Chris Denicola besitzen auf Traumata beruhende, künstlich erzeugte multiple Persönlichkeiten, die vom Geheimdienst für verschiedene Aufträge mental programmiert wurden (© ACHES-MC)

28 

29

Afrikanische Medizinmänner und Schamanen in Nordamerika, Sibirien und anderen
·ilen der Welt können mit Hilfe von halluzinogenen Substanzen sogenannte Trancereisen
!eben, die sehr große Ähnlichkeiten mit Geburtstraumata und angeblichen UFO-Ent-
hrungserlebnissen aufweisen.

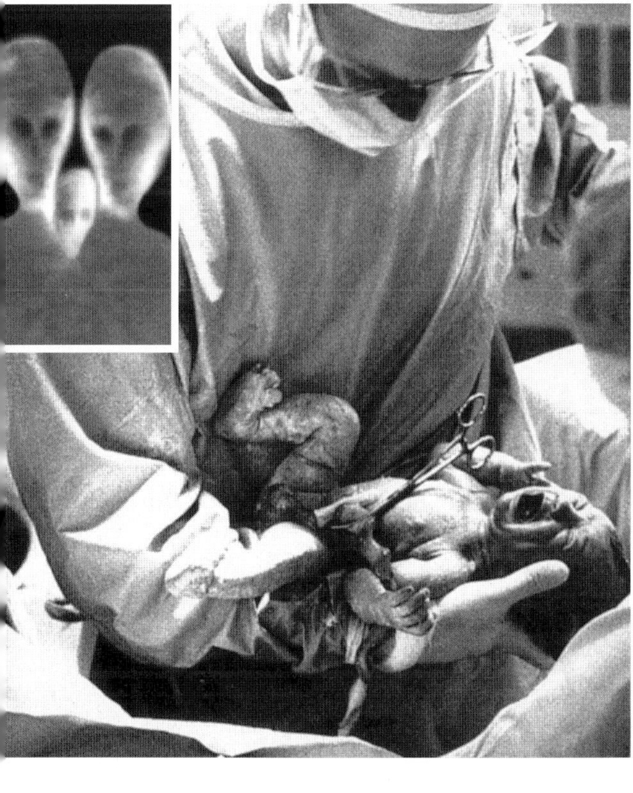

30 Dr. Alvin Lawson und Dr. McCall haben viele Hinweise gesammelt, daß ein Großteil von UFO-Entführungserlebnissen spontan wiedererlebte Geburtstraumata sein könnten, bei denen die in jedem Menschen tief im Unterbewußtsein verborgenen traumatischen Erinnerungen des Geburtsvorganges an die Bewußtseinsoberfläche dringen. Es häufen sich die Hinweise, daß Neugeborene die bei der Geburt anwesenden Personen ähnlich wie die im Insert zu sehenden Aliens wahrnehmen.

31

31 Tiefgefrorene Embryonen im Biotechnologielabor. Der im Insert zu sehende Dr. Richard Seed trat 1998 an die Öffentlichkeit und gab bekannt, daß er in der nahen Zukunft eine Klonklinik für Menschen ins Leben rufen möchte. Bei seinem ersten Versuch möchte er sich selbst klonen.

32 Es ist interessant, daß sich das Center for Human Genome Studies und eine HIV-Datenbank bei den Los Alamos National-Laboratorien in New Mexico befinden. In dieser Waffenschmiede wurden die Atombomben, Waffen für die Weltraumverteidigung Strategic Defense Initiative (SDI) und nicht-letale Waffen unter strengster Geheimhaltung entwickelt (© Dr. Richard Boylan).

32

3. Genetisch gezüchtete Ersatzorgane für Menschen.
4. Das Züchten von transgenetischen Hybridlebewesen und Chimären.
5. Genetisch manipulierte Viren, die gezielt gegen ethische Minderheiten oder Rassen als biologische Waffe eingesetzt werden können.
6. Das Züchten von genetisch perfekten Menschen.
7. Klonen von Menschen.

Einige dieser sieben Punkte werden während des gegenwärtigen Biotechnologiebooms, ähnlich wie zu Anfängen der Nukleartechnologie, ohne Bedenken aus rein finanziellem Interesse durchgeführt und im großen Rahmen von Regierungen unterstützt.

Zur Zeit werden über 3000 genetisch manipulierte Nahrungsmittel in den Labors diverser Pharma- und Biotechnologiekonzerne getestet. Bei anhaltendem Trend schätzen Fachleute, daß in fünf bis acht Jahren jedes Nahrungsmittel und jedes Getränk, das wir zu uns nehmen, genetisch manipulierte Bestandteile enthalten wird.[2]

Das Problem bei diesem Experiment mit der Menschheit ist, daß genetisch modifizierte Nahrungsmittel Gene von Bakterien und Viren enthalten, die niemals zuvor ein Teil der menschlichen Nahrungskette waren. Kein Biotechnologe und keiner der verantwortlichen Multis wissen, welche allergischen Reaktionen zukünftige Gennahrungsmittel am Konsumenten auslösen werden. Außerdem könnten antibiotikaresistente Gene auf die Konsumenten überspringen.

Nebenbei züchtet man Tiere, die menschliche Gene enthalten, Mäuse, die in der Nacht grün leuchten und Tomaten mit Fischgenen. Es hat den Anschein, daß viele biotechnologische Experimente nur durchgeführt werden, damit man sehen kann, was alles machbar ist – manche Wissenschaftler scheinen Gott spielen zu wollen.

Die biotechnologische Industrie ist laut der Organization for Economic Cooperation and Development (OECD) der aufstrebendste Industriezweig der neunziger Jahre. Wie so oft werden medizinische Interessen aus Werbegründen vorgeschoben, damit die Öffentlichkeit kritiklos diese wissenschaftlichen Errungenschaften aufnimmt.

Zur Zeit werden transgenetische Tiere, vor allem Schweine, als Ersatzteillager für menschliche Organe gezüchtet. Es liegt nahe, daß dieser Schritt längerfristig zu gehirnlosen menschlichen Klonen, die als Ersatzteillager für Organbanken dienen werden, führen wird.

Es gibt Biotechnologen, die sich vorstellen können, daß in Zukunft für jeden Menschen, sofern er das nötige Geld besitzt, ein gehirnloser persönlicher Klon gezüchtet wird, dessen Organe man nach Bedarf als Ersatzteillager für den Klonvater hernehmen kann. Es ist sehr wahrscheinlich, daß ethische Bedenken im Laufe der Zeit den finanziellen Interessen weichen werden.

Damit man das große Geld machen kann, müssen die transnationalen Konzerne wie Monsanto oder Pioneer versuchen, die exklusiven Rechte von bestimmten Genen, menschliche miteingeschlossen, zu erhalten.

Seit 1980 wurden Tausende von Patenten für Gene von Pflanzen, Samen, Tieren und Menschen von einer Handvoll Konzerne patentiert. 1980 wurde in den USA per Gerichtsbeschluß erlaubt, daß menschliche Gene patentiert werden können. Dieser Beschluß hatte skurrile Folgen.[3] Zum Beispiel wurde 1991 auf die Zellinie einer leukämiekranken Frau aus Panama ohne deren Wissen ein Patent erlassen.

Das bedeutet, daß ihr Genmaterial ohne ihr Wissen von einem Konzern finanziell verwendet werden kann. Ähnlich gelagerte Fälle gab es bei Urwaldstämmen in Neuguinea und den Salomon-Inseln. Gegner dieser genetischen Ausbeute zeigen auf, daß Biotechnologiekonzerne aus den USA, Europa und Japan derzeit eine große Menge Geld durch das Patentieren bestimmter Gene von unwissenden Naturvölkern aus der Dritten Welt machen.

Neben den finanziellen Interessen und den ethischen Bedenken kommen auch soziologische und, wie wir etwas später aufzeigen werden, militärische Interessen ins Spiel.

2 *Von der Eugenik zur Genetik*

In unserem Buch *Verdeckte Operationen*[4] zeigten wir Ähnlichkeiten zwischen dem *Lebensborn*-Projekt – der Züchtung einer arischen Herrenmenschenrasse – der Nationalsozialisten und einigen Erlebnissen von Personen mit UFO-Entführungserlebnissen auf.
Auf viele *Lebensborn*-Kinder wartete nach dem Krieg ein trauriges Leben. Die STASI bediente sich der Biographien dieser Menschen zur Tarnung von Spionen, die sich als Heimkehrer vor allem in westeuropäischen und skandinavischen Familien einschlichen und sich so eine perfekte Legende verschafften. In ihrer neuen Heimat mußten sie dann für die STASI Spionagedienste verrichten.
Lebensborn war auf eugenische Prinzipien zurückzuführen. Der Cousin von Charles Darwin, der Brite Francis Galton, prägte 1883 den Begriff *Eugenik*.[5] Darunter versteht man *sehr gute Züchtungen*, damit erbgutschädigende Einflüsse und die Verbreitung von Erbkrankheiten verhindert werden. Es gilt als gesichert, daß die Wurzeln des rassistischen Gedankengutes bei den Sozialdarwinisten zu suchen sind.
Die sozialdarwinistische Bewegung trug auch in Deutschland ihre Früchte. Der bekannteste Vertreter in Deutschland war Professor Ernst Haeckel in Jena. In den USA wurden eugenische Forschungen von der Rockefeller- und der Carnegie-Stiftung finanziell unterstützt.
Während des *Zweiten Weltkrieges* wurden etliche Juden, unter ihnen etwa 1500 Zwillinge, in den Forschungslabors des Dr. Mengele gequält und ermordet. Dr. Mengele war ein überzeugter Eugeniker und versuchte mit allen ihm zur Verfügung stehenden Mitteln, die Überlegenheit der arischen Rasse nachzuweisen und Methoden zu finden, um sie genetisch veredeln zu können.
Er stellte Forschungen an Zwillingen an und injizierte Pigmente in die Augen von KZ-Häftlingen, um diese blau färben zu können. Viele Betroffene erblindeten und starben an den Experimenten. Nach dem *Zweiten Weltkrieg* nannten sich viele Eugeniker,

um den Begriff zu umgehen, *Genetiker*, Psychiater, Soziologen, Anthropologen und Bevölkerungswissenschaftler. Viele eugenische Journale und Magazine wurden nach dem Krieg umbenannt.[5]

Die eugenische Fachzeitschrift *Annals of Eugenics* wurde zu den *Annals of Human Genetics*. Das *Eugenics Quarterly* wurde in das *Journal of Social Biology* umbenannt. Stefan Kühl zeigt in seinem Buch *The Nazi Connection* auf, daß mehrere Mediziner, die sich der Tötung von Behinderten im *Dritten Reich* schuldig machten, nach dem Krieg ungestraft in die wissenschaftliche Gemeinschaft eingebunden wurden und daß sie an Spitälern und Universitäten weiterarbeiten durften.

Ein Helfer von Dr. Mengele, Freiherr von Verschuer, wurde von einem Entnazifizierungstribunal als Mitläufer klassifiziert und besetzte nach dem Krieg eine bedeutende Stelle in Münster. Er war 1951 Professor für menschliche Genetik und später der Präsident der Deutschen Gesellschaft für Anthropologie.

Auch nach dem *Zweiten Weltkrieg* wurden bis in die siebziger Jahre von Staats wegen Sterilisationen in Australien, Kanada, Japan, Österreich, Frankreich, Italien, Schweiz, Dänemark, Finnland, Norwegen, Schweden und den USA an Tausenden von Personen aufgrund intellektueller, psychischer, medizinischer und therapeutischer Indikationen durchgeführt, wobei viele Betroffene nichts davon wußten. Zwischen 1935 und 1976 wurden etwa 60 000 Personen alleine in Schweden ungefragt sterilisiert, da sie schlecht sahen, psychische Probleme hatten oder unerwünschte rassistische Merkmale aufwiesen.[6]

Marina Nordin aus Österfernebo, Schweden, ist heute 73 Jahre alt, war arm und eines dieser Nachkriegs-Eugenik-Opfer. Als sie 19 Jahre alt war, brachte man sie wegen eines kleinen Eingriffs ins Krankenhaus. Irgend etwas an ihr hatte nicht gepaßt: vielleicht der Alkoholismus in der Familie, vielleicht der sittenlose Lebenswandel als Kind mittelloser Bauern. Marina hat es nie erfahren.[7]

Es muß aber etwas gewesen sein, das die Regierung zu der Überzeugung brachte, es stehe ihr nicht zu, Kinder in die Welt zu

setzen. Sie ist eine von etwa 60 000 Personen, fast ausschließlich Frauen, die zwischen 1935 und 1976 ohne ihre Zustimmung in Schweden sterilisiert wurden. Der Sozialdarwinismus und der Glaube an die biologische Verbesserungsfähigkeit der Menschheit lagen nicht nur bei den deutschen Nationalsozialisten im Trend.
Anhand dieses kurzen Ausfluges in die Geschichte der Genetik sollte jedem klargeworden sein, welche Wurzeln dieser zur Zeit sehr aktuelle Forschungszweig besitzt. Die eugenischen Ideologien könnten infolge der Gentechnikeuphorie wieder verstärkt aufleben. Genetiker werden in Zukunft Föten einer genetisch-kosmetischen Manipulation in bezug auf Größe, Gewicht, Haarfarbe, Augenfarbe etc. unterziehen.
Mit Hilfe der Genmanipulation könnte eine eugenisch eingestellte Regierung die zuvor geschilderten Eingriffe an menschlichen Föten vornehmen. Da sich Bürokraten in den westlichen Industriestaaten ebenfalls Gedanken machen, wie man die Spitals- und Pflegekosten von genetisch kranken Menschen einsparen kann, stößt der Slogan des *genetic screening* bei westlichen Politikern auf offene Ohren.
Der kleine Inselstaat Island spielt bei diesem Vorhaben eine Vorreiterrolle.[8] Der isländische Genforscher Dr. Kari Stefansson will über seine Firma Decode Genetics alle Patientendaten seines Landes an Pharmafirmen vermieten. Den größten Auftrag bekam Dr. Stefansson von dem Pharmariesen Hoffmann-La Roche. Er möchte eine weltweit einzigartige genetische Superdatenbank erstellen, in der alles drinsteckt, was über seine Nation biomedizinisch in Erfahrung zu bringen ist. Darunter befinden sich neben den Genen, Krankenakten und Stammbäumen somit die Rassenabstammungen aller 270 000 Isländer. Kritiker von Decode Genetics meinen, daß Island somit zum ersten genetischen Überwachungsstaat der Erde wird und andere Staaten im Laufe der Zeit folgen werden.
Die Zukunft wird zeigen, ob die Biotechnologen dort fortfahren, wo die Forscher des *Dritten Reiches* aufhören mußten, und blauäugige, blondhaarige, perfekt symmetrische Babys den Kurs vorgeben, wie der Mensch der Zukunft auszusehen hat.

3 *Die militärischen Verwicklungen der Human-Genom-Projekte*

Gegen Ende der sechziger Jahre legten die Begründer der Molekularbiologie einen neuen Hochmut an den Tag. In den vorangegangenen 20 Jahren hatten die Genetiker ein zusammenhängendes und befriedigendes System entworfen, das die genetisch gesteuerten Vorgänge der Zelle erklärte. Diese funktionieren mit Hilfe der auf der komplementären Doppelstruktur der DNA verschlüsselten Information, des Mechanismus, mit dem sie abgelesen wird, sowie der Rückkopplungsschleifen, die die biochemischen Vorgänge einer Zelle und die Funktionsweise der Gene selbst kontrollieren. Dieses System ist für alle Lebewesen charakteristisch. In seinem Mittelpunkt stehen der genetische Code und die Regulationsschleifen, so daß auf der molekularen Ebene Struktur und Funktion, Anatomie und Physiologie vereint waren.[9]
Infolge dieser Forschungen entstand das *Human-Genom*-Projekt (HGP). Die Initiatoren dieses Projektes waren Dr. Robert Sinsheimer und Dr. Charles DeLisi. Der Molekularbiologe Dr. Sinsheimer hatte 1969 erklärt, daß die Molekularbiologie eine neue grenzenlose Aussicht für die Menschheit eröffne, indem sie die Wissenschaftler in die Lage versetze, neue Gene und neue Eigenschaften zu schaffen, damit der Mensch das erste Mal sich selbst und seine Entwicklung in der Zukunft gestalten könne.
Der Physiker Dr. DeLisi arbeitete beim National Institute of Health und war der Direktor des Office of Health and Environment im Energieministerium in Washington. Dieses Ministerium ging auf das im Kapitel I erwähnte *Manhattan*-Projekt zurück und hatte lange Zeit die Forschung auf dem Gebiet der biologischen Auswirkungen von radioaktiver Strahlung, insbesondere der genetischen Mutationen, gefördert.
Zu dieser Zeit unterhielt eine Abteilung für biologische Wissenschaften in der Atomwaffenschmiede des Los Alamos National Laboratory, New Mexico, eine große genetische Datenbank für Informationen über DNA-Sequenzen.
Im Mai 1985 versammelte Dr. Sinsheimer ein Dutzend führende

amerikanische und europäische Molekularbiologen in Santa Cruz zu einer Konferenz, die sich mit den technischen Aussichten eines Genomprojektes beim Menschen befaßte. Ein Jahr später organisierte Dr. DeLisi in Los Alamos ein ähnliches Treffen zum selben Thema.[10]

Es war in Los Alamos, wo man die Entschlüsselung des menschlichen Genoms zum *Gral* der Molekularbiologie und der Genforschung erklärte. Dr. DeLisi erhielt 1987 vom Energieministerium (DOE) 4,5 Millionen Dollar für das Genomprojekt.

Das DOE war natürlich darauf bedacht, die Lebensfähigkeit seiner Waffenlabors in Los Alamos, Sandia, Oak Ridge oder Livermore zu erhalten, indem es neue Forschungsprojekte förderte. Im September 1987 ordnete das DOE die Gründung von Genomforschungszentren an drei nationalen Labors an, in Los Alamos, Livermore und dem Lawrence Berkeley Laboratory.[11]

Dieser Vorstoß auf dem Gebiet der Genomforschung gewann die Unterstützung des Senators Pete Domenici, einem großen Förderer der US-Waffenlabors in seinem Bundesstaat, New Mexico, der sich um das Schicksal dieser Einrichtungen nach Ende des *Kalten Krieges* sorgte.

Senator Domenici setzte das Genomprojekt durch und brachte eine Gesetzesvorlage ein, die das Unternehmen im Zuge einer allgemeinen Wiederbelebung der nationalen Waffenlabors beschleunigen sollte.

Somit stand dem 15-Jahres-Plan, das menschliche Genom – das komplette genetische Material – zu entziffern, nichts mehr im Wege. Im Human Genom Program des DOE sind Abteilungen der zuvor genannten Waffenschmieden, mehrere Universitäten und andere Forschungseinrichtungen aus acht Ländern beteiligt. Es sollen bis zum Jahr 2003 60000 bis 80000 menschliche Gene entdeckt und biologischen Studien zugeführt werden.

In erster Linie wird das *HUGO*-Projekt in der Öffentlichkeit als Projekt zur Entdeckung medizinischer Allheilmittel gepriesen. Gene, die für viele Krankheiten ausschlaggebend sind, wird man entziffern. Die Medizin wird durch neue DNA-diagnostische Methoden radikal revolutioniert werden. Die Biotechnologie-

industrie erhofft sich weitere Fortschritte und gesteigerte Umsätze für neuartige Medikamente und Pillen.
Interessant ist, daß die wichtigsten Forschungslabors, inklusive des DOE, während der Nachkriegszeit und danach mehrmals an Projekten zur biologischen Kriegführung, *Mind-Control-* und an Strahlungsexperimenten beteiligt waren. Der *Mind-Control*-Forscher John Marks fand bei seinen Recherchen zu seinem Buch *The Search for the Manchurian Candidate* Hinweise, daß man im Rahmen des *MKULTRA*-Projektes an geheimen genetischen Subprogrammen für die Militärs arbeitete.[12]
Bei diesen Projekten waren Wissenschaftler des Office of Research and Development (ORD) der CIA beteiligt. Einer der ORD-Forscher teilte John Marks mit, daß das *MKULTRA*-Genprojekt den Aktivitäten der wissenschaftlichen Gemeinschaft mehrere Jahre voraus war. Laut diesem Informanten wollte man schon 1965 Genmanipulationen durchführen und Gene splitten. Die restliche Welt beschäftigte sich nicht vor 1976 mit diesen Problemen. Die CIA und das Militär fürchteten, daß eine gegnerische Macht zuvorkommen und genmanipulierte Supersoldaten züchten könnte.
Solche Soldaten sollten gedankenlos Befehle ausführen und gegen genetisch manipulierte bakteriologische Kampfstoffe resistent sein. Ein ehemaliger ORD-Wissenschaftler bemerkte Marks gegenüber, daß manche Vorgesetzten sogar über eine Gesellschaft, bestehend aus genetisch manipulierten Dienern oder Arbeitssklaven, nachdachten. Es ist anzunehmen, daß diese Forscher Zugriff auf die in Los Alamos befindlichen genetischen Datenbanken und DNA-Sequenzen hatten. Da fast alle wichtigen Waffenlabors im *HUGO*-Projekt als tragende Stütze beteiligt sind und genetische Studien in *MKULTRA*-Subprojekten fortgeführt wurden, sollte man das militärische Interesse an diesen Projekten nicht herabspielen, sondern genauer betrachten.
Ein großes militärisches Interesse weist ein Schwesterprojekt des *HUGO* auf. Im *Human-Genom-Diversity*-Projekt (HGD) sammelt man weltweit Tausende von menschlichen Gewebeproben isolierter Völker, ethnischer Gruppen und Ureinwohner.

Die entnommenen Gewebeproben werden akademischen Forschungseinrichtungen, Biotechnologiekonzernen und sogar biomedizinischen Labors der Bio-Waffenschmiede Fort Detrick bei Washington DC zur Verfügung gestellt.[13]
In Fort Detrick befindet sich eine Einheit der Defense Intelligence Agency (DIA), die unter anderem medizinische Daten aus fremden Ländern untersucht und analysiert. Diese Verbindungen zur Bio-Waffenforschung wurden 1996 von der Rural Advancement Foundation International (RAFI), einer Gruppe, die der Biotechnologie kritisch auf die Finger blickt, herausgefunden.
Die Personen, in deren Gewebe nach seltenem Genmaterial oder genetischen Mutationen gesucht wird, werden oftmals gar nicht informiert, für welche Zwecke ihre Genprobe verwendet wird. Es ist sehr schwer, vom National Institute of Health (NIH) Informationen über Zellinien zu erhalten, da diese als Handelsgeheimnisse angesehen werden. RAFI fand auch heraus, daß die US-Marine Gewebeproben von Personen der indonesischen Seite von Papua-Neuguinea, den Philippinen und Peru entnommen hat.
Im April 1996 wurde der Nobelpreisträger Dr. Charleton Gajdusek wegen Kindesmißbrauchs in den USA inhaftiert. Er brachte im Laufe der Jahre mehr als 50 Kinder von Papua-Neuguinea und Mikronesien in die USA. Dr. Gajdusek hatte ein Büro des NIH im Bio-Waffenforschungszentrum Fort Detrick. Bei weiteren Nachforschungen stieß man auch auf eine Regierungsbehörde, die in paranormale Forschungen verwickelt war und das Management zwischen dem NIH und Fort Detrick darstellt.
Die Science Application International Corporation (SAIC) führte zwischen 1990 und 1995 Remote-Viewing-Untersuchungen für verschiedene US-Regierungsbehörden durch und besteht aus mehreren hochrangigen ehemaligen Militär- und Geheimdienstdirektoren, wie den in angebliches UFO-Bergungswissen verwickelten Bobby Ray Inman. Die SAIC teilte den Untersuchungsbehörden mit, daß es keine Protokolle über den Gewebeaustausch gebe, dieser aber üblich sei.[13]

Neben den militärischen Verwicklungen besitzt die SAIC auch kommerzielle Verbindungen zu mindestens einer Biotechnologiefirma, die Tausende von Patenten auf menschliche Gene und Viren, die für die pharmazeutische Industrie interessant sind, besitzt.

Die von den *MKULTRA*-Forschern gesammelten Hinweise über militärische Genmanipulationsprojekte, die militärischen Verwicklungen im *HUGO*-Projekt und *HGD*-Projekt legen nahe, daß biotechnologische Erkenntnisse für militärische Zwecke genützt werden.

Da *Schwarze Projekte* an den Los Alamos-, den Sandia-, den Lawrence-Livermore-Laboratorien und dem DOE durchgeführt wurden und werden, gilt es als ziemlich sicher, daß man geheime genetische Projekte in diesen Waffenschmieden durchführt. Die Fort-Detrick-Verbindung weist ebenso in diese Richtung.

Wenn man das komplette menschliche Gen entziffert hat und alle genetischen Eigenheiten der unterschiedlichsten Rassen über das *HGD*-Projekt kennt, kann man einen genetisch manipulierten biologischen Kampfstoff herstellen, der auf bestimmte Menschengruppen, Rassen etc. abzielt. Solche genetisch manipulierten Kampfstoffe würden gezielte ethnische Säuberungen ermöglichen, während die eigenen Soldaten gefahrlos durch die von den manipulierten Viren befallenen Landstriche streifen könnten.

Andererseits wäre es möglich, Soldaten mit bestimmten genetischen Merkmalen auszubilden oder zu rekrutieren. Im Oktober 1997 berichteten mehrere europäische Medien, daß die deutsche Bundeswehr mit der Entwicklung von biologischen Kampfstoffen, die gegen genetisch verschiedene Menschengruppen gerichtet sind, rechnet. In England werden laut Presseberichten bereits Elitesoldaten per Gentest ausgewählt.[14] Würde man die komplette Bevölkerung wegen der hochgelobten DNA-Verbrechensbekämpfung zum Gentest schicken, könnten Behörden gezielt nach anormalen Genen suchen.

Es stellt sich heraus, daß die ethnische Zugehörigkeit bei manchen genetischen Defekten eine große Rolle zu spielen scheint. Bei der Erbkrankheit Neurofibromatose, charakterisiert durch gutartige Wucherungen im Nervensystem, wirkt sich der Defekt des Gens bei Weißen stärker aus als bei Schwarzen; und bei Frauen askenasisch-jüdischer Abstammung ist eine bestimmte Erbänderung im BRCA1-Gen, das für Brustkrebs verantwortlich ist, besonders häufig.[15]

In den USA gibt es Bundesstaaten, in denen Versicherungsgesellschaften in den genetischen Daten ihrer künftigen Klienten schnüffeln, um das Risiko der zukünftigen Versicherer abschätzen zu können. Erkundigungen über Krankheiten und Todesursachen der Eltern reichen bereits aus, um viele Risikopersonen zu identifizieren.

Es gibt zum Beispiel Personen, die durch einen genetischen Defekt keine Schmerzen spüren. Jeder General wäre froh, wenn er Soldaten mit dieser Eigenschaft befehligen könnte. Da solche genetische Anomalien in der Natur sehr selten vorkommen, könnte man sie mit Hilfe von Genmanipulation künstlich hervorrufen und eine Armee von schmerzunempfindlichen Supersoldaten züchten. Auf den folgenden Seiten werden wir aufzeigen, daß es solche Bestrebungen gibt und daß wie bei *Mind-Control*-Projekten Personen mit angeblichen UFO-Entführungserlebnissen eine Rolle spielen.

4 Projekt MKNAOMI, die Entwicklung von AIDS-ähnlichen Kampfstoffen und Hinweise auf genetisch-biologische Experimente an UFO-Entführten

Als 1975 im Sog des Watergateskandals aufkam, daß die CIA in diesen Skandal verwickelt war, ordnete der US-Senat eine Untersuchung bezüglich der illegalen Lagerung von biologischen Kampfstoffen an. Es sickerten Gerüchte durch, daß die CIA in Fort Detrick illegal tödliche Bakterien, Viren, toxische Stoffe – kurz biologische Waffen – für den offensiven Gebrauch lagere, obwohl dieses laut Genfer Abkommen verboten war.

Am 16. September 1975 wurde schließlich vom US-Senat eine

Untersuchungskommission eingesetzt. Es stellte sich heraus, daß diese Forschungen als *Schwarzes Projekt* mit der Bezeichnung *MKNAOMI* durchgeführt wurden. An diesem Projekt waren viele Mediziner aus renommierten Universitäten und Krebsforschungszentren beteiligt. Man fand heraus, daß wie bei den *Mind-Control*-Experimenten mehrere Versuche an unwissenden Bürgern durchgeführt wurden.[16]
Bei einem Experiment wurde das Trinkwasser der Drug Administration in Washington DC an einem Tag im Jahr 1969 mit einem Virus versetzt, damit man seine Verbreitung an den Mitarbeitern und Besuchern der Behörde studieren konnte.
Am 6. Mai 1998 berichtete die *Philadelphia Weekly*, daß man im Holmesburg-Gefängnis in Pennsylvania unter dem Namen *MKNAOMI* bio-chemische Experimente an Häftlingen durchführte. Manche Insassen bekamen eine Haut, die an einen faulen Apfel erinnerte. Studien ergaben, daß Holmesburg das größte Versuchslabor mit menschlichen Insassen im Nachkriegsamerika war.[17]
Heute weiß man, daß an manchen Insassen Vivisektionstests und dermatologische Studien für die Kosmetikindustrie durchgeführt wurden. Viele Doktoren und Studenten, die in Holmesburg tätig waren, machten erfolgreich Karriere und praktizierten ähnliche Experimente in anderen Gefängnissen.
Der Hauptexperimentator, Dr. Albert M. Klingman, ein Professor der Universität von Pennsylvania, hatte beste Verbindungen zur Pharmaindustrie. Es wird oftmals angeführt, daß Dr. Klingman ein früher Befürworter und Unterstützer für Tierversuche bei pharmazeutischen Stoffen war.
Die Forschungen für biologische Kampfstoffe erhielten unter Präsident Ronald Reagan während der achtziger Jahre einen gewaltigen Auftrieb. Aufgrund eines Gerichtsverfahrens stellte sich heraus, daß das Pentagon gegenwärtig an 127 verschiedenen Orten Forschungen für biologische Waffen durchführt.
Ein ebenso interessanter als auch schockierender Aspekt tat sich auf, als man herausfand, daß man Anfang der siebziger Jahre im *MKNAOMI*-Projekt AIDS-ähnliche, das Immunsystem vernich-

tende Viren, zu entwickeln begann. Der Jurist Dr. Theodore Strecker erhielt über das FOIA-Gesetz ein Dokument des Pentagon mit dem folgenden Titel:
»Verteidigungsministerium: Bewilligung zur Untersuchung von Immunsystem-vernichtenden Stoffen im Rahmen der biologischen Kriegführung.«[18]
In diesem Dokument wird spekuliert, daß es bis Mitte der siebziger Jahre möglich sein könnte, biologische Substanzen zu erzeugen, die in der Natur nicht vorkommen und das Immunsystem eines Menschen vernichten können. Der stellvertretende Direktor des Verteidigungsministeriums behauptet in diesem Dokument, daß man aus Geldmangel nicht an diesen Stoffen arbeite, obwohl es durchaus ein Interesse gäbe.
Interessanterweise haben diese biologischen Kampfstoffe dieselbe Wirkung wie das Mitte der achtziger Jahre entdeckte AIDS-Virus. Der Genetiker Prof. Dr. Joshua Lederberg von der School of Medicine der Stanford-Universität warnte 1971 seine Kollegen, daß man durch chemische Manipulation an den DNA-Komponenten künstliche Viren erzeugen und sie für biologische Kampfstoffe designen könnte.[19]
Durch hervorragende Recherchen fand der Mediziner und Virologe Dr. Leonard Horowitz heraus, daß einer der Entdecker des AIDS-Virus, Dr. Robert Gallo vom Cell Tumor Biology Department des National Cancer Institute (NCI), kurz nach der Erzeugung des zuvor genannten militärischen Immunschwäche-Bio-Waffendokumentes für das Militär an der Herstellung von AIDS-ähnlichen immunsystemzerstörenden Viren arbeitete.[20]
Dr. Gallo und Kollegen präsentierten ihre Forschungen auf diesem Gebiet bei einem Symposium, das von der NATO veranstaltet wurde. Bei diesem NATO-Workshop diskutierte Dr. Gallo mehrere Möglichkeiten und Techniken, wie man Immunschwächekrankheiten, die bei Tieren auftreten, erfolgreich auf den Menschen übertragen könne.[21] Es ist schon sehr seltsam, daß der Entdecker des AIDS-Virus mehr als zehn Jahre zuvor über die Herstellung von AIDS-ähnlichen Viren vor Militärwissenschaftlern bei einem NATO-Symposium referierte.

Dr. Horowitz fand auch Verbindungen zwischen den Arbeiten von Dr. Gallo und einem 1969 für biologische Kampfstoffe in Fort Detrick abgehaltenen Symposium über ähnliche Techniken zur Übertragung von Krankheiten, die bei Tieren, aber nicht bei Menschen auftraten.
Daraufhin studierten Dr. Gallo und seine Kollegen 1972 AIDS-ähnliche Viren an Affen und Katzen. Es ist dokumentiert, daß diese Wissenschaftler Anfang der siebziger Jahre mehrere Arbeiten publizierten, in denen sie stufenweise beschrieben, wie immunsystemzerstörende krebsauslösende Viren durch Anpassung von Affen-, Ratten- und Vogelleukämie zur experimentellen Verwendung in menschliche Zellinien übertragen werden könnten.
Wir wollen die Frage offenlassen, ob die Immunschwächekrankheit AIDS aus diesen Experimenten hervorgegangen ist und bewußt in bestimmten Bevölkerungsgruppen freigesetzt wurde. Jeder, der mehr über diese Spekulationen und Indizien wissen möchte, sollte das Buch von Dr. Leonard G. Horowitz mit dem Titel *Emerging Viruses: Aids and Ebola – Nature, Accident or Intentional?* lesen.[16]
Aufgrund unserer Recherchen bezüglich militärischer Verwicklungen in UFO-Entführungen wurden wir von einigen Personen kontaktiert, deren Erlebnisse auf bio-medizinische Eingriffe rückführbar sind und in einem Zusammenhang mit angeblichen UFO-Entführungserlebnissen zu stehen scheinen.[22]
Deloras (Pseudonym) Vater war ein erfolgreicher Offizier der Navy und 1957 am Munitionsdepot in Shoemaker, Arkansas, stationiert. Delora lebte drei Jahre mit ihren Eltern auf diesem Marinestützpunkt. Seit einigen Jahren leidet sie an traumatischen Bewußtseinsrückblenden aus ihrer eigenen Kindheit, die an heutige UFO-/MILAB-Entführungserlebnisse erinnern. Ihre Rückblenden beinhalten Bunker, unterirdische Forschungsanlagen, ihre Eltern und an ihnen und anderen Personen durchgeführte medizinische Untersuchungen. Interessanterweise glaubte Delora anfänglich, daß sie außerirdische Wesen sehe.
Delora kann sich noch sehr gut erinnern, daß sie auf einem Tisch

lag und von einem hellen Licht bestrahlt wurde. Danach beugten sich Männer in weißen Labormänteln über das Mädchen und begannen sie zu untersuchen. Delora weiß von ihren Eltern, daß die Marine in diesen Bunkeranlagen biologische und chemische Kampfstoffe lagerte. Nach mehrmaligem Befragen und Nachdenken glaubt sie mittlerweile, daß die Wesen, die sie anfänglich für Außerirdische hielt, in Wirklichkeit Ärzte mit einem chirurgischen Gesichtsschutz oder Männer in Anti-Verseuchungsanzügen waren.

In einer Rückblende sah Delora Menschen in Glaskapseln, die mit einem Gas oder einer Flüssigkeit gefüllt waren. Sie beschreibt diese Rückblenden folgendermaßen:

»... Ich sah Tore aus Stahl und Aufzüge, die in unterirdische Etagen führten. Ich sah vertikale und horizontale Kapseln, in denen sich geistesabwesende Menschen befanden. Sie befanden sich in einem Gas oder einer Flüssigkeit. Ich glaube, daß einige dieser Menschen wie Zwillinge aussahen ...«

Delora glaubt, daß diese Menschen geklont wurden. Da sich die Ereignisse in den späten fünfziger Jahren abspielten und auf dem Marinestützpunkt biologische und chemische Waffen gelagert wurden, liegt es näher, daß sie Zeugin eines ungewöhnlichen biomedizinischen Experimentes wurde.

In einer anderen traumatischen Rückblende erinnert sie sich an mehrere Männer in Anzügen, die das Fahrzeug ihrer Familie anhielten und sie zu einem runden Flugobjekt eskortierten. Danach erinnert sie sich wieder, daß sie zum Fahrzeug gebracht wurden. Mit der Zeit war sie nicht mehr sicher, ob das Flugobjekt vielleicht ein Helikopter war.

»... Es war ein helles Licht am Himmel. Ich bin nicht mehr sicher, ob es ein kreisförmiges Flugobjekt war. Möglicherweise war es auch ein Helikopter? ...«

Deloras Erinnerungen stammen aus einer Zeit, als in den USA die ersten UFO-Entführungsfälle aufkamen. Wenn sich ihr Erlebnis mit dem Helikopter, den Männern in den Anzügen und dem Kidnapping wirklich ereignet hat, stellt sich die Frage, ob ihr Fall der einzige blieb, oder ob andere angebliche UFO-Ent-

führungsfälle ebenfalls für getarnte bio-medizinische Experimente benützt wurden.[22,23]
Die MILAB-Entführte Melinda Leslie erlebte 1993 ein ähnliches Erlebnis wie Delora. Sie hatte ein typisches UFO-Entführungserlebnis auf einer Landstraße in Südkalifornien. Melinda erinnert sich teilweise unter vollem Bewußtsein und unter Hypnose, daß sie von kleinwüchsigen grauhäutigen UFO-Wesen in ein diskusförmiges Flugobjekt gebracht wurde.[23]
In diesem Flugobjekt wurde sie von den Wesen auf einen Tisch gelegt und untersucht. Danach erinnert sie sich an ein interessantes Erlebnis, das dem von Delora gleicht. Sie erinnert sich genau, wie Männer in weißen Seuchenschutzanzügen den Raum betraten und sich ihr näherten. In diesem Moment war von den angeblichen Außerirdischen nichts mehr zu sehen. Melinda kann sich sehr gut an dieses Erlebnis erinnern und fand nachträglich sogar den Typ der Schutzanzüge heraus.
In weiteren Hypnoseregressionen möchte sie die verborgenen Erinnerungen nach Erscheinen des irdischen Anti-Seuchenkommandos in ihr Bewußtsein bringen. Wie wir in *Verdeckte Operationen*[4] aufgezeigt haben, gibt es viele Hinweise, daß zumindest bei MILAB-Entführungen ein genetisches Interesse von seiten der Entführer besteht. Im Anschluß werden wir weitere Details präsentieren, die nahelegen, daß Personen mit angeblichen UFO-Entführungserlebnissen möglicherweise für geheime Klon-Experimente herangezogen werden.

5 *Klonversuche: Von Kaulquappen und Schafen zum geklonten Menschen*

Dem britischen Molekularbiologen Dr. John Gurdon gelang es 1968, einen Zellkern aus dem Darm einer Kaulquappe zu isolieren und in die Eizelle einer anderen Kaulquappe zu implantieren. Seine Klonversuche kamen in der Geschichte der offiziellen Genforschung nicht über das Stadium der Kaulquappe hinaus.[24]
Der nächste Schritt erfolgte 1981, als der Genfer Entwicklungs-

biologe Dr. Illmensee behauptete, daß es ihm geglückt sei, den frühembryonalen Zellkern einer Maus in die Eizelle einer anderen Maus zu implantieren und so eine geklonte Maus hervorzubringen. Weil ihm keiner seiner Forscherkollegen glaubte, wurde Illmensee aufgefordert, sein Experiment zu wiederholen oder seine Behauptung zurückzuziehen.

Eine Wiederholung des Experimentes ist weder ihm noch jemand anderem gelungen. 1986 und 1987 gelang es erstmals, Kühe und Schafe von frühen Embryozellen zu klonen.

Durch eine Zellkerntransplantation im Embryonalstadium gelang 1996 Forschern des Roslin-Institutes in Edinburgh, Schottland, das Klonen von fünf Schafen, von denen aber nur zwei überlebten. Die drei anderen starben an zum Teil doppeltem Geburtsgewicht. Weitere Klone waren ebenfalls übernatürlich groß oder hatten überproportional große Köpfe.[25]

Das Klonen eines ausgewachsenen Tieres erschien deshalb so unwahrscheinlich, weil sich das Genom mit zunehmender Entwicklung des Organismus derart spezialisiert, daß es nicht mehr die ursprünglichen Fähigkeiten besitzt. Durch die Spezialisierung der Gene formen sich so unterschiedliche Zellgebilde wie Gehirn und Muskelfasern.

Die Wissenschaftler mußten das Genom im Zellkern des ausgewachsenen Schafes derart präparieren, daß es sich an seine ursprünglichen Fähigkeiten erinnerte und vom Start weg einen ganzen Tierorganismus entwickelte.[26]

Die vielen Fehlversuche und die Produktion von mißgebildeten Klon-Schafen wurden in der Presse nicht behandelt. In einer Sommernacht im Juli 1996 wurde *Dolly*, das erste, nicht mißgebildete, aus einer Euterzelle geklonte Schaf, am Roslin-Institut in Schottland geboren. Die Nachricht vom geglückten Klon-Experiment wurde der Öffentlichkeit im Februar 1997 mitgeteilt. *Dolly* und andere geklonte Tiere sollen in Zukunft Drogen für die Pharmakonzerne, Versuchstiere und Organe für Transplantationen produzieren.

Kurz nach *Dolly* gab es Berichte von anderen Instituten, die Frösche, Affen und Kühe mit ähnlichen Klontechniken erzeugt hatten.[27,28] Die Skeptiker waren sprachlos, und die Menschenrechtsorganisationen forderten die Regierungen auf, daß Gesetze erlassen werden sollen, damit das Klonen von Menschen verhindert werden kann. Die Gründe für ein solches Klonverbot liegen auf der Hand.

Ethiker befürchten, daß Biotechnologiekonzerne gehirnlose menschliche Klone für Organbanken, biologische Roboter für militärische Zwecke, Tiermenschen und ähnliche genetische Alpträume produzieren könnten.[29] Am 6. Januar 1998 trat der Physiker Dr. Richard Seed an die Öffentlichkeit und gab bekannt, daß das Klonen und das Reprogrammieren der DNA erste Schritte seien, *eins* mit Gott zu werden.[30] Er behauptete weiter, daß er eine Klonklinik ins Leben rufen werde, in der er mit Hilfe gleichgesinnter Wissenschaftler Babys klonen möchte, damit unfruchtbaren Paaren geholfen wird.

Da der amerikanische Präsident Bill Clinton verbot, Bundesgelder für Klon-Experimente an Menschen bis zum Jahr 2003 zur Verfügung zu stellen, gab Dr. Seed an, daß er sein Projekt in naher Zukunft in einem Klon-freundlichen Land wie Mexiko oder auf den Bahamas durchführen möchte.

Am 2. April 1998 stellte der New Yorker Biologe Dr. Stuart Newman einen Patentantrag zur Erzeugung von Mensch-Tier-Hybridwesen, obwohl er angab, keine menschlichen Chimären produzieren zu wollen.[31]

Dr. Newman meint, daß es möglich wäre, menschliche Chimären aus menschlichen und tierischen Embryozellen zu züchten. Die Mixtur zwischen menschlichen Zellen und den Zellen eines Schimpansen könnte eine neue humanoide Rasse ergeben. Da die gleiche Methode bei Schafen und Ziegen funktioniert, meint Dr. Newman, daß es bei Menschen und Primaten ebenfalls funktionieren würde, da diese genetisch näher verwandt sind als Schafe mit Ziegen.

Am 11. März 1997 gab die *Rael*-Bewegung im Flamingo Hilton Hotel in Las Vegas, Nevada, eine Pressekonferenz des Inhalts, daß *Rael* eine Gesellschaft namens *CLONAID* zum Klonen von Menschen ins Leben rufen möchte.[32] Die *Rael*-Bewegung ist eine

Sekte, die glaubt, daß die Auferstehung von Jesus durch einen genetischen Eingriff von Außerirdischen mit der Bezeichnung Elohim zustande kam.
CLONAID will deshalb Firmen und Wissenschaftler, die Menschen klonen möchten, finanziell unterstützen, damit man den Elohim gleich wird. Außerdem will *CLONAID* Paaren eine Möglichkeit geben, das Gewebe ihrer Kinder oder Ehepartner zu lagern, damit sie nach einem Todesfall einen Klon der Verstorbenen reproduzieren können.
Im Falle von genetischen Defekten möchte man diese vor der Geburt beheben. *Rael* möchte *CLONAID* auf den Bahamas errichten, da diese Insel kein Klon-Verbot besitzt. Im Dezember 1998 verkündete die *Rael*-Bewegung, daß *CLONAID* spätesten im Jahr 2000 den ersten Menschen klonen möchte. Laut *CLONAID* gibt es genug Personen, die sich für geklonte Kinder interessieren. Unter den Interessenten befinden sich hauptsächlich Homosexuelle und Ehepaare, die auf herkömmliche Weise keine Kinder bekommen können. Die Rolle dieser UFO-Sekte ist in diesem Zusammenhang sehr interessant, da man den Glauben an Außerirdische benützt, um eine Pro-Menschenklon-Stimmung in einer Bevölkerungsgruppe zu erzeugen.
Man darf davon ausgehen, daß Dr. Seed und ähnlich motivierte Wissenschaftler früher oder später menschliche Klone produzieren werden. Diese Klone werden anfänglich wie die schottischen Schafe mißgebildet sein. Wir halten den von Präsident Clinton durchgesetzten finanziellen Förderungsstop für Klon-Experimente mit Menschen an staatlichen Forschungseinrichtungen für wertlos, da private Firmen sehr wohl die nötigen Geldmittel aufbringen werden oder in Klon-freundliche Länder ausweichen können.
Da militärische *Schwarze Projekte* ebenfalls im quasi-privaten Bereich oder in streng geheimen, abgeschiedenen Forschungseinrichtungen stattfinden, bedeutet dieses Klonverbot für die Projektleiter nichts. Im Anschluß zeigen wir auf, daß es durchaus Hinweise gibt, daß man menschliche Klone unter dem Deckmantel des UFO-Entführungsphänomens durchführt.

6 *Hinweise auf geheime Klon-Experimente mit Menschen unter dem Deckmantel des UFO-Entführungsphänomens*

Im Jahre 1993 ging die Schlagzeile »Cloning Humans« um die Welt.[33] Die *New York Times* und das *Time Magazine* berichteten über die erste Vervielfältigung eines menschlichen Embryos in einem Labor. Der Erfolg des Experiments wurde von einem Dr. Jerry Hall bei einem Treffen vor der American Fertility Society in Montreal bekanntgegeben. Dr. Robert Stillman experimentierte mit 17 mikroskopisch kleinen Embryos und vervielfachte sie 48mal.

Dem Direktor des In-vitro-Labors der George-Washington-Universität gelang es offiziell das erste Mal, menschliche Embryos zu klonen. Obwohl das Experiment ein Erfolg war, wurden die embryonalen Klone nach sechs Tagen abgetötet.

Nach den erfolgreichen Experimenten mit Schaf-, Kuh- und Affenklonen und den Statements des zuvor erwähnten Dr. Seed oder des *Rael*-Kultes ist es nur mehr eine Frage der Zeit, bis der erste geklonte Mensch der Öffentlichkeit vorgestellt wird. Dr. Dan Wolf vom Oregon Regional Primate Research Center in Beaverton, USA, arbeitet am Klonen von Affen, die für die AIDS-Forschung verwendet werden sollen. Er ist der Meinung, daß man die Technologie bis 2003 soweit haben wird, um Menschen ohne Mißbildungen klonen zu können.

Es stellt sich die Frage, ob man nicht im verborgenen gegenwärtig schon versucht, menschliche Klone zu produzieren. Leser, die in der seriöseren UFO-Literatur bewandert sind, werden wissen, daß gerade die angebliche Züchtung von Hybridwesen im UFO-Entführungsphänomen eine große Rolle spielt.

In Dan Wrights MATP-Projekt befanden sich zum Zeitpunkt unserer Recherchen (Stand Frühjahr 1998) 162 weibliche und 75 männliche Personen mit UFO-Entführungserlebnissen.[34,35] In 15 Fällen hatten beide Geschlechter gleichzeitig ein UFO-Entführungserlebnis. Von diesen 177 weiblichen Entführten berichten 30, daß man ihnen Gewebe vom Uterus, eine Flüssigkeit oder

Eizellen aus den Eierstöcken entnommen habe. Vier von diesen 30 Personen erinnerten sich, daß man ihnen vaginal einen Embryo einsetzte. 18 Frauen behaupten hingegen, daß ihnen in einem UFO ein Fötus entnommen worden sei. Dan Wright hat Hinweise, daß etwa 40 andere Frauen ähnliche Erlebnisse während ihrer angeblichen UFO-Entführung erlebten. Ausschnitte aus den Hypnosemitschriften hören sich folgendermaßen an:
»... Es sieht aus, als ob dieses Wesen ein Doktor wäre. Er ist sehr glücklich ... Er sieht erfreut aus ... Er nimmt das Instrument und holt den Fötus heraus ... Es ist nicht groß ...«[35]
37 Frauen wurden Säuglinge vorgeführt oder Föten in Inkubatoren, die mit Nährlösungen gefüllt waren, gezeigt. Oft beschreiben die Entführten eine Unzahl von Glasbehältern, die Reihe an Reihe an den Wänden stehen. In diesen Glasbehältern sollen sich

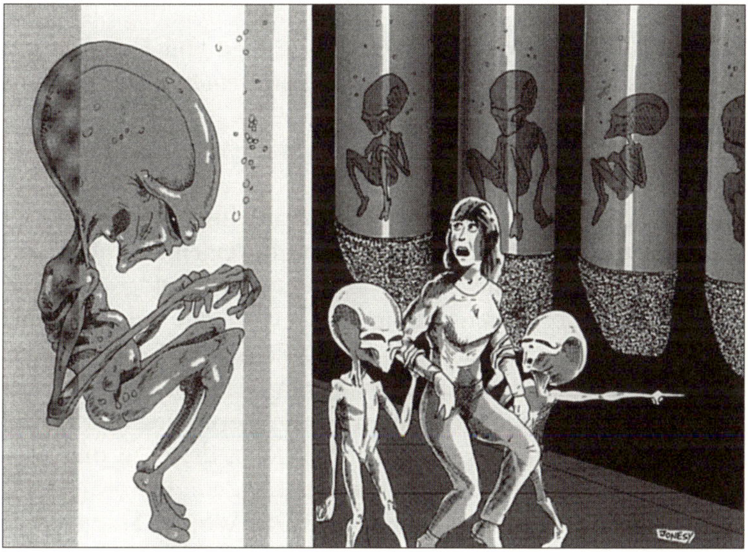

Abb. 36: Personen mit angeblichen UFO-Entführungserlebnissen beschreiben immer wieder, daß ihnen in UFOs von den Wesen eine Unzahl von Glasbehältern gezeigt wurde, in denen sich Föten und Embryos befanden, von denen Drähte oder Verbindungsleitungen zu Geräten führten, die an den Wänden angeordnet waren (© Jonesy).

Föten und Embryos befinden, von denen Drähte oder Verbindungsleitungen zu Geräten führen. Im Anschluß sollen zwei Fälle ein besseres Verständnis geben:
»... Sie sehen wie kleine Babys aus, haben aber eine etwas andere Form... sie sind mit einer Maschine verbunden... Sie befinden sich in einem Glas... in Glaskapseln...«[35]
Ein anderer Fall aus Dan Wrights UFO-Entführungsstudie hört sich folgendermaßen an:
»... Es ist nicht das erste Mal, daß ich solche Babys sehe. Ich betrachte diese Babys... Sie sehen menschlich aus... Ihre Köpfe sehen deformiert aus. Die Farbe ist nicht richtig... Sie befinden sich in großen Glasflaschen... Die Flaschen sind mit einer Flüssigkeit gefüllt... Sie schweben darin...«[35]
Wir könnten diese Schilderungen noch vielfach wiederholen. In diesem Kapitel wollen wir weitere Hinweise auf die UFO-Verwicklung irdischer Behörden in den Zusammenhang mit geheimen Klon-Experimenten bringen. Einige von Dan Wrights Fällen könnten mit solchen Klon-Experimenten in Verbindung stehen.
In einem konkreten Fall wurde eine Frau von Männern in militärischen Uniformen gekidnappt und zu einer unterirdischen Forschungsanlage geflogen. Sie erhielt eine Injektion und wurde in eine Dusche geführt. Nachdem man ihr einen braunen Staub vom Körper gewaschen hatte, wurde sie gynäkologisch untersucht. Die an der Untersuchung beteiligten Ärzte teilten ihr mit, daß sie und andere Frauen Teil eines genetischen Projektes seien, das Klonen und die Vervielfältigung von menschlicher DNA beinhalte. Nach diesen Prozeduren wurde sie in einen Raum geführt, in dem sich andere Frauen befanden, die nach und nach von Militärpersonal verhört wurden. Andere gynäkologische Untersuchungen durch Militärärzte in Dan Wrights Studie hören sich folgendermaßen an:
»... Ich wachte in einem Raum auf, der sehr hell erleuchtet wurde... Da war ein großes rundes Licht über mir... Ich war mit einem Klebeband rechts unter meinen Brüsten niedergebunden... Ich, uh, bewegte meinen Kopf und sah den Mann mit den grauen

Haaren. Er stand zu meiner Linken, schaute auf mich und sagte: ›Guten Morgen!‹ Sie spreizen meine Füße und legen sie auf eine Vorrichtung... Und er sagt: ›Wie geht es dir diesen Morgen?‹ Ich schaue ihn an und sage: ›Du bist ein Arschloch!‹ Sie führen etwas in meine Vagina ein... Ich flehte: ›Bitte betäubt mich... Ihr tut mir weh... Bitte...‹ Er sah mich an und ich glaube, er war traurig... Uh, sie führen etwas in meinen Darm ein... Nach kurzer Zeit werde ich müde... Als nächstes erinnere ich mich, daß ich zu Hause aufwachte und den Geschmack einer Chemikalie wahrnahm. Mein Kopf schmerzte und meine Augen brannten fürchterlich...«[35]

Bei dieser Frau scheinen die Militärs nach einem *Alien*-Embryo zu suchen, da sie die Frau nach einem angeblichen UFO-Entführungserlebnis kidnappten und gynäkologisch untersuchten. Nach diesem Szenario würde es bedeuten, daß ihre Entführer der Ansicht sind, daß *Aliens* real existieren und daß sie über diese Frau an implantierte *Alien*-Föten herankommen wollen. Nach gegenwärtigen Kenntnissen muß man aber auch in Betracht ziehen, daß man ihr die UFO-Entführungserlebnisse mittels narkohypnotischer Methoden vorspielte, um ein *rein* irdisches Genexperiment tarnen zu können.

Die in den vorigen Unterkapiteln erbrachten Hinweise und die an John Marks herangetragenen Informationen von ORD-Bediensteten schließen geheime Klon-Experimente seit Anfang der achtziger Jahre nicht mehr aus. Personen mit angeblichen UFO-Entführungserlebnissen beschreiben immer wieder Glaszylinder, in denen sich ausgewachsene Menschen befinden. Eine MILAB-Entführte aus Dan Wrights MATP-Projekt beschreibt eine solche Situation während einer UFO-Entführung folgendermaßen:

»...Ich stehe davor... Der Körper in dem Zylinder ist größer... Blondes Haar, sehr blonde Haare. Die Augen sind geschlossen... Ich berühre es. Ich berühre den Zylinder, und es ist wie... Es sieht wie Glas aus, und es fühlt sich wie Plexiglas an... Uh, ich blicke zu Boden... Ich weiß nicht, was es ist. Es ist sehr menschlich... Etwas größer... Ich würde sagen, es war etwa sechs Fuß groß... Es gibt viele Zylinder... Verschiedene Personen...«[35]

Abb. 37: Einige UFO-Entführungsopfer erinnern sich, daß sie Menschen in militärischen Untergrundbasen sahen, die sich in Glasbehältern befanden und völlig identisch aussahen. Solche Fälle legen es nahe, daß jemand im geheimen unter dem Deckmantel des UFO-Entführungsphänomens in künstlichen Gebärmüttern menschliche Dollys klont (© Jonesy).

Es würde logisch sein, daß man künstliche Gebärmütter für Klon-Experimente entwickelt, damit man menschliche Leihmütter umgehen kann.
Mitte der sechziger Jahre versuchte der Geburtshelfer Robert Goodlin in Kalifornien, menschliche Embryos, die bei Fehlgeburten vorzeitig ausgestoßen wurden, in stählernen Kammern künstlich am Leben zu erhalten.[36] Bei seinen ersten Versuchen blieben sie nicht länger als höchstens zwei Tage am Leben. Als ein Fotograf das Bild eines Fötus in einer Stahlkammer – eine Art künstliche Gebärmutter – publizierte, reagierte die Öffentlichkeit empört. Goodlin wurde schließlich aufgrund des öffentlichen Drucks gezwungen, seine Fötus-Experimente abzubrechen.
Japanische Wissenschaftler haben vor kurzem einen Geißenfötus in einer künstlichen Gebärmutter drei Wochen lang am Leben erhalten. Dr. Yoshinori Kuwabara von der Juntendo-Universität in Tokio entfernte den Geißenfötus aus dem Leib seiner Mutter in der 17. Woche. Die Wissenschaftler gaben den Fötus in eine künstliche Gebärmutter, die mit einer Nährlösung gefüllt war. Mit einer Maschine wurden Nährlösung und Sauerstoff in das Blut des Tieres gepumpt. Die Erfindung soll in Zukunft menschlichen Frühgeburten oder verlorenen Föten zur Rettung dienen.[37]
Entführungen durch paramilitärische Einheiten legen es nahe, daß es *Schwarze Projekte* gibt, in denen künstliche Gebärmütter für geheime Klon-Experimente entwickelt werden. In solchen mit Nährlösungen gefüllten Inkubatoren könnte man menschliche Klone aufziehen. Interessanterweise behaupten die meisten Entführten, daß die Föten in den Glasbehältern mißgebildet aussehen. Genau solche Mißbildungen würde man bei den ersten menschlichen Klonen erwarten. Hunderte Fehlschläge, Fehlgeburten und etliche schwerstbehinderte Menschen wären das Ergebnis anfänglicher Klonversuche.
Die ersten Fälle wurden in den Büchern von Budd Hopkins,[38,39] Prof. David Jacobs[40] und Prof. John Mack[41] behandelt. Dabei berichteten die Betroffenen, daß sie Glasbehälter, in denen sich

Föten befanden, während ihres Entführungserlebnisses in angeblichen UFOs sahen. Nun wissen wir aber, daß gerade diese Forscher ungewollte militärische Kontakte von UFO-Entführten ignorieren oder in einen anderen Zusammenhang stellen.
Wir wissen von Betroffenen, daß diese Forscher auch Fälle untersucht haben, die in eine militärisch-irdische Richtung wiesen. Ein solcher Fall ist die von Hopkins und anderen Forschern untersuchte Christa Tilton. Christa Tilton beschrieb uns ihr Erlebnis nach einer Entführung in eine militärische Untergrundbasis folgendermaßen:
»... Ich sehe Menschen in Tanks ... Die Tanks lehnen etwa 25 Grad geneigt an den Wänden. Sie berühren die Mauern. Die Menschen befinden sich in einer Ruhephase ... Es war eine klare Flüssigkeit in den Tanks. Ich glaube, diese Menschen wurden über eine seltsame Vorrichtung hinter ihren Köpfen am Leben erhalten ...«[42]
Wir haben in *Verdeckte Operationen*[4] einige Fälle vorgestellt, bei denen sich die Betroffenen an deformierte Tiere und Menschen in militärischen Untergrundbasen erinnern konnten. Wir könnten weitere Fälle anführen, die nahelegen, daß jemand im geheimen unter dem Deckmantel des UFO-Entführungsphänomens menschliche *Dollys* klont.
Was könnte der Sinn solcher geheimen Klon-Experimente sein? Einmal wäre eine große Summe Geld mit gehirnlosen Klonen, deren Organe man nach Belieben entnehmen kann, für Biotechnologiekonzerne zu erwirtschaften. Für militärische Zwecke gäbe es viele andere Anwendungsbereiche.
In der Sendung *Future Fantastic* wurde beispielsweise eine NATO-Studie über *Cyborg*-Soldaten vorgestellt, für deren Körper ein Klon bestens geeignet wäre.[43] Dieser Klon hätte statt eines menschlichen Gehirns einen Computer. Ein solcher biologischer Roboter wäre für zukünftige Kriegsschauplätze von großer Bedeutung. Er würde keine Strahlungsschäden abbekommen und könnte ohne Schwierigkeiten in radioaktiv, chemisch und mit Viren verseuchten Gebieten operieren.
Falls es wirklich außerirdische Wesen gibt, die uns heimlich

heimsuchen, würde man ebenfalls versuchen, deren DNA mit unserer zu kombinieren, um Supersoldaten, militärische Dienerwesen etc. zu kreieren, die ähnlich den tierischen Chimären besondere genetische Eigenschaften aufweisen könnten.

Der Biologe Dr. Lee Silver von der Princeton-Universität ist der Meinung, daß man in Zukunft beginnen wird, Menschen zu klonen, aus denen sich mehrere menschliche Spezies entwickeln könnten.[44] Er meint, daß die Kinder von reichen Eltern genetisch manipuliert werden könnten, so daß diese genetischen Veränderungen im Laufe der Jahre zur Unfruchtbarkeit mit nicht genetisch manipulierten Menschen führen würden. Es würden sich wie in Aldous Huxleys *Brave New World* unterschiedliche Menschengruppen entwickeln.

Diese Entwicklungen würden laut Dr. Silver unweigerlich in ein Klassensystem von genetisch perfekten Herrenmenschen und menschlichen Subspezies führen. Es wäre die größte Katastrophe, die der Menschheit zustoßen könnte. Das von Lee Silver prognostizierte Szenario scheint sich nun wirklich abzuzeichnen. Im August 1998 hat eine erlesene Gruppe amerikanischer Wissenschaftler auf einem Symposium an der Universität von Kalifornien in Los Angeles die Möglichkeit von Keimbahn-Therapien propagiert. Durch dieses Verfahren könnte man nicht nur erblich bedingte Neigungen, etwa zu Prostatakrebs, Schizophrenie oder Alkoholismus, beheben, sondern die Evolution der Menschheit steuern.

So haben Wissenschaftler bereits die Keimbahnen von Mäusen verändert, um auf diese Weise wirtschaftlich wie wissenschaftlich nutzbringende Geschöpfe zu kreieren. Beim Menschen der Zukunft bieten sich zwei Möglichkeiten zum Eingriff in die Keimbahn an. Man kann bestehende Gene in den Chromosomensatz eines werdenden Menschen einbauen. Möglicherweise kann man aber auch künstliche Gene schaffen und sie in menschliche Eizellen einschleusen. Um eine unkontrollierte Ausbreitung dieser Gene zu verhindern, sollte man sie mit einer Art Schalter versehen, mit dem man sie je nach Belieben aktivieren oder deaktivieren kann.

Die gentechnisch modifizierten Menschen hätten damit die Wahl, ob sie die Gene mit Hilfe eines hormonartigen Medikaments abschalten wollen oder nicht. Außerdem beschlossen die an der Konferenz teilnehmenden Forscher, daß man sich aufgrund dieser Möglichkeiten in Zukunft nicht mehr an *Denkverbote* halten wird. Somit scheint der von Dr. Silver prognostizierte Weg in Richtung *Brave New World* vorgegeben zu sein.

V

Vom Cyber-Soldaten zum ferngesteuerten Menschen

»... Elektromagnetische Energie in gepulster, fokussierter und gestalteter Form kann mit dem menschlichen Körper in einer Art und Weise gekoppelt werden, daß man die Muskelbewegungen steuern, die Emotionen kontrollieren, Schlaf erzeugen, Anweisungen übertragen und mit dem Kurz- und Langzeitgedächtnis wechselwirken kann ...«

Report über biologische Prozeßkontrollwaffen, erschienen im New World Vistas, Air and Space Power for the 21st Century, des USAF Scientific Advisory Board, Juni 1996.

»... Sie stimulieren spezielle Körperteile. Zum Beispiel geht mein Mund plötzlich auf, und meine Lippen beginnen unkontrollierbar zu zucken. Plötzlich wird meine Hand wie ferngesteuert nach oben gehoben. Meine Beine gehorchen mir manchmal nicht, und ich höre verschiedene Geräusche in meinem Kopf ...«

Die Neuseeländerin Janine Jones leidet wie viele andere angebliche Versuchskaninchen von biologischen Prozeßkontrollwaffen an ähnlichen Symptomen, wie sie zuvor im New-World-Vistas-Bericht der amerikanischen Luftwaffe angeführt wurden.

1 *Die Cyber-Situation: Auf dem Weg zur globalen Kontrolle*

Seit Ende des *Kalten Krieges* planen Militärs ihre und somit auch unsere Zukunft. Viele Menschen meinen, daß die Großmächte wegen der atomaren Abrüstung ein friedliches Zeitalter einleiten. In Wirklichkeit besitzt man nun neue Mittel, um Macht und Kontrolle ausüben zu können. Mit Atomwaffen kann man keinen Krieg gewinnen und deshalb auch keinen führen.

Mit den gegenwärtig in Entwicklung befindlichen exotischen Antipersonenwaffen und weltraumgestützten Satellitenwaffen hingegen schon. In der 1995 publizierten Studie *New World Vistas, Air and Space Power for the 21st Century* und der 1996 publizierten *Air-Force-2025*-Studie legt die amerikanische Luftwaffe eine militärische Weltordnung fest, die in eine globale politische Kontrolle münden könnte und gegenwärtig einen *Science-fiction*-ähnlichen Charakter besitzt.[1,2]

Interessanterweise waren zu diesen Studien außer hochrangigen Militärs viele *Science-fiction*-Autoren und -Filmproduzenten geladen, damit sie ihre Ideen einbringen konnten. Ein wichtiger Faktor war die Feststellung, daß man das amerikanische Weltbild – den *American Way of Life* – von einer nationalen zu einer globalen Lebensanschauung ausdehnen sollte. Mit dieser PSYWAR-Aktion sollen gegenwärtige Gegner durch langsames Aufweichen der eigenen Weltanschauung und Lebensweise unter Kontrolle gebracht werden.

Damit dieses Ziel erreicht werden kann, suchte man nach Methoden, eine militärische Überlegenheit zu finden, die in acht alternativen Zukünften, in die sich unsere Welt entwickeln könnte, aufrechterhalten bleibt.[3]

Diese alternativen Zukünfte reichen von einer Welt, in der nationalistischer Terror regiert, über eine Weltordnung, die von multinationalen Konzernen global diktiert wird, bis zu

High-Tech-Gesellschaften, pseudodemokratischen Zweidrittel-Gesellschaften und hin zu einer auferstandenen chinesischen Großmacht.

Damit man in allen alternativen Zukünften militärisch die *Nummer 1* bleibt, muß man eine globale Kontrolle anstreben. Die Idee hinter diesem Vorhaben ist folgende:

Man geht davon aus, daß eine globale Menschheit mit *einem* Weltbild und *einer* Kultur, in diesem Fall die amerikanische, keine Kriege mehr führen wird. Das Militär überwacht global alle Krisen und Unruheherde mit letalen und nicht-letalen High-Tech-Waffen, die sonst kein Land oder keine Macht besitzt.

Diese Idee mag zuerst recht vernünftig klingen. Wenn man allerdings die Vergangenheit betrachtet, weiß man, daß eine Regierungsform, die die absolute militärische Macht besitzt, bis jetzt noch immer in eine Diktatur mündete. Viele dieser für die *Cyber-Situation* getesteten Technologien scheinen schon jetzt als *Schwarze Projekte* entwickelt und eingesetzt zu werden. Es ist interessant, daß sich hinter den Planern dieser Vision die gleichen Personen zu verbergen scheinen, die sich für die *Mind-Control*-Projekte, UFO-Programme, UFO-PSYWAR-Desinformationsaktionen und High-Tech-Waffenentwicklungen, wie die unter Präsident Ronald Reagan entwickelte Strategic Defense Initiative (SDI), verantwortlich zeigten. Sie scheinen die wahren, im Hintergrund agierenden Regenten der internationalen politischen Szene zu sein.

Um eine globale Kontrolle ausüben zu können, entwickelt man derzeit weltraumgestützte Überwachungseinrichtungen, global einsetzbare Weltraumwaffen mit der Bezeichnung Global Area Strike System (GLASS), unbemannte UFO-ähnliche Flugkörper, die mit nicht-letalen Waffen bestückt werden, UFO-ähnliche Spionageflugkörper, attackierende Mikroroboter und bemannte Flugkörper, die wie Flugzeuge starten, aber einen niederen Erdorbit erreichen können.[4]

Das GLASS-Projekt beinhaltet weltraumgestützte Waffen, die auch offensiv eingesetzt werden können. Diese Waffen sind

Hochenergielaser, kinetische Partikelstrahlwaffen, Mikrowellenplattformen, Lasersysteme, die durch Sonnenenergie gespeist werden und ganze Landstriche in der Nacht taghell erleuchten, und weltraumgestützte Laser, die lokal das Wettergeschehen manipulieren können, indem sie Atmosphäreschichten erwärmen.

Die Mikroroboter sollen so klein sein, daß sie als Staubteilchen getarnt einzeln oder als Schwarm angreifen. Bei diesen Studien wird immer wieder betont, daß der Mensch mit den Maschinen *eins* werden muß. Um das sogenannte Mensch-Maschinen-Interface entwickeln zu können, muß die Gehirnforschung bis an ihre Grenzen getrieben werden. Möglicherweise spielen die in den vorigen Kapiteln behandelten Projekte eine große Rolle, um diese Vorhaben einzuleiten.

Es hat den Anschein, als ob diese neuartigen exotischen Waffensysteme diverse *Mind-Control*-Projekte zur Erforschung von Bewußtseins-Materiewechselwirkung und für bewußtseinsverändernde Mikrowellen- und ELF-Wellenwaffen erfordern.

2 *Cyber-Soldaten: Der Chip im Hirn*

Ein wichtiger Bestandteil dieser *Cyber-Situation* ist ein in das Gehirn von speziell geschulten Soldaten eingesetztes Gehirnimplantat, mit dem die mit einem Satellitensystem in Verbindung stehenden Soldaten gerichtete Energiewaffen des zuvor erwähnten GLASS-Systems bedienen können. Wenn man sich die Geschichte der Implantatentwicklung genau ansieht, stößt man unweigerlich auf militärisch-geheimdienstliches Interesse.

Der erste Mediziner, der an direkter Stimulation von Gehirnen forschte, war der Schweizer Physiologe Dr. Walter Rudolf Hess. Dr. Hess war zwischen 1917 und 1951 Direktor am Physiologischen Institut in Zürich. Er führte feine, elektrisch leitende Drähte in das Gehirn von betäubten Katzen ein. Als er bestimmte Gehirnregionen elektrisch stimulierte, wurden die Katzen zu kleinen Berserkern. Grundlegende Arbeiten zur Kontrolle von Gehirnfunktionen mit Radiowellen publizierten 1934 Dr. E. L. Chaffee und Dr. R. U. Light in einer Arbeit mit dem Titel: »A Method for the Remote Control of Electrical Stimulation of the Nervous System.«

Der aus dem Spanien der Franco-Zeit stammende Mediziner Dr. José Delgado und andere Wissenschaftler entwickelten diese Methode weiter, um sie schließlich auf den Menschen übertragen zu können. Dr. Delgado ging in die USA und wurde Direktor für Neuropsychiatrie an der Yale-Universität. Neben seinen Forschungen auf dem Gebiet der Epilepsie arbeitete er aber auch für das Office of Naval Intelligence, die CIA und andere Institutionen, wobei er die Forschungen von Dr. Hess, Dr. Chaffee und Dr. Light auf menschliche Versuchskaninchen übertrug und die Vision von ferngesteuerten Soldaten und einer implantierten Menschheit entwickelte.[5,6,7]

Bei seinen ersten Versuchen in den fünfziger Jahren versah er die Köpfe seiner Versuchskaninchen mit metallischen Klammern und führte lange feine Nadeln in die verschiedenen Gehirnbereiche ein, um verschiedene Bereiche zu stimulieren. In späteren Experimenten wurden die Nadeln gegen kleine Elektroden ausgetauscht, die durch Radiowellen angesprochen wurden.

Die Elektroden sandten die Radiowellen zu einem Computer, wo man sie analysierte. Mit diesen Forschungen wurde die Basis für den drahtlosen Patienten geschaffen. Dr. Delgado studierte das Verhalten von Affenkolonien, in denen sich einige implantierte Exemplare befanden, deren Verhalten er hin und wieder beeinflußte.

Mit seinem Implantat, das Dr. Delgado *Stimoceiver* nannte, konnte er Aggressionen und andere Stimmungen bei den Tieren unbemerkt hervorrufen. Seine Forschungsergebnisse waren natürlich für den militärisch-geheimdienstlichen Komplex von großem Interesse. Generäle hatten den ferngesteuerten Soldaten im Kopf. Ein Soldat, der Aggressionen entwickelt, der keine

106 1

PROPOSAL

It is proposed to continue research on problems critical to a clarification of the fundamental aspects of the stimulus-response relationship in biological systems. Studies will be conducted utilizing chronic animal preparations with permanent septal electrodes. Investigations will be conducted utilizing chronic electrode preparations coupled with selected classical types of conditioning. Studies will be conducted on the geography of the brain in selected species of animals to determine the locus in which stimulations will produce specific reactions.

A careful literature survey, especially of the Russian literature, of foreign research in this area will be conducted.

Abb. 38: In diesem Forschungsantrag für das MKULTRA/CIA-Subprojekt 106 geht es um Studien an Tieren, denen permanent Elektroden implantiert werden, damit man sie durch elektrische Stimulation konditionieren und fernsteuern kann. Im Subprojekt 94 gibt es Hinweise, daß man diese Studien auf den Menschen übertrug.

Schmerzen empfindet und der ohne Fragen gefährliche Handlungen ausübt, ist der Traum eines jeden Befehlshabers.
Dr. Delgado fand heraus, daß der Implantierte schutzlos gegen die Manipulation in seinem Gehirn ist. Durch elektrische Stimulation können motorische Reflexe ausgelöst werden, der freie Wille kann ohne Skrupel gebrochen werden, und durch die Stimulation der Frontallappen können in einer Person Halluzinationen ausgelöst werden.
Man kann aufgrund freigegebener Geheimdienstdokumente sehr gut belegen, daß die in *Verdeckte Operationen*[8] veröffentlichten geheim durchgeführten militärischen Implantierungsprojekte in dieser Zeit begannen. Der Schwede Robert Naeslund und viele *Mind-Control*-Opfer waren die ersten biotelemetrischen Versuchskaninchen, deren Verhalten man innerhalb der Gesellschaft – ähnlich den Versuchen in den Affenkolonien – manipulierte.
Dem *Mind-Control*-Opfer Terry Parker wurden Anfang der siebziger Jahre infolge des *MKULTRA*-Projektes im Torontoer Hospital für Kinderkrankheiten 43 Implantate in sein Gehirn eingesetzt, damit man alle Gehirnbereiche drahtlos stimulieren konnte.[9]
Ein CIA-Memorandum des *MKULTRA*-Projektes, datiert vom 22. November 1961, gibt ebenfalls einen interessanten Einblick in diese Zusammenhänge. Das Memorandum lautet folgendermaßen:
»... Anfängliche biologische Arbeiten an Techniken für Gehirnbereiche, die zu Konditionierung und Kontrolle von Tieren führen, wurden abgeschlossen. Die Möglichkeiten einer Kontrolle aus der Entfernung wurde bei mehreren Tierarten demonstriert. Die gegenwärtigen Untersuchungen verfeinern diese Techniken und werden eine präzise Kartografierung der brauchbaren Gehirnbereiche in ausgewählten Spezies liefern. Das ultimative Ziel dieser Forschungen ist es, Verständnis über die Kontrolle von Tieren zu erlangen und praktische Systeme zu liefern, die auf XXXXXX anwendbar sind ...«[10]
Ein *MKULTRA*-Forschungsauftrag legt klar fest, daß man

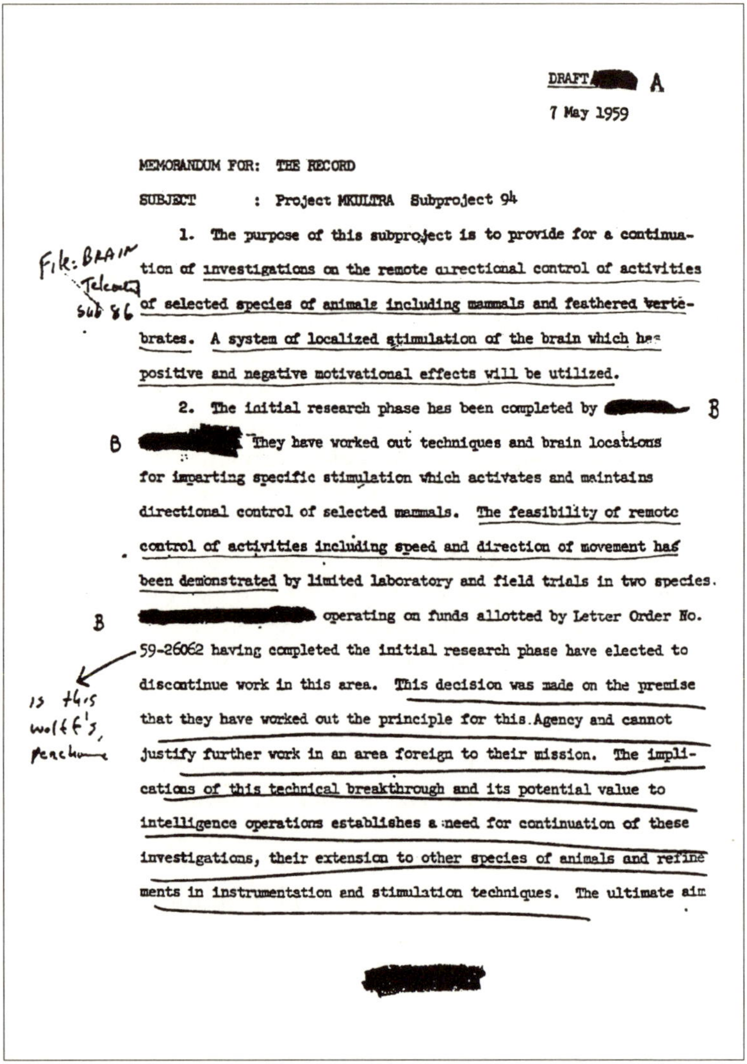

DRAFT [redacted] A

7 May 1959

MEMORANDUM FOR: THE RECORD

SUBJECT : Project MKULTRA Subproject 94

1. The purpose of this subproject is to provide for a continuation of investigations on the remote directional control of activities of selected species of animals including mammals and feathered vertebrates. A system of localized stimulation of the brain which has positive and negative motivational effects will be utilized.

2. The initial research phase has been completed by [redacted] B

B [redacted] They have worked out techniques and brain locations for imparting specific stimulation which activates and maintains directional control of selected mammals. The feasibility of remote control of activities including speed and direction of movement has been demonstrated by limited laboratory and field trials in two species.

B [redacted] operating on funds allotted by Letter Order No. 59-26062 having completed the initial research phase have elected to discontinue work in this area. This decision was made on the premise that they have worked out the principle for this Agency and cannot justify further work in an area foreign to their mission. The implications of this technical breakthrough and its potential value to intelligence operations establishes a need for continuation of these investigations, their extension to other species of animals and refinements in instrumentation and stimulation techniques. The ultimate aim

[redacted]

Abb. 39: Erste Seite eines Dokumentes des MKULTRA/CIA-Subprojektes 94 vom 7. Mai 1959. In diesem Dokument beschreibt man, wie Tiere mit Hilfe von Implantaten ferngelenkt werden. Im Punkt 2 wird angeführt, daß man die Bewegung, die Geschwindigkeit und andere Handlungen bei zwei Tierarten erfolgreich beeinflußt hat.

[redacted]

94-14

22 November 1961

MEMORANDUM FOR: THE RECORD

SUBJECT : Project MKULTRA, Subproject No. 94

File: Brain
Telecontrol
MKDELTA

1. The purpose of this subproject is to provide a continuation of activities in selected species of animals. Miniaturized stimulating electrode implants in specific brain center areas will be utilized.

2. Initial biological work on techniques and brain locations essential to providing conditioning and control of animals has been completed. The feasibility of remote control of activities in several species of animals has been demonstrated. The present investigations are directed toward improvement of techniques and will provide a precise mapping of the useful brain centers in selected species. The ultimate objective of this research is to provide an understanding of the mechanisms involved in the directional control of animals and to provide practical systems suitable for [redacted] application.

[redacted]

memo for Record
An earlier proposal, dated 18 Oct '60 not significantly different from this [illegible] also in this file

Abb. 40: Ein weiteres CIA-Dokument des MKULTRA-Subprojektes 94 aus dem Jahre 1961 beweist, daß der amerikanische Geheimdienst miniaturisierte stimulierende Implantate in bestimmten Gehirnbereichen von Lebewesen einsetzte. Zu dieser Zeit war Dr. José Delgado eine Kapazität auf dem Gebiet der implantierbaren Elektroden.

diese bei Tieren erfolgreich abgeschlossenen Forschungen versuchsweise auf den Menschen übertragen wollte. In *Verdeckte Operationen*[8] haben wir die Ähnlichkeiten zwischen den Implantierungsprozeduren von angeblichen UFO-Insassen und den gängigen neurochirurgischen Praktiken aufgezeigt. Sind es wirklich UFO-Insassen, die UFO-Entführungsopfer implantieren, oder sind es etwa Agenten eines Geheimdienstes?

Informanten aus dem militärischen Bereich vermuten, daß die Sowjetunion an ähnlichen Forschungsprojekten arbeitete, da die zuvor erwähnten CIA-Dokumente aus dieser Zeit stammen. Es gibt viele Hinweise, daß diese CIA-eigenen Forschungen zur Entwicklung von Radio Hypnotic Intercerebral Control and Electronic Desolution of Memory (RHIC-EDOM)-Implantaten führten.[11]

Mit der RHIC-EDOM-Technologie kann man ein mit Hypnose und Drogen induziertes Programm oder einen Befehl mit einem Radiosignal aus der Entfernung immer wieder abrufen.[12] Das erste Mal müßte ein RHIC-EDOM-Opfer entführt oder in einem Spital einer Hypnoseprogrammierung unterzogen werden. Nachdem das unwissende Opfer wieder ausgesetzt wurde, könnte man die unter Hypnose suggerierten Befehle mit Hilfe eines bestimmten Radiosignals aktivieren. Mit dieser Methode könnte man Attentatsbefehle oder sogar UFO-Entführungserlebnisse wiederholt auslösen.

Professor Artemore vom Moskauer Institut für Fremdsprachen gab während der sechziger Jahre ebenfalls Informationen preis, die nahelegten, daß die Sowjetunion Radiowellen dahingehend manipulierte, um mit ihnen das menschliche Verhalten zu beeinflussen.

Eine weitere wichtige Technologie auf diesem Gebiet ist die sogenannte EDOM-Technologie. Mit dieser Methode kann man, wie in *Verdeckte Operationen*[8] beschrieben, die Informationsübertragung im Gehirn durch eine Unterbrechung der Synapsen stoppen. Die Unterbrechung und der anschließende Gedächtnisverlust werden durch eine von Radiowellen hervor-

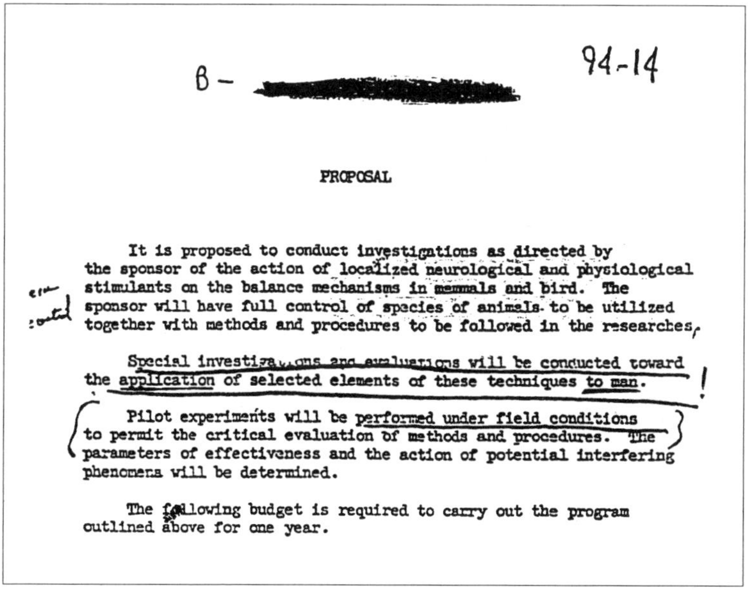

B- [redacted] 94-14

PROPOSAL

It is proposed to conduct investigations as directed by the sponsor of the action of localized neurological and physiological stimulants on the balance mechanisms in mammals and bird. The sponsor will have full control of species of animals to be utilized together with methods and procedures to be followed in the researches.

Special investigations and evaluations will be conducted toward the application of selected elements of these techniques to man. !

Pilot experiments will be performed under field conditions to permit the critical evaluation of methods and procedures. The parameters of effectiveness and the action of potential interfering phenomena will be determined.

The following budget is required to carry out the program outlined above for one year.

Abb. 41: In diesem MKULTRA/CIA-Forschungsauftrag geht es ebenfalls um neurologische und physiologische Forschungen, damit Lebewesen ferngesteuert werden können. Interessant ist, daß man diese Forschungen anscheinend auf den Menschen übertrug und Experimente in Feldstudien durchführte. Wurden diese Feldstudien unter dem Deckmantel von UFO-Entführungen betrieben? Implantierten Mind-Control-Spezialisten anstatt angebliche UFO-Wesen die Betroffenen?

gerufene Überproduktion von Acetylcholin im Gehirn verursacht. Die mit EDOM behandelte Person erleidet, ähnlich wie Personen mit angeblichen UFO-Entführungserlebnissen, ein sogenanntes *missing-time*-Erlebnis.

Eine genaue Recherche in neurochirurgischen Veröffentlichungen zeigt auf, daß diese Technologien in den sechziger Jahren zur Verfügung standen und für militärisch-geheimdienstliche Anwendungen im *MKULTRA*-Projekt auf großes Interesse stießen. Es kann sich jeder ausmalen, wie weit diese Techniken gegenwärtig fortgeschritten sind.

Abb. 42: Diese Illustration veranschaulicht eine transnasale Implantierung einer Frau durch ein UFO-Wesen, hinter dem sich möglicherweise Geheimdienstwissenschaftler verbergen, die, wie im Forschungsantrag des MKULTRA-Subprojektes 94 vorgeschlagen, Feldstudien an unwissend implantierten Menschen durchführten (© Jonesy).

Die Ideologie, die Motivationen und die bereits bekanntgewordenen Verbrechen legen es nahe, daß zumindest Teile der angeblichen UFO-Implantierungsgeschichten auf das Konto von Geheimdienstwissenschaftlern gehen könnten.
Da die gegenwärtig vorgeschlagene *Cyber-Situation* nicht ohne Gehirnimplantate auskommt, scheint man die unter *MKULTRA* begonnenen Forschungen im geheimen fortgesetzt zu haben. Die Interaktion zwischen Mensch und Computer spielt in diesen futuristischen Waffensystemen eine immer größer werdende Rolle. Für diese Forschungen kann man keine Tiere verwenden, da sie für Menschen ausgelegt sind. Im *Air-Force-*

2025-Artikel über *Information Operations* werden folgende *Mind-Control*-Ziele angegeben.[13]

1. Der Informationsfluß von und zum Gehirn.
2. Die Umsetzung der Gedanken in Daten mit Hilfe von visuellen Abbildungstechniken.

Die Verfasser des Artikels betonen, daß es am wichtigsten ist, zu verstehen, wie die Informationen ins Gehirn gelangen und für die Sinnesorgane umgewandelt werden. Die Verstärkung und Dekodierung der beim Denken frei werdenden Gehirnwellen soll zur perfekten Verbindung zwischen Maschine und Gehirn führen. Wenn man mit einem Computer gedanklich kom-

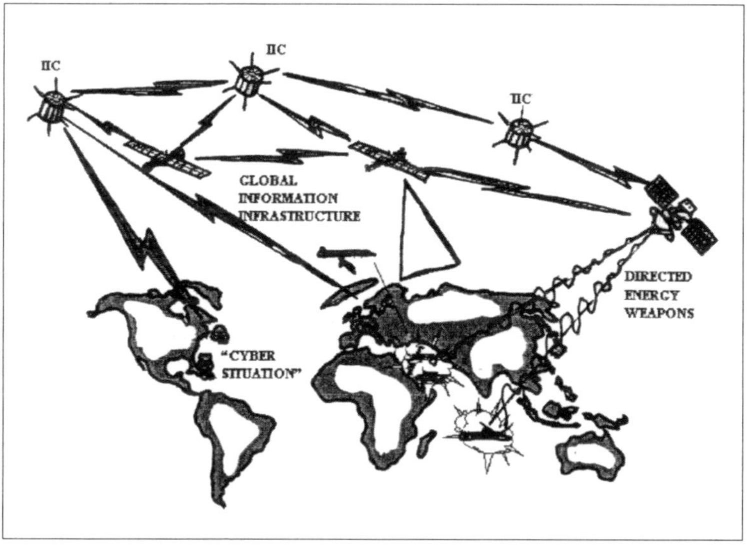

Abb. 43: Die Illustration veranschaulicht die propagierte Cyber-Situation, bei der speziell ausgebildete, mit Gehirnimplantaten versehene Soldaten mit einem Satellitennetzwerk verbunden sind. Diese Cyber-Soldaten können sich mit Hilfe dieser Implantat-Satelliten-Verbindung virtuell auf beliebige Orte auf der Erdoberfläche begeben und die unter dem GLASS-System entwickelten gerichteten Energiewaffen auf potentielle Krisenherde abfeuern.

munizieren möchte, muß man Wege finden, um die im Computer digital vorhandenen Informationen in analog arbeitende Prozesse des Gehirns umwandeln zu können.
Das Forschungszentrum der Stanford-Universität entwickelt zur Zeit einen Nerven-Chip, der zwischen den Nerven und einem Computer kommunizieren kann.[13] In der *Air-Force-2025*-Studie will man einen solchen Chip für die Entwicklung von *Virtual-Reality*-Gehirnimplantaten heranziehen, indem man Videosignale über diesen Nerven-Chip ins Gehirn einspielt, um ein virtuelles Realitätsszenario eines weit entfernten Schlachtfeldes beim implantierten Soldaten erzeugen zu können.
Am California Institut of Technology wird bereits an einem Computer-Chip geforscht, der das analoge Denken im menschlichen Gehirn nachahmt. Dieser Chip bildet die Basis für ein Gehirnimplantat, das alle Sinnesorgane mit einem Computer verbinden kann.[13] Ein solcher Chip soll das Kernstück der *Cyber-Situation* darstellen.
Speziell ausgebildete mit solchen Gehirnimplantaten versehene Soldaten werden über ihren Chip mit einem Satellitennetzwerk verbunden. Die Cyber-Soldaten können sich mit Hilfe der Satelliten in beliebige, global stattfindende Krisenherde einblenden, da in ihrem Gehirn ein visualisiertes Bild des gewünschten Ortes erscheint. Sie können sich somit selbst *virtuell* auf das Schlachtfeld begeben. Dort soll es ihnen möglich sein, die im GLASS-System entwickelten letalen oder nichtletalen gerichteten Energiewaffen, wie gepulste Mikrowellen, auf die Krisenherde abzufeuern. Diese gerichteten Energiewaffen können elektrische Stromkreise unterbrechen, zerstören somit die Elektronik in Fahrzeugen und Computern und unterbrechen die Stromversorgung eines Gebäudes oder einer ganzen Stadt.
Jede Macht, die eine solche Technologie und ein solches Waffensystem besitzt, wäre damit der uneingeschränkte Herrscher über die gesamte Erde. Da die militärischen Anwendungsbereiche für Gehirnimplantate und Bio-Chips uneingeschränkt sind,

wird es möglich sein, den von Dr. Delgado prognostizierten, auf Knopfdruck gesteuerten Soldaten in der nahen Zukunft zu erschaffen.
Die militärisch-politischen Planer der *Cyber-Situation* geben in ihrer Zusammenfassung auch an, wie sie die Bevölkerung für ihr Vorhaben gewinnen möchten. Es soll wie so oft der medizinische Nutzen von Implantaten hervorgehoben werden. Das in der Einleitung erwähnte, in Deutschland entwickelte biomedizinische Gehirnimplantat, das manche Ärzte am liebsten jedem Bundesbürger implantieren möchten, ist so ein Fall.[14,15] Die medizinisch-militärischen Verwicklungen in solche Projekte sind eindeutig, auch wenn sie der Öffentlichkeit vorenthalten werden.
Es geht schon lange nicht mehr um die technologische Vorherrschaft im Bereich der Mikrosystemtechnologie. Im nächsten Schritt sollen Nerven an den Chip anwachsen, um über bioverträgliche Materialien Prothesen für Behinderte steuern zu können. Auf der militärischen Seite könnte man mit diesen Mikrosystemtechniken manipulierbare Menschen oder wie in den *Science-fiction*-Geschichten *Cyborgs* (Robotermenschen) erschaffen.

3 *Der ferngesteuerte Mensch*

Seit mehr als 30 Jahren versuchen Wissenschaftler, das menschliche Gehirn mit Computer und anderer Hardware zu verbinden. In der Zeitschrift *Aviation Week and Space Technology* vom 15. August 1994 bestätigt ein pensionierter Colonel der US-Armee, daß die Armee seit den sechziger Jahren extensive Experimente in bezug auf Gehirnwellenmanipulation zum Steuern von Fernlenkeinrichtungen für Raketen und Flugzeuge durchführt.[16] Diese Experimente reichen bis in die *MKULTRA*-Zeiten zurück, wurden unbenannt und werden noch heute als *Schwarze Projekte* fortgeführt.
Infolge dieser Projekte fand man heraus, daß der menschliche

Körper ähnlich wie ein Computer, der aus Myriaden Datenprozessen besteht, funktioniert. Jedes Gefühl, jeder Gedanke, jede Erinnerung und jede Absicht läßt sich auf feinorchestrierte elektrische und biochemische Impulse zurückführen. Die Regungen in dem rund 100 Milliarden Nervenzellen umfassenden Netzwerk des menschlichen Gehirns lassen sich oftmals bis zu einer Sekunde früher nachweisen, als sie der betreffenden Person bewußt werden.

Diese Erkenntnis führte zur Entwicklung von biologischen Prozeßkontrollwaffen, die bestimmte Wellenlängen des elektromagnetischen und akustischen Spektrums benützen, um durch eine Koppelung des Nervensystems das Verhalten des Gegners beeinflussen zu können.

Das Gehirn kann nach Ansicht vieler Wissenschaftler dem menschlichen Bewußtsein sogar das Gefühl vorgaukeln, autonom zu handeln, obwohl es manipuliert wurde. Neurochirurgische Untersuchungen weisen darauf hin, daß man den freien Willen durch gezielte Stimulationen im supplementär-motorischen Areal künstlich erzeugen kann. Wenn man die richtigen Stellen elektrisch reizt, kann eine Person ihren Arm heben und behauptet danach, sie hätte es gewollt.

Biologische Prozeßkontrollwaffen kontrollieren oder verändern die Psyche und attackieren das Sinnes- und Datenverarbeitungssystem des menschlichen Organismus. Ähnliche psychobiologische Waffen werden auch in Rußland und anderen Staaten entwickelt und scheinen in Zukunft die atomare Bedrohung abzulösen.

Während die Öffentlichkeit empört über die unterirdischen Atombombentests in Indien und Pakistan reagiert, dringen von den Großmächten immer mehr Informationen bezüglich dieser neuartigen Bedrohung an die Öffentlichkeit.

Es war die Sowjetunion, die begann, die Effekte von elektromagnetischen Wellen auf Menschen zu erforschen. Als die amerikanische Botschaft 1962 in Moskau mit elektromagnetischen Wellen bestrahlt wurde, begannen die USA, diese Effekte unter den Projekten *BIZARRE* und *PANDORA* zu untersuchen.[17]

[redacted]

119-18

DRAFT/[redacted]
17 August 1960

119-18-1

MEMORANDUM FOR: THE RECORD

SUBJECT : MKULTRA, Subproject 119

1. The purpose of this subproject is to provide funds for a study conducted by [redacted] to make a critical review of the literature and scientific developments related to the recording, analysis and interpretation of bioelectric signals from the human organism, and activation of human behavior by remote means. When initiated this study was being done on a consultant basis by [redacted] The reason for converting this into a Subproject is to provide more flexibility in the disbursal of funds for various kinds of assistance and equipment needed.

2. As indicated in the attached proposal this study is to provide an annotated bibliography and an interpretive survey of work being done in psychophysiological research and instrumentation. The survey encompasses five main areas:

a. Bioelectric sensors: sources of significant electrical potential and methods of pick-up.

b. Recording: amplification, electronic tape and other multi-channel recording.

c. Analysis: autocorrelators, spectrum analyzers, etc. and coordination with automatic data processing equipment.

d. Standardization of data for correlation with biochemical, physiological and behavioral indices.

e. Techniques of activation of the human organism by remote electronic means.

[redacted]

Abb. 44: Das MKULTRA/CIA-Subprojekt 119 beschäftigte sich schon Anfang der sechziger Jahre mit biologisch-elektronischen Experimenten zur Manipulation des menschlichen Verhaltens durch Fernsteuerungstechnologien. Anhand dieses Projektes sieht man, daß die gegenwärtig entwickelten biologischen Prozeßkontrollwaffen ihren Ursprung im MKULTRA/CIA-Mind-Control-Projekt haben.

Bald danach verschwanden diese Forschungen in der Welt der *Schwarzen Projekte* und tauchen nun in den nicht-letalen Waffenprogrammen und der *Air-Force-2025*-Studie wieder auf. Als die Sowjetunion merkte, daß die USA ebenfalls diese Waffen entwickelten, versuchte Andrej Gromyko die UNO zu bewegen, biologische Prozeßkontrollwaffen als Massenvernichtungsmittel zu deklarieren und verbieten zu lassen.
Die USA enthielt sich einer UNO-Abstimmung und gab an, daß es keine solche Waffen gäbe. In Wirklichkeit entwickelte man sie unter Ausschluß des Kongresses im geheimen. Im Jahre 1973 entdeckte man am Walter Reed Army Institute of Research, daß die Amplitude eines Mikrowellenstrahles so moduliert werden kann, daß sie einer Schallwelle ähnlich ist. Dieser Strahl kann direkt in das Gehirn eindringen und Geräusche verursachen.
Die Experimente führten schließlich zur Entwicklung von *künstlicher Telepathie*.[18,19] Ein Betroffener kann dadurch an Halluzinationen in allen Sinnesorganen leiden. Weitere Effekte sind panikartige Zustände und Konzentrationsstörungen. Die Sowjetunion wollte am 1. August 1979 beim Committee on Disarmament eine neuerliche Friedensinitiative in Form des Verbots von elektromagnetischen Waffen als Massenvernichtungsmittel durchbringen.[20]
In der Zwischenzeit scheinen Entwicklungen im Gange zu sein, diese Waffen zur politischen Kontrolle einsetzen zu wollen. Tests an größeren Menschenansammlungen wurden Mitte der sechziger Jahre bei Demonstrationen, wie die in *Verdeckte Operationen*[8] behandelte Greenham-Common-Antiatomraketendemo, eingesetzt.
Biologische Prozeßkontrollwaffen sind Hochfrequenz-Radiotransmitter, die mit einem *Wellenleiter* die elektromagnetische Energie auf ihr Ziel richten. Die Wellenarten, die in den Transmitter geführt werden, sind höchst geheim. Die Effekte, die das Nervensystem von Lebewesen beeinflussen, können als Massenvernichtungsmethode bezeichnet werden.
Durch eine Koppelung mit dem Nervensystem kann man den

Herzschlag stoppen oder die Motorik eines gesunden Menschen manipulieren und beeinflussen.[21] Biologische Prozeßkontrollwaffen, die die Muskelbewegungen und den motorischen Cortex im Gehirn manipulieren, benützen gepulste elektromagnetische Wellen. Die Frequenzen der benützten Radio- und Mikrowellen durchdringen mit Leichtigkeit die Mauern, Böden und Dächer von Gebäuden, ohne daß sie Spuren hinterlassen.[22]

Die Neuseeländerin Janine Jones ist sehr wahrscheinlich ein Opfer von illegal durchgeführten biologischen Prozeßkontrollwaffen-Tests. Ihr Fall ist sehr gut dokumentiert, da sie illegal mit Implantaten versehen wurde, die eindeutig auf Röntgenaufnahmen zu sehen sind und von Ärzten bestätigt werden. Seit Juni 1988 werden an ihr von unbekannten Personen solche Tests durchgeführt, die sie folgendermaßen beschreibt:

»... Sie stimulieren spezielle Körperteile. Zum Beispiel fällt mein Mund plötzlich auf, und meine Lippen beginnen unkontrollierbar zu zucken. Plötzlich wird meine Hand wie ferngesteuert nach oben gehoben. Meine Beine gehorchen mir manchmal nicht, und ich höre verschiedene Geräusche in meinem Kopf ...«[23]

Seit 1994 empfängt Frau Jones visuelle dreidimensionale holografische Bilder von Gesichtern, Personen, Gebäuden, Plätzen und anderen seltsamen Gegenständen. Ihre Implantate sind auf Röntgenaufnahmen klar zu erkennen; außerdem besitzt sie Gutachten eines neuseeländischen Arztes, die diese Tatsachen bestätigen. Es ist durchaus möglich, daß man ihr einen Prototyp eines in der *Air Force 2025* geforderten Virtual Reality Bio-Chip einsetzte und sie als Versuchskaninchen für die *Cyber-Situation* herhalten muß.

Die Qualen, die diese und viele andere Betroffenen durchmachen, sind unvorstellbar. Diese Menschen können nicht mehr schlafen und entwickeln früher oder später schizo-paranoide Zustände, so daß man die durchgeführten Tests leicht verleugnen kann und nur auf den psychischen Zustand der Betroffenen hinzuweisen braucht.

RADIOLOGICAL REPORT

Cranial x-ray of Janine Francis, DOB 19/1 1949, number E29/hb 202

Lateral projection shows a foreign object implanted in the frontal lobe directly adjacent to the nasal passages. This object is most probably a radio-transmitter.

Interference in blood-circulation is spreading over large areas of the brain, concentrated in the frontal lobe and in particular around the implanted foreign object. The positioning of the object in the brain has also disturbed vital behavioural and psychological functions. It is highly likely that this blood-flow impairment is the result of the radio-signal emanating from the transmitter. This, in turn, causes a depletion in oxygen levels and a reduced nutrient supply to these areas of the brain, where changes in neurological activity are inevitable.

London, June 10th 1997

R. Thompson

Richard Thompson. M.D.

Abb. 45: Im radiologischen Report von Janine Francis Jones bestätigt der britische Arzt Dr. Richard Thompson 1997, daß Frau Jones einen Fremdkörper direkt über dem Nasenschaft implantiert hat. Dieser Fremdkörper ist sehr wahrscheinlich ein Radiotransmitter. In diesem Bereich ist auch die Blutzirkulation behindert und beeinflußt ihr Verhalten und ihre psychologischen Funktionen. Durch die eindringenden elektromagnetischen Wellen wird der Sauerstoffgehalt im Gehirn reduziert und ändert die neurologischen Funktionen (© Janine Jones).

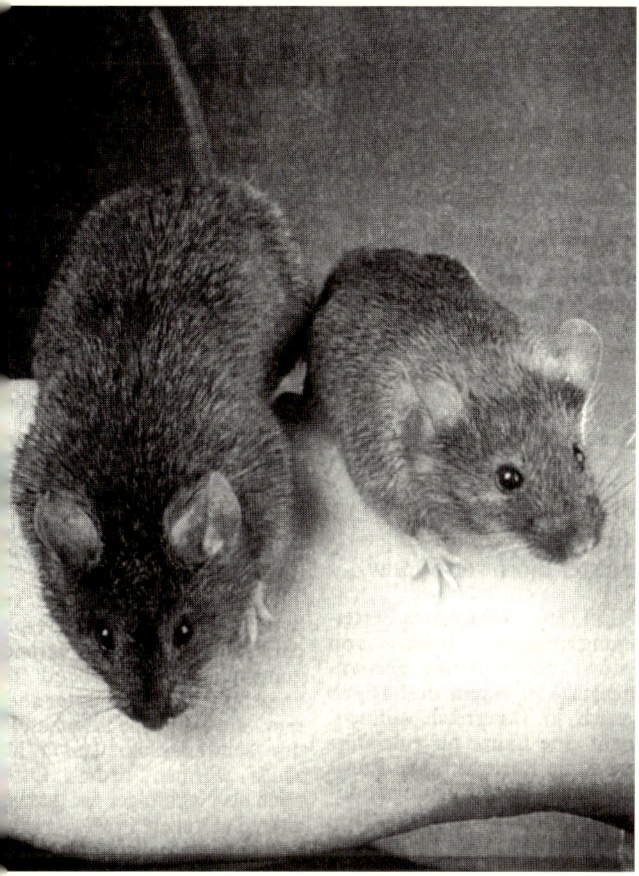

33 Die linke Maus wurde durch Genmanipulation zu einer doppelt so großen Muskelmaus herangezüchtet. Es gibt mehrere unabhängige Hinweise, daß Militärs an genmanipulierten elitären Supersoldaten ein großes Interesse haben.

Diesem polnischen Testkarpfen wurden menschliche Gene eingepflanzt, die für die Wachsmshormone verantwortlich sind. Der Fisch wurde in kürzester Zeit um bis zu 40 Prozent ößer als normal. Biologen befürchten eine völlige Verfälschung der heimischen Fischwelt. erantwortlich für diese Experimente ist das Institut für Genetik und Tierzucht in Jastrbiec ıhe Warschau. Dort wurde auch schon eine Chimäre halb Ziege, halb Schaf herangezüchtet.

34

35

35 Im Hintergrund sind Gebäude und Hangars der Marana Basis zu sehen. Christa Tilton wurde angeblich in der Nähe dieser Basis von Militärs gekidnappt und in einer unterirdischen Forschungsanlage untersucht. Während dieses Kidnappings sah sie mehrere Menschen in mit Flüssigkeiten gefüllten Glasbehältern, die an künstliche Gebärmütter erinnerten. Im Insert sin einige schwarze unmarkierte Helikopter zu sehen, die diese Basis als Stützpunkt benützen. Christa Tilton und ein Pilot kamen ganz nahe an die Helikopter heran und bestätigen, daß diese ohne Hoheitsabzeichen waren (© Christa Tilton).

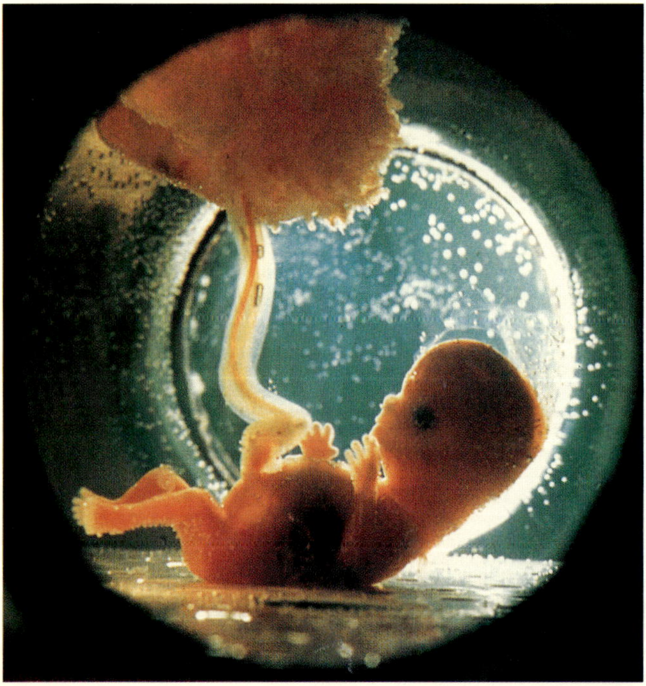

36

36 Mitte der sechzi ger Jahre versuchte der Geburtshelfer Robert Goodlin in Kalifornien, menschli che Embryos, die bei Fehlgeburten vorzeitig ausgestoßen worden waren, am Leben zu erhalten. Bei seinen ersten Versuchen blieben sie nicht länger als zwei Tage in der Stahlkammer am Leben. Auf Druck durch die Öffentlichkeit mußte er sein umstrittenes Projekt schließlich einstellen. Es ist durchaus vorstellbar, daß man seine Versuche im geheimen fortsetzte.

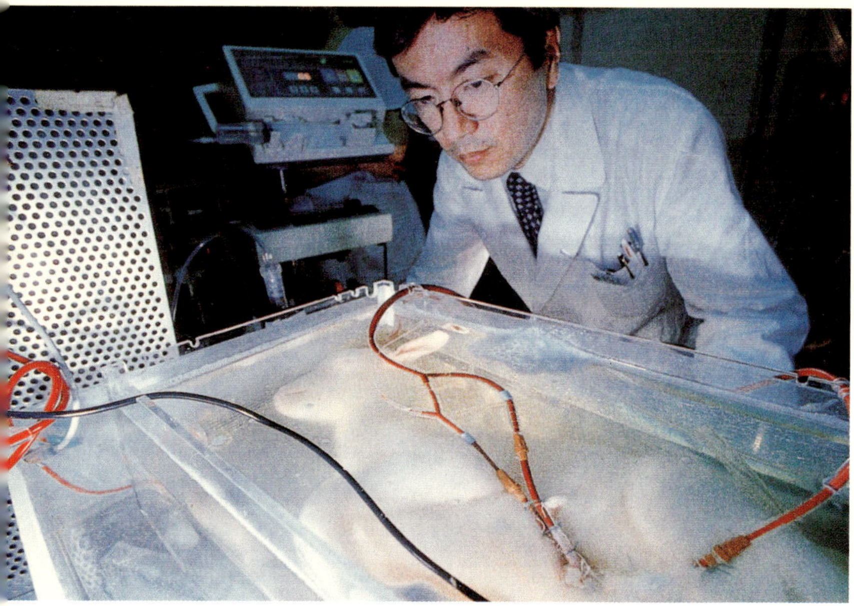

37

Für das vielfache Klonen von Lebewesen sind künstliche Gebärmütter sehr wichtig. Japani-
ˀe Wissenschaftler arbeiten an solchen Projekten und haben in einer künstlichen Gebärmutter
ɛi Wochen lang einen Ziegenfötus am Leben erhalten, nachdem sie den Fötus in eine mit einer
ährlösung gefüllte künstliche Gebärmutter gaben. Ihre Erfindung soll in Zukunft menschliche
ühgeburten retten, könnte aber auch zum Aufziehen von Klonen eingesetzt werden.

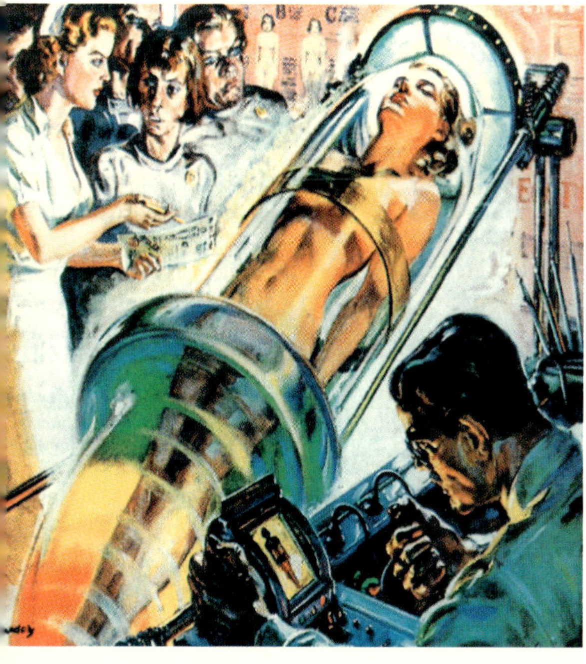

38 Die Illustration aus dem Jahre 1939 stellt ein Szenario dar, das gegenwärtig oftmals von Personen beschrieben wird, die angeblich von Militärs für geheime Experimente in militärischen Untergrundbasen mißbraucht wurden. Ähnlichkeiten mit der in Japan entwickelten künstlichen Gebärmutter für Tiere drängen sich auf. Viele unabhängig voneinander geschilderte Erlebnisse von traumatisierten Personen legen es nahe, daß jemand im geheimen menschliche Dollys klont.

39

39 Manche Personen mit angeblichen UFO-Entführungserlebnissen beschreiben Wesen die Kapuzen tragen, ähnlich wie sie bei satanischen Ritualmißbrauchsfällen häufig beobachtet werden. Die im Bild zu sehenden Wesen wurden 1995 von einem männlichen Entführten in New Hope, Pennsylvania beschrieben (© Linda Moulton Howe).

40 Eine Illustration, die veranschaulicht, daß die bei dem Kidnapping von Melinda Leslie beteiligten Personen biologische Schutzanzüge trugen und keine Außerirdischen waren. Man darf sich deshalb fragen, ob Melinda Leslie unter dem Deckmantel einer UFO-Entführung für biologische oder chemische Experimente mißbraucht wurde (© Melinda Leslie).

40

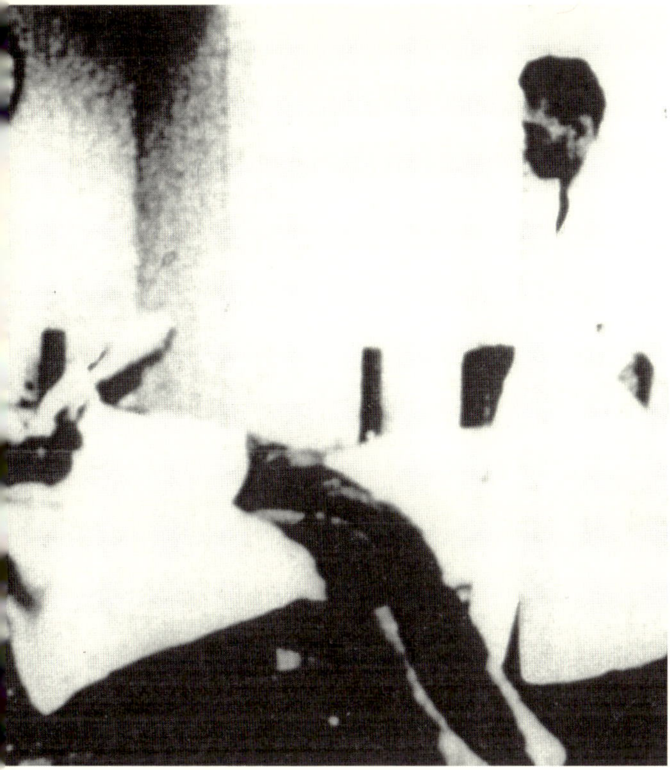

41 Auf diesem schlecht erhaltenen Foto injiziert ein unbekannter Militärarzt einem an einem Mind Control-Projekt unwissend teilnehmenden Soldaten in Edgewood ein Halluzinogen. Das Szenario erinnert sehr an die im Buch beschriebenen Erlebnisse von militärischen Verhören von Personen mit angeblichen UFO-Entführungserlebnissen.

2 Das Bild zeigt auf einer Rastermikroskop-Aufnahme, wie feinste Nervenzellfortsätze ıs der Retina mit einem Durchmesser kleiner als ein tausendstel Millimeter auf einer mikro- ıechanisch hergestellten dreidimensionalen Struktur aus Silizium wachsen.

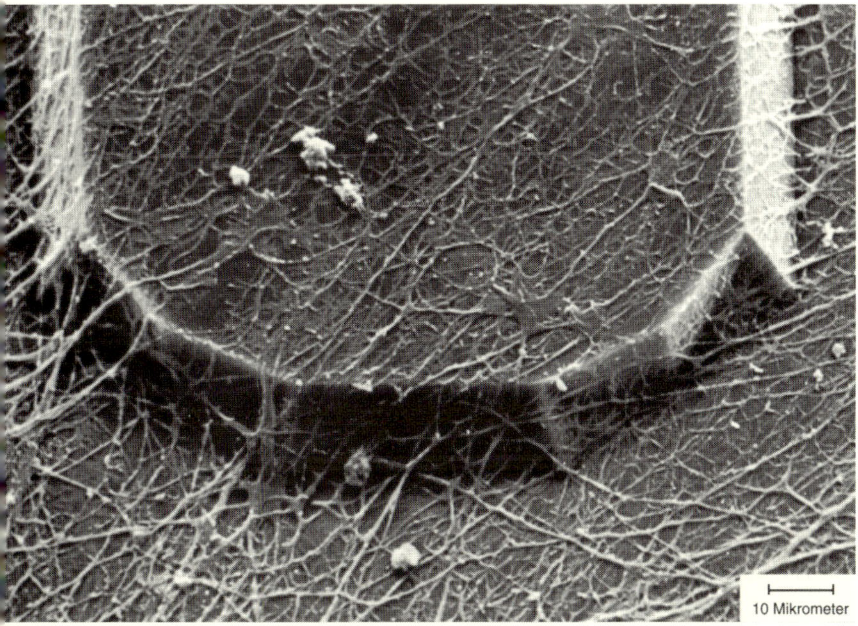

42

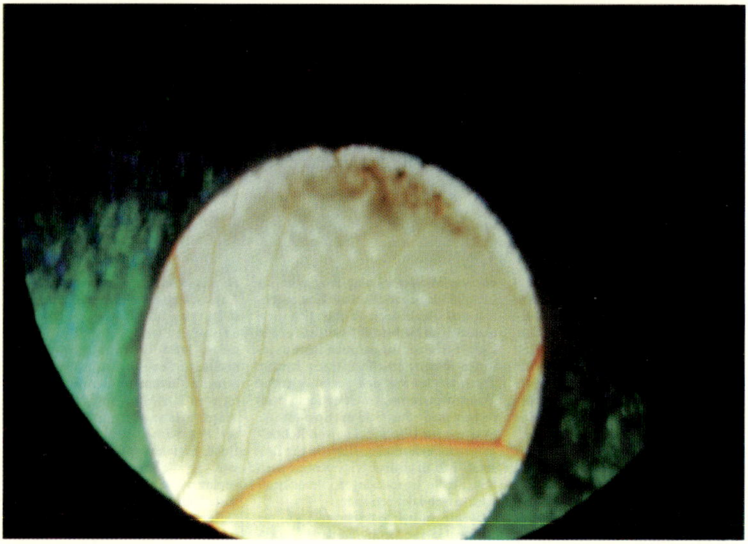

43

43 Im Bild selbst ist ein in ein Tierauge implantierter Siliziumchip mit einem Durchmesser von etwa 3 Millimeter zu sehen. Im Versuch wurde nachgewiesen, daß auf elektronischem Weg erzeugte Sinneseindrücke über Nervenbahnen bis zum Gehirn weitergeleitet werden. Diese Forschungen führen zu einem künstlichen Auge, das Menschen mit Sehstörungen helfen wird und im militärischen Sektor für Virtual-Reality-Chips und Cyber-Soldaten eine große Rolle spielen kann.

44 Diese Illustration veranschaulicht eine weltraumgestützte Partikelstrahlwaffe, ohne der die prognostizierte »Cyber Situation« nicht durchgeführt werden kann. Weltraumgestützte Laserwaffen und gerichtete Energiewaffen sollen in Zukunft von Soldaten mit Gehirnimplantaten bedient werden. Mit einer solchen Technologie wäre die totale Kontrolle und schließlich die Weltherrschaft möglich.

44

Die Illustration gibt einen kleinen Vorgeschmack auf die angestrebte Cyber Situation. Aus-wählte Soldaten spielen Gott und verteidigen mit Strahlenwaffen, Virtual Reality-Behelfen d eingesetzten Gehirnimplantaten die Interessen einer mächtigen politisch-militärischen Elite.

Ein Zeitungsartikel über einen ehemaligen CIA-Agenten, der angibt, für seine Auftrag-ber Waffen nach Südamerika und Drogen in die USA geschmuggelt zu haben. Mit solchen Aktionen werden laut Informanten »Schwarze Projekte« finanziert. James Petit kam bei einem solchen Auftrag beinahe um und erlitt schwere Verbrennungen, da sein Flugzeug im Urwald abstürzte. James Petit kann sich erinnern, daß man ihm am US Army Institute of Surgical Research in San Antonio, Texas, kleine Implantate einsetzte. Infolge seiner Verhandlung wurden Röntgenaufnahmen seines Kopfes angefertigt. Auf diesen Aufnahmen sind kleine implantierte Fremdkörper zu sehen. Interessanterweise gibt Petit an, daß er von einem CIA Projekt mit dem Namen »Crystal Ball« weiß, bei dem eine mächtige Gruppe innerhalb der CIA und anderen Behörden mit Hilfe von »Mind Control« und Implantaten die Welt beherrschen möchte.

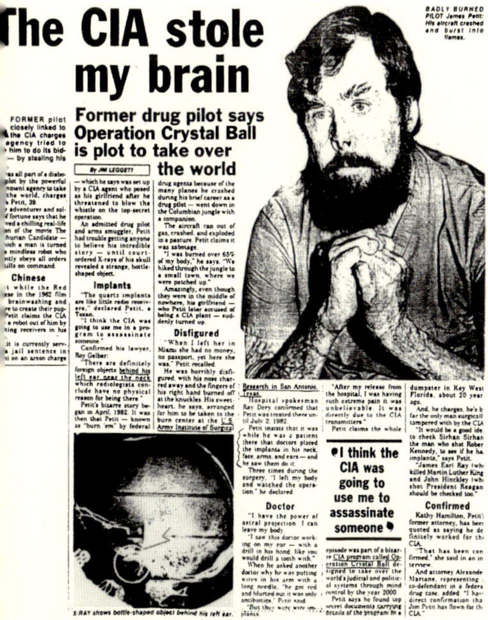

The CIA stole my brain

Former drug pilot says Operation Crystal Ball is plot to take over the world

By JIM LEGGETT

FORMER pilot closely linked to the CIA charges agency tried to him to do its bid- — by stealing his

as all part of a diabo- plot by the powerful nment agency to take the world, charges Petit, 39.

adventurer and sol- f fortune says that he ved a chilling real-life on of the movie The hurian Candidate — ich a man is turned mindless robot who ntly obeys all orders ills on command.

Chinese

t while the Red ese in the 1962 film brainwashing and re to create their pup- Petit claims the CIA a robot out of him by ting receivers in his

it is currently serv- a jail sentence in i on an arson charge

— which he says was set up by a CIA agent who posed as his girlfriend after he threatened to blow the whistle on the top-secret operation.

An admitted drug pilot and arms smuggler, Petit had trouble getting anyone to believe his incredible story — until court-ordered X-rays of his skull revealed a strange, bottle-shaped object.

Implants

"The quartz implants are like little radio receivers," declared Petit, a Texan.

"I think the CIA was going to use me in a program to assassinate someone."

Confirmed his lawyer, Roy Gelber:

"There are definitely foreign objects behind his left ear near the neck which radiologists conclude have no physical reason for being there."

Petit's bizarre story began in April, 1982. It was then that Petit — known as "burn 'em" by federal drug agents because of the many planes he crashed during his brief career as a drug pilot — went down in the Columbian jungle with a companion.

The aircraft ran out of gas, crashed, and exploded in a pasture. Petit claims it was sabotage.

"I was burned over 65% of my body," he says. "We hiked through the jungle to a small town, where we were patched up."

Amazingly, even though they were in the middle of nowhere, his girlfriend — who Petit later accused of being a CIA plant — suddenly turned up.

Disfigured

"When I left her in Miami she had no money, no passport, yet here she was," Petit recalled.

He was horribly disfigured, with his nose charred away and the fingers of his right hand burned off at the knuckles. His sweetheart, he says, arranged for him to be taken to the burn center at the U.S. Army Institute of Surgical Research in San Antonio, Texas.

Hospital spokesman Ray Dery confirmed that Petit was treated there until July 2, 1982.

Petit insists that it was while he was a patient there that doctors placed the implants in his neck, face, arms, and ears — and he saw them do it.

Three times during the surgery, "I left my body and watched the operation," he declared.

Doctor

"I have the power of astral projection. I can leave my body.

"I saw this doctor working on my ear — with a drill in his hand, like you would drill a tooth with."

When he asked another doctor why he was putting wires in his arm with a long needle, "he got red and blurted out it was only antibiotics," Petit said.

"But they were wire implants.

"After my release from the hospital, I was having such extreme pain it was unbelievable. It was directly due to the CIA transmitters."

Petit claims the whole episode was part of a bizarre CIA program called Operation Crystal Ball designed to take over the world's judicial and political systems through mind control by the year 2000.

Petit says he found top secret documents carrying details of the program in a dumpster in Key West Florida, about 20 year ago.

"I think the CIA was going to use me to assassinate someone"

And, he charges, he's b far the only man surgicall tampered with by the CIA

"It would be a good ide to check Sirhan Sirhan the man who shot Rober Kennedy, to see if he ha implants," says Petit.

"James Earl Ray (wh killed Martin Luther King and John Hinckley (wh shot President Reagan should be checked too."

Confirmed

Kathy Hamilton, Petit' former attorney, has beer quoted as saying he de finitely worked for th CIA.

"That has been con firmed," she said in an in terview.

And attorney Alexande Martone, representing co-defendant in a federa drug case, added: "I hav direct confirmation tha Jim Petit has flown for th CIA."

BADLY BURNED PILOT James Petit: His aircraft crashed and burst into flames.

X-RAY shows bottle-shaped object behind his left ear.

47
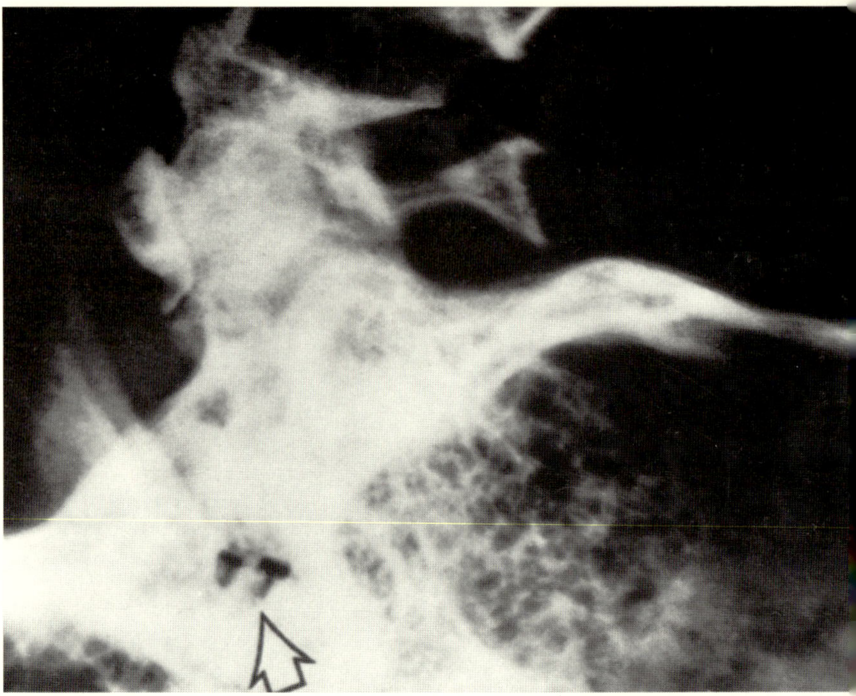

47 Röntgenaufnahme des neuseeländischen Mind Control-Opfers Janine Jones. Der Pfeil zeigt zwei ohne ihr Wissen implantierte Elektroden im Nackenbereich. Frau Jones ist ein Opf[...] von biologischen Prozeßkontrollwaffen, die ihre Muskelbewegungen und Körperfunktionen beeinflussen und kontrollieren (© Janine Jones).

48
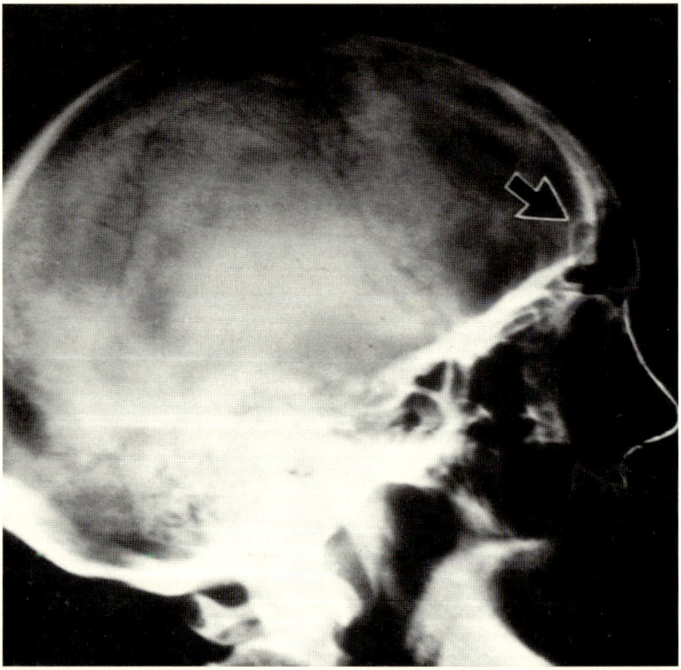

48 Das Mind Control-Opfer Janine Jones besitzt auch mediz[...]nische Gutachten die bestätigen, daß sie Implantate im Kopf hat Der Pfeil weist auf einen Fremdkörper hin, der ihr so wie angeb[...]lichen UFO-Entführungsopfern durch die Nase i[...] Gehirn eingefüh[...] wurde. Vergleich[...] mit UFO-Entführungen drangen sich daher zwingend auf (© Janine Jones).

Wissenschaftler, die sich gegen diese Waffen aussprechen, sehen eine Zukunft voraus, in der bewußtseinsmanipulierende Technologien, wie von der Sowjetunion 1979 befürchtet, zur politischen Kontrolle gegen die eigene Bevölkerung eingesetzt werden könnten. Es ist nur eine Frage der Zeit, bis biologische Prozeßkontrollwaffen in die Hände von Terroristen oder kriminellen Sadisten gelangen. Diese könnten lautlos Menschen zum Wahnsinn treiben oder töten. Da die Öffentlichkeit nicht informiert wird oder diesen Entwicklungen desinteressiert gegenübersteht, ist es durchaus möglich, daß sich diese Prognosen im kommenden Jahrtausend verwirklichen werden.

4 *Wer steckt hinter den Schwarzen Projekten?*

Die Betreiber der *Schwarzen Projekte* bestehen hauptsächlich aus nicht gewählten halbamtlichen Regierungsbeamten aus dem militärisch-geheimdienstlichen Umfeld und quasi-privaten transnationalen Organisationen. Die Einzelpersonen, die diesen Gruppen angehören, sind weitgehend unbekannt. Informanten und Gegenspieler dieser *Global Players* geben vor zu wissen, daß die leitenden Persönlichkeiten gegenwärtig die Bezeichnung *PI-40* tragen.

Die Bedeutung dieses Codewortes ist ebenfalls unbekannt. Die *PI-40*-Mitglieder dürften mit mächtigen Bankiers, Medienmogulen und anderen wirtschaftlich wichtigen international tätigen Persönlichkeiten in Verbindung stehen. Es hat den Anschein, daß diese Gruppe mit geheimem Wissen und mit Hilfe der *Schwarzen Projekte*[9] nach uneingeschränkter globaler Macht strebt.

Mit Geld und Macht läßt sich natürlich Politik machen, indem man die gewählten Politiker über Lobbys und wirtschaftliche Interessen in die gewünschte Richtung manipuliert. Mit High-Tech-Waffenprojekten, wie die in *Verdeckte Operationen*[8] beschriebene Strategic Defense Initiative (SDI), besser als *Star*

Wars bekannt, profitierte der militärisch-industrielle Komplex enorm. *PI-40* förderte damit die Entwicklung von exotischen Waffen und Kontrolltechnologien, die in Zukunft für die totale Manipulation und politische Kontrolle der Gesellschaft eingesetzt werden könnten.

Da die gleiche Gruppe an der Entwicklung von psychotronischen Waffen beteiligt ist, interessiert sich *PI-40* auch für UFO-Phänomene. Falls wirklich Teile des US-Militärs im Besitz von UFO-Wracks, *Alien*-Implantaten, *Alien*-Föten etc. sind, werden die gewonnenen Erkenntnisse unter Ausschluß der Öffentlichkeit von Firmen, die an *Schwarzen Projekten* arbeiten, ausgewertet.

PI-40 ist natürlich auch für die PSYWAR-Aktionen, die Verbreitung von Desinformationen, für Pseudo-UFO-Entführungen etc. verantwortlich. Das Ziel dieser Manipulatoren scheint eine globale Schattenregierung zu sein, die im Hintergrund ihre Fäden zieht und deren Interessen dem vom Volk gewählten Regierungen durch macht- und wirtschaftspolitische Kontrolle aufgezwungen werden. Ein solches Vorhaben kann nur verwirklicht werden, wenn man eine uninformierte, auf Oberflächlichkeiten und persönliche Probleme fixierte Gesellschaft kreiert.

Bei Miteinbeziehung dieser Entwicklungen und der immer klarer werdenden Tatsache, daß verdeckte militärisch-geheimdienstliche Operationen bei angeblichen UFO-Entführungen stattfinden, sollten diese in Zukunft in einem anderen Licht betrachtet werden. Solange die Öffentlichkeit und unabhängige Forscher nicht einen *vollständigen* Einblick in *alle* zur Verfügung stehenden Hypnosemitschriften erhalten, kann man nach dem heutigen Wissensstand nicht ausschließen, daß manche UFO-Forscher bewußt militärische Spuren verwischen bzw. zurückhalten.

Es ist durchaus möglich, daß sich ein Großteil des UFO-Entführungsphänomens aus einem Konglomerat von psychologisch hervorgerufenen Erlebnissen, wie die von Dr. Alvin Lawson forcierte Geburts-Trauma-Hypothese, Verwechslungen durch

ehemalige *MKULTRA-Mind-Control*-Opfer und bewußt mit halluzinogenen Drogen und Hypnose herbeigeführten Pseudo-UFO-Entführungen zusammensetzen.
Aufgrund dieser Erkenntnisse sollte man mit der Zeit beginnen, das Phänomen der UFO-Entführungen vom herkömmlichen UFO-Phänomen zu trennen. Die Zukunft wird uns zeigen, ob die prognostizierten *Aliens* uns vielleicht viel näherstehen, als viele glauben möchten.

Harlan Girard: Nachwort

Ein Lob für Dr. Helmut und Marion Lammer für ihren Mut und ihre Vorstellungskraft, dieses umfassende Buch, das die Welt der *Schwarzen Projekte* beschreibt, zu verfassen. Ich sage Mut, weil es in der Welt der *Schwarzen Projekte* auch *Verdeckte Operationen* gibt und in diesem Umfeld auch in den USA ein Menschenleben nicht viel wert ist.

Ich sage Vorstellungskraft, weil bis jetzt niemand den nötigen Verstand und die Kühnheit besaß, das Netz der Lügen, Ausflüchte und Halbwahrheiten, die die Sicherheitsprogramme des Nationalen Sicherheitsstaates umgeben, entwirren zu wollen. Unvermeidlich wird ihre Arbeit die Verursacher dieser Lügen, Ausflüchte und Halbwahrheiten herausfordern, sie lächerlich zu

---

Harlan Girard wurde 1936 in Cleveland, Ohio, geboren. Er besitzt akademische Grade in Chemie, Ökonomie und Landschaftsarchitektur von der Cornell-Universität, der Universität von Michigan in Ann Arbor und der Universität von Pennsylvania. Seit 1988 führt Harlan Girard unabhängige Forschungen über die Entwicklung und das Testen von offensiven Mikrowellenwaffen durch, welche auf den menschlichen Organismus bewußtseinsverändernde Wirkungen zeigen. Er ist assoziiertes Mitglied des Institute of Electrical and Electronics Engineers, der Bioelectromagnetic Society und der European Bioelectromagnetics Association. 1990 gründete er das International Committee on Offensive Microwave Weapons (ICOMW).

Das ICOMW dient der Öffentlichkeit und den Medien als Informationsquelle in bezug auf elektromagnetische Waffen, nicht-ionisierende Strahlenwaffen, biologische Prozeßkontrollwaffen und geheime, in Schwarzen Projekten durchgeführte militärisch-geheimdienstliche Tests und Experimente an unwissenden Personen. Zur Zeit vertritt das ICOMW die Interessen von etwa 100 Personen, die glauben, daß sie menschliche Versuchskaninchen von biologischen Prozeßkontrollwaffen sind, welche ihr Zentralnervensystem beeinflussen.

Das ICOMW ist ein aktives Mitglied der Coalition for an International Criminal Court und besitzt eine Waffenkontroll- und Informationsfunktion. Die Organisation steht mit UN-Einrichtungen und dem NGO Committee on Disarmament in New York in Verbindung. Gegenwärtig strengt das ICOMW gerade ein Gerichtsverfahren gegen mehrere Behörden an, damit *Schwarze Projekte* im Zusammenhang mit geheimen Forschungen an unwissenden Personen offengelegt und beendet werden sollen.

machen, da sie nun den Mantel der Geheimhaltung noch fester um sich ziehen müssen.

Das *Schwarze Projekt*, welches das Ehepaar Lammer und mich zusammenführte, ist *Mind Control* – spezifisch die Kontrolltechnologien, die im letzten Kapitel ihres Buches diskutiert werden. Seit 1973, als das *MKULTRA*-Projekt der CIA angeblich eingestellt wurde, wurden Waffensysteme entwickelt, die das zentrale Nervensystem eines Menschen beeinflussen können. Die dabei auftretenden Effekte sind so pervers, daß sie nicht nur den menschlichen Verstand beeinflussen, sondern auch die biologischen Prozesse im Organismus zu kontrollieren und steuern vermögen. Solche Technologien bezeichnet man als biologische Prozeßkontrollwaffen.

Seit 1990 wurde ich von mehr als hundert Personen kontaktiert, von denen mich die meisten durch ihre Glaubwürdigkeit davon überzeugten, daß sie als Opfer solcher geheimen Waffentests und Experimente mißbraucht worden waren, obwohl sie vorgaben, Gefangene in ihren eigenen Körpern zu sein. Die Betroffenen, die mich kontaktierten, weisen ein bestimmtes Profil auf. Mehrheitlich sind sie alleinstehend und leben isoliert in einer städtischen Umgebung. Sie sind sehr gesprächig, und viele von ihnen führen Tagebücher. Die meisten Betroffenen sind nicht interessiert an Politik, sind keine Dissidenten, Demonstranten oder politische Aktivisten. Die Personen, die mich kontaktierten, sind mehrheitlich von ihren eigenen Familien entfremdet. Wenn sie anfänglich nicht entfremdet sind, werden sie es im Laufe der Zeit, da sie sich von ihren Bekannten und Freunden nicht verstanden fühlen.

Ich nehme an, daß dieses Personenprofil ausgewählt wurde, damit die Tortur, die biologische Prozeßkontrollwaffen verursachen, nicht im aktiv denkenden Teil unserer Gesellschaft bekannt wird, obwohl gerade diese Menschengruppe in der Zukunft ihr Ziel sein wird. Unter den Betroffenen scheint es keine Anführer oder gesellschaftliche Aufrührer zu geben. Irgendwer hat anscheinend bestimmt, daß die Welt auf diese Menschen verzichten kann – ähnlich wie auf die sogenannten *nutzlosen Esser* im Dritten Reich. Für die Verantwortlichen dieser Projekte sind sie anscheinend entbehrlich. Tragischerweise waren einige von ihnen bei der CIA beschäftigt oder suchten eine Arbeit bei dieser oder ähnlichen Behörden.

Das Bestreben, die Effekte, die bei einem Opfer von biologischen Prozeßkontrollwaffen hervorgerufen werden, zu beschreiben, ruft Zweifel hervor. Während der CIA-Projekte *MKULTRA* und *BIZZARE* wurden die Kommunikations- und die Informationswege des menschlichen Nervensystems untersucht. Im Projekt *BIZZARE* wurden die Signale, die das Nervensystem benützen, um mit dem Gehirn zu kommunizieren und das neuromuskulöse System steuern, dekodiert.

Es ist nun möglich, diese Signale zu unterdrücken und sie mit falschen Informationen zu überlagern. Experimente mit biologischen Prozeßkontrollwaffen haben sogar die Phantasien der exzentrischen, ja sogar verrückten Wissenschaftler, mit denen sich die CIA traditionellerweise umgibt, übertroffen. In extremen Fällen wurden Anstrengungen unternommen, den Geist und die Seele eines Menschen auszulöschen, um synthetische Übertragungen des Bewußtseins in alle Sinnesbereiche einspielen zu können. Ich nenne diese menschlichen Versuchskaninchen *Cyborgs*, ein Wort, das aus der Informationstheorie und der *Science-fiction* stammt. Die für solche Experimente verantwortlichen Personen scheinen die Bezeichnungen *Roboter* oder *Bio-Roboter* vorzuziehen.

Zusätzlich zur Entwicklung von biologischen Prozeßkontrollwaffen, deren geheimen Einsätze und außergerichtlichen Morde, wurde in den Vereinigten Staaten in aller Stille im Rahmen der *Schwarzen Projekte* ein mächtiges System zur Überwachung seiner Einwohner aufgebaut. In diesem elektronischen Gefängnis können die Betroffenen ähnlich wie in totalitären Regimen studiert werden, obwohl sie sich in einer virtuellen Freiheit befinden.

In diesem System sind die elektronischen Fuß- oder Armbänder der Bundespolizei FBI die erste Generation einer futuristischen Überwachungseinrichtung. Die zweite Generation dieser Überwachungstechnologien wird zur Zeit in der Literatur diskutiert;

sie kann einen Betroffenen an jedem Ort *identifizieren* und *lokalisieren*. In der dritten Generation wird der Überwachte am Betreten von bestimmten Plätzen, Orten oder Räumlichkeiten *gehindert*. Die vierte Generation macht die zu überwachende Person *untauglich*, sobald sie sich Warnungen widersetzt. In der fünften Generation wird der Betroffene drahtlos für unerwünschte Handlungen *bestraft*. Das elektronische Überwachungssystem ist eine Weiterentwicklung der elektronischen Haft des FBIs und liegt der Infrastruktur des Handy-Telefonsystems zugrunde.
Aufgrund dieser Überwachungseinrichtungen gibt es keine Privatsphäre, wenn eine Regierungsbehörde Informationen über einen bestimmten Einwohner einholen möchte. Zurückhaltung ist sichergestellt durch eine Abteilung des Department of Treasury mit der Bezeichnung Financial Crimes Enforcement Network oder FinCen. Diese Behörde besitzt eine Datenbank und Computersoftware, mit deren Hilfe es möglich ist, in etwa fünf Minuten ein Personenprofil, die finanzielle Geschichte, Geschäftskontakte, Arbeitgeber, Steuern und eine Liste der Nachbarn, die über eine betroffene Person Auskunft erteilen könnten, zu erstellen.
Diese Informationen werden in eine andere Datenbank eingespielt, und die Verbindung mit einer gewünschten Thematik wird hergestellt. Jeder, der einmal eine Zigarre gekauft hat, kann als kubanischer Spion verdächtigt werden. Da man in unserer Gesellschaft ohne Geld, Kredite und Bekannte nicht weit kommt, ist es unmöglich, aus den Fängen von FinCen zu entkommen. FinCen wurde durch die Entwicklung der PROMIS-Software der INSLAW Inc. ermöglicht. Wenn 1998 die letzten Iridium-Telefonsatelliten in den Orbit geschossen werden, wird es möglich sein, dieses elektronische Überwachungssystem bis in die entlegensten Gebiete der Erde auszuweiten.
Die dritte neueste Entwicklung, die den elektronischen Überwachungsstaat interessiert, ist die sogenannte Teleanwesenheits-Technologie, die am Ames Labor der NASA bei Moffet Field in Kalifornien entwickelt wurde.

Bei diesem System wird im Betreiber eine virtuelle Illusion erzeugt, so daß er glaubt, er befinde sich auf einer Straße mit der zu überwachenden Person, in deren Wohnung oder deren Fahrzeug. Mit dieser Technologie ist es möglich, den Überwachten zu schikanieren, da man ihm Mitteilungen bezüglich seiner Umgebung übermitteln kann. Es wird die Illusion erzeugt, daß der Betreiber durch die Augen des Überwachten blicken könne. Aus diesem Grund ist keine Privat- oder Intimsphäre mehr möglich. Alle Aktivitäten, die ein Betroffener ausführt, können mit Hilfe synthetischer Telepathie kommentiert werden. Die ausgeführten Handlungen des Überwachten werden im allgemeinen lächerlich gemacht, sobald die überwachte Person auf ihre aussichtslose Situation aufmerksam machen möchte.
Das Teleanwesenheits-Überwachungssystem wurde 1986 in New York City installiert und mit den Feiern, die zur Renovierung der Freiheitsstatue abgehalten wurden, gerechtfertigt. 1988 wurde zur Amtseinführungsfeier von George Herbert Bush ein solches System installiert, um imaginären Terroristenattacken vorzubeugen. 1989 wurde dieses System in Philadelphia installiert, um die Feiern zum 200. Jahrestag der Verfassung zu überwachen. Seit 1989 wird dieses Überwachungssystem im ganzen Land installiert und mit den Geldern zur Drogenbekämpfung finanziert.
1993 hatte ich ein zufälliges Treffen mit General Carl Stiner, der zuvor als Commander in Chief des United States Special Operations Command in Pension gegangen war. Als ich mitbekam, daß General Stiner mit meiner Arbeit vertraut war, erklärte ich ihm im Detail, daß ich schätze, im Laufe der Jahre seien etwa 30 000 Menschen an den Forschungen, Entwicklungen und Tests von biologischen Prozeßkontrollwaffen gestorben. Als ich diese Zahlen nannte, starrte mir General Stiner in die Augen und sagte: »Ich habe keine Probleme mit diesen Erkenntnissen.« Diese Zahlen bedeuten, daß auf jeden Betroffenen, der sich bei mir meldete, hundert andere bei den Tests und Experimenten umkamen. Manche Informanten, die noch besser als ich informiert sind, meinen, daß die Freiheit der Menschheit, wie wir sie kennen, durch den Einsatz dieser Technologien bald zu Ende sein wird.

Die Situation und die Umstände, unter denen diese Waffen entwickelt und vor allem getestet wurden, erwecken Erinnerungen an die Todeslager der Nazis. Die Forschungen für das beschriebene Überwachungssystem haben vor etwa 30 Jahren begonnen. Die Testphase begann vor etwa neun Jahren. Jeder, der die Zahlen der außergerichtlichen Tötungen und die Vorsätze einer mächtigen politischen Lobby, dieses elektronische Überwachungssystem auf die ganze Menschheit auszudehnen, bezweifelt, sollte sich vor Augen halten, daß es gelang, diese Technologien für so viele Jahre geheimzuhalten.
Das elektronische Gefängnissystem ist nicht mehr in einer Planungsphase, es ist ein Faktum. Die Fenster in meinem Schlafzimmer blicken auf einen der fünf wunderschönen Plätze in Philadelphia. Auf diesem mit Rasen bewachsenen Platz stehen Laubbäume, spielen kleine Kinder, spazieren ihre Mütter, Familien, Liebespaare, alte Menschen und sogar die Schande der amerikanischen Städte, die Obdachlosen. Ich blicke auf den Platz und sehe Leben und Menschlichkeit. Aber ich weiß, daß es andere Fenster gibt, aus denen Augen, anders als meine, auf Plätze wie diesen spähen und eine Gefahr für die Nationale Sicherheit der Vereinigten Staaten sehen. Wann wird endlich Frieden auf dieser Welt einkehren?

Harlan Girard

Direktor des International Committee
on Offensive Microwave Weapons,
Philadelphia, Pennsylvania, USA, 25. August 1998

Anhang

Glossar

Antigravitation: Theoretisch eine entgegen der Schwerkraft wirkende Kraft.

Außerkörperliche Erfahrungen: Das Loslösen eines hypothetischen feinstofflichen Körpers (Astralleib) eines Lebewesens vom physischen Körper.

Apporte: Das zur Zeit physikalisch nicht erklärbare Herbeischaffen von Gegenständen ohne erkennbaren Kontakt zu diesen.

Biologische Prozeßkontrollwaffen: Neuartige mit Hilfe von geheim durchgeführten Mind-Control-Projekten entwickelte Waffensysteme, die elektromagnetische Energie in gepulster und fokussierter Form mit dem menschlichen Körper in einer Art und Weise koppeln, daß man die Muskelbewegungen steuern, die Emotionen kontrollieren, Schlaf erzeugen, Anweisungen übertragen und mit dem Kurz- und Langzeitgedächtnis wechselwirken kann.

Central Intelligence Agency (CIA): Die CIA ist der amerikanische Nachrichtendienst und führte nach Ende des Zweiten Weltkrieges mehrere Mind-Control-Experimente an unwissenden Personen durch. Außerdem war und ist diese Behörde am UFO-Phänomen und anderen paranormalen Phänomen interessiert.

CLONAID: CLONAID ist eine Arbeitsgruppe der Rael-Sekte, die in den kommenden Jahren mit Hilfe von Wissenschaftlern die ersten menschlichen Klone produzieren möchte.

Cyber-Situation: Bei dieser militärischen Vision sollen speziell ausgebildete, mit Gehirnimplantaten versehene Soldaten mit einem Satellitennetzwerk verbunden werden. Diese Cyber-Soldaten können sich mit Hilfe dieser Implantat-Satelliten-Verbindung virtuell auf beliebige Orte auf der Erdoberfläche begeben und gerichtete Energiewaffen auf potentielle Krisenherde abfeuern.

Defense Intelligence Agency (DIA): Die DIA ist eine nachrichtendienstliche Organisation innerhalb des amerikanischen Verteidigungsministeriums und koordiniert alle Geheimdienstaktivitäten innerhalb der Luftwaffe, der Armee und der Marine. Die DIA hatte während der

achtziger Jahre angeblich paranormal begabte Personen unter ihren Bediensteten und scheint auch an Mind-Control-Experimenten und am UFO-Phänomen ein Interesse zu zeigen.
Deklassifikation von Dokumenten: Darunter versteht man das Aufheben von Geheimhaltungsstufen. Deklassifizierte Dokumente dürfen auch von Personen, die nicht zum Geheimdienst gehören, gelesen werden.
Desinformation: Unter Desinformation versteht man das bewußte Verbreiten von falschen Informationen. Oftmals sind diese Informationen mit einem Wahrheitsgehalt angereichert, damit unter den Gegnern noch mehr Verwirrung gestiftet werden kann.
ELF-Wellen: Englische Abkürzung für extrem niederfrequente elektromagnetische Wellen (1 bis 100 Hertz). ELF-Wellen können daher mit den Gehirnwellen von Lebewesen wechselwirken und sie beeinflussen.
Extra Sensory Perception (ESP): Englische Abkürzung für außersinnliche Wahrnehmungen. Zu diesen umstrittenen Fähigkeiten zählen unter anderem Gedankenübertragung, Fernwahrnehmung, Vorauswissen, Psychokinese usw.
Federal Bureau of Investigations (FBI): Das FBI ist die amerikanische Bundespolizei.
Fernbeeinflussung: Telepathische Beeinflussung eines Menschen aus der Ferne.
Fernwahrnehmung (Remote Viewing): Die Aufnahme von Informationen außerhalb der bekannten Sinneswege.
Freedom of Information Act (FOIA-Gesetz): Das Gesetz zur Freigabe von Informationen: 5USC-552 vom 4. Juli 1974 ermöglicht die Herausgabe von amerikanischen Regierungsdokumenten, die auf Anfrage an jeden amerikanischen Bürger erfolgt, sofern durch die Freigabe nicht die nationale Sicherheit, die Privatsphäre von Personen und Wirtschaftsgeheimnisse der USA gefährdet werden.
Geburtstrauma: Untersuchungen belegen, daß ins Unterbewußtsein verdrängte Geburtstraumata, bei einem späteren Wiedererinnern Erlebnisse verursachen können, die UFO-Entführungserlebnissen und Trancereisen von Schamanen verblüffend ähnlich sind. Dr. Alvin Lawson und Dr. McCall meinen, daß spontan wiedererlebte Geburtstraumata den Großteil von unerklärlichen Begegnungen mit fremdartigen Lebewesen verursachen.
Geistheilung: Ein angeblich existierendes paranormales therapeutisches

Verfahren außerhalb der Schulmedizin. Der Geistheiler versucht einen Krankheitsablauf durch geistige Kräfte positiv zu beeinflussen. Aufgeschlossene Militärs zeigen ein Interesse, diese Methode für psychotronische Waffen in negativer Form zu benutzen.

Gerichtete Energiewaffen: Darunter versteht man Waffensysteme, die gepulste elektromagnetische Wellen abstrahlen. Unter diesen Wellen befinden sich auch hochfrequente Mikrowellen und elektromagnetische Wellen, die beim Menschen ein Unwohlsein hervorrufen und seine Psyche negativ beeinflussen.

Global Area Strike System (GLASS): Um eine zukünftige, globale militärische Kontrolle ausüben zu können, möchten US-Militärs weltraumgestützte Überwachungseinrichtungen entwickeln wie global einsetzbare Weltraumwaffen, unbemannte diskusförmige Spionageflugkörper, attakierende Mikroroboter und bemannte Flugkörper, die wie Flugzeuge starten, aber ohne Trägerraketen einen niederen Erdorbit erreichen können. Der Sammelbegriff für dieses Vorhaben wird als GLAS-System bezeichnet.

Halluzinogene Drogen: Halluzinogene Drogen können dem Konsumenten seltsame Alien-Welten vortäuschen, die eine eigene Realität zu haben scheinen. Diese Realitäten scheinen in einer anderen Dimension, die mit unserem Universum koexistiert, zu bestehen. Ein Individuum kann Wesen begegnen, die bizarre Erscheinungsformen aufweisen und mit unverständlichen Naturgesetzen operieren. In vielen LSD-Therapien berichteten Testpersonen von Kontakten mit fliegenden Untertassen und anderen Typen außerirdischer Raumschiffe.

Human-Genome-Projekte: Die Human-Genome-Projekte dienen zur Entzifferung aller menschlichen Gene.

Intelligence and Security Command (INSCOM): Das INSCOM ist das Nachrichten- und Sicherheitskommando der amerikanischen Armee. Manche Forscher bezeichnen diese Behörde als den militärischen Arm der National Security Agency (NSA). INSCOM war nachweislich an paranormalen Phänomenen und psychotronischen Waffen interessiert.

Militärische Kidnappings von Personen mit angeblichen UFO-Entführungserlebnissen (MILABs): Unter MILAB-Entführten versteht man Personen, die traumatische Erinnerungen an geheime militärische Experimente haben, nachdem sie vorgaben, daß sie UFO-Entführungserlebnisse hatten. Es ist zur Zeit nicht klar, ob diese Experimente unter dem

Deckmantel von UFO-Entführungen durchgeführt werden oder ob Militärs an diesen unerklärlichen Erlebnissen ein Interesse zeigen.
Mind-Control: Allgemein verwendeter Begriff der Bewußtseinskontrolle. Die CIA, die STASI und andere Geheimdienste führten lange Zeit geheime Mind-Control-Projekte wie BLUEBIRD, CHATTER, MKULTRA, MKDELTA, MKSEARCH, MONARCH, TOXDAT u. a. durch. Im Rahmen dieser Projekte wurden halluzinogene Drogen, Gehirnwäschemethoden, Versuche mit Isolationstanks, Lichteffekte, Elektroschocks und elektromagnetische Wellen angewendet. Es liegt auf der Hand, daß diese Projekte die Grundlage für viele zur Zeit entwickelten nichtletalen Waffen bilden.
MKNAOMI: Im Rahmen dieses Projekts für biologische Kriegführung wurde unter anderem schon Anfang der siebziger Jahre an AIDS-ähnlichen, das Immunsystem vernichtende Viren geforscht.
MKULTRA: Ist das Codewort eines der kuriosesten Projekte des amerikanischen Geheimdienstes CIA. Im MKULTRA-Projekt wurden unter anderem in den sechziger Jahren Implantate entwickelt, die man unwissenden Menschen in Feldstudien einsetzen wollte. Nach Aufdeckung dieses Projektes vernichteten die Verantwortlichen die meisten Dokumente, so daß man heute nur mehr erahnen kann, was alles erforscht wurde.
Multiple Persönlichkeiten: Personen, die einem starken Trauma ausgesetzt werden, erzeugen Scheinpersönlichkeiten, die dieses Trauma verdrängen. Sie flüchten in eine Scheinrealität. Ein solches Trauma kann zum Beispiel durch sexuellen oder rituellen Mißbrauch ausgelöst werden. Kinder sind von diesem Phänomen leichter betroffen als Erwachsene, da bei ihnen die Persönlichkeitsstrukturen noch nicht gefestigt sind.
National Security Agency (NSA): Die NSA ist die nationale Sicherheitsbehörde der USA. Sie ist die weltgrößte Abhörorganisation und ist in der Lage, global Telefongespräche und andere Kommunikationsmethoden via Satelliten und anderen High-Tech-Methoden abzuhören.
Nichtletale Waffen (NLW): Englischer Begriff für neuartige Waffen, die den Gegner täuschen, verletzen, manipulieren, ein Unwohlsein verursachen, Schlafstörungen verursachen, Stimmen ins Gehirn projizieren, unterbewußte Botschaften versenden, einschäumen, aber nicht töten sollen. Bei gegnerischen Fahrzeugen, Geräten und Computersystemen kann deren Elektronik mit elektromagnetischen Pulsen oder Mikrowellen gestört bzw. vernichtet werden.

Polygenische Erfahrungen: Unter solchen Erfahrungen versteht man die geistige Transformation in tierische Wesen. Polygenische Erfahrungen werden häufig nach der Einnahme von halluzinogenen Drogen wahrgenommen und stießen bei Geheimdiensten auf ein großes Interesse. Nach Verabreichen solcher Drogen weiß eine Person, die für ein geheimes Experiment herangezogen wurde, nicht mehr, was mit ihr wirklich geschah. Sie kann das Erlebte sogar Dämonen oder nichtmenschlichen Wesen in die Schuhe schieben.

Psychologische Kriegführung (PSYWAR): Die psychologische Beeinflussung, Manipulation und Aufweichung eines Gegners. Es gibt heute viele Hinweise, daß PSYWAR-Methoden auch in der Werbung und in Friedenszeiten an der eigenen Bevölkerung erprobt bzw. eingesetzt werden.

Psychotronik: Nach russischer Definition versteht man darunter das gesamte Spektrum der außersinnlichen Wahrnehmungen, vor allem aber deren Reproduzierbarkeit mittels technischer und physikalischer Einrichtungen. Zu diesen gehören Elektronik, neuronale Netzwerke, Computer, Kybernetik, virtuelle Realität usw.

Quantenmechanische Verwicklung: Besagt, daß Teilchen aus einer Strahlungsquelle auch dann, wenn sie sich beliebig weit auseinander befinden, so verhalten, als könnten sie sich gleichzeitig verständigen, unabhängig von ihrer Geschwindigkeit.

Science Application International Corporation (SAIC): Die SAIC ist ein Unternehmen, dessen Mitglieder vorwiegend ehemalige hochrangige Militär- und Geheimdienstpositionen inne hatten. SAIC ist an paranormalen Forschungen, genetischen Studien und der Entwicklung von High-Tech-Waffensystemen beteiligt und interessiert.

Schwarzes Budget: Schwarze Budgets werden zum Finanzieren von offiziell nicht genehmigten Schwarzen Forschungen verwendet. Schätzungen nach belaufen sich diese Summen allein in den USA jährlich auf bis zu 50 Milliarden US Dollar. Die Gelder stammen laut Insidern aus umgeschichteten Steuerbeträgen, dubiosen Spendengeldern und illegalen Drogen bzw. Waffenschmuggel. Der Iran-Contra-Skandal unter Präsident Ronald Reagan kann als Beispiel angeführt werden.

Schwarze Projekte: Unter Schwarzen Projekten versteht man geheime oder schwarz durchgeführte Forschungen, die nicht einmal von den gewählten Volksvertretern offiziell genehmigt wurden. Die Verantwortlichen dieser Projekte rechtfertigen die hohe Geheimhaltung mit der nationalen Sicherheit. Vom Volk gewählte Politiker sollten nach Meinung dieser im Hintergrund agierenden Personen nicht in alle Geheimnisse eingeweiht werden, da sie nach kurzer Zeit wieder abgewählt werden können.

Tokoloshes: Die Zulu-Hexendoktoren in Basutoland, Afrika, benutzen Drogen und rituell erzeugte Traumata, um bewußtseinskontrollierte Zombiesklaven, sogenannte Tokoloshes, zu erzeugen. Die CIA zeigte während ihres MKULTRA-Mind-Control-Projektes ein großes Interesse an solchen Drogen und schwarz-magischen Ritualen.

Trancereisen: Schamanen und Medizinmänner versetzen sich durch Meditation und Drogen in Ekstase, um geistig in andere Realitäten reisen zu können. Der erfahrene Geisteszustand ist nur für den Schamanen begreifbar. In diesem Zustand geht der Schamane auf außerkörperliche Reisen, erlebt himmlische und höllische Begebenheiten, trifft fremdartige, nur für ihn wahrnehmbare Wesen und erlebt schließlich seine eigene Wiedergeburt.

TOXDAT: Das Projekt mit dem Namen TOXDAT war die ostdeutsche Antwort auf die MKULTRA-Mind-Control-Projekte der CIA. Hochrangige DDR-Wissenschaftler begannen 1987 für die STASI Hunderte Drogen, darunter auch Halluzinogene, für verdeckt durchgeführte Geheimdienstoperationen zu erforschen.

UFO-Entführungserlebnisse: Seit den fünfziger Jahren behaupten immer mehr Menschen, daß sie angeblich in einem unbekannten Flugobjekt von nichtmenschlichen Wesen untersucht wurden. Es existieren einige hundert, von Medizinern und Psychologen sehr gut untersuchte Fälle, bei denen an den Betroffenen ein Trauma diagnostiziert wurde, obwohl man nicht nachweisen kann, ob diese Personen wirklich von fremdartigen Wesen entführt wurden.

UFO-Phänomene: Unter UFO-Phänomenen versteht man zur Zeit nicht erklärbare Himmelserscheinungen. Es liegt auf der Hand, daß Geheimdienste und Militärs solche Phänomene benutzen um geheime Forschungen durchführen zu können. Der russische Geheimdienst KGB hatte während des Kalten Krieges zivile UFO-Forschungsorganisationen infiltriert, da die sowjetischen Agenten hofften, so an die neuesten Informationen bezüglich westlicher Militärtechnologie herankommen zu können. Diese Aktionen blieben nicht unbemerkt, woraufhin die CIA gezielte Desinformation und Gegenspionageprojekte unter UFO-Forschern verbreitete und durchführte.

Danksagung

Die Autoren möchten ihren Dank folgenden Personen, ohne deren Mithilfe dieses Buch nicht zustande gekommen wäre, aussprechen:

Amy (MILAB-Entführte), *Walter Andrus Jr.*, dem Direktor der UFO-Forschungsorganisation Mutual Ufo Network (MUFON); *Graham Birdsall; Dr. Richard Boylan*, für Fotomaterial; *Brenda* (MILAB-Entführte); *Glenn Campbell* für Insiderinformationen über AREA-51; *Blanche Chavoustie* (*Mind-Control*-Opfer/ ACHES-MC) für das Vorwort, Fotomaterial und für die Dokumente über die Projekte *BLUEBIRD*, *ARTICHOKE* und *MKULTRA*; *Delora* (MILAB-Entführte); *Frau Drache*; *Leah Haley* (MILAB-Entführte); *Harlan Girard*, vom International Committee on Offensive Microwave Weapons für das Nachwort, Dokumente und Forschungsmaterial; unserem Lektor *Hermann Hemminger*; *Janine Jones* (*Mind-Control*-Opfer), für die Röntgenaufnahmen und die medizinischen Berichte über ihren Fall; *Rick Jones*, für die sehr gut gelungenen Illustrationen; dem Halluzinogenfachmann *Terence McKenna* für die Informationen über DMT-Auswirkungen; *Lisa* (MILAB-Entführte), für die Informationen aus ihrem persönlichen Tagebuch; *Dr. Kouguell* für die Durchführung der Hypnoseregressionen an Michelle; *Dr. Alvin Lawson*, für die Forschungsunterlagen und die Einsichtnahme in seine Studien zur Geburtstraumahypothese; *Melinda Leslie* (MILAB-Entführte), für die Forschungsunterlagen und Fotos; *Herr Maudi*; *Michelle* (MILAB-Entführte) für die Einsicht in ihre Hypnosemitschriften; *Robert Naeslund* (*Mind-Control*-Opfer), von der schwedischen Organisation *Gruppen* gegen *Mind-Control*-Experimente; *Dr. Richard Sauder*; *Lynne Moss-Sharman* (*Mind-Control*-Opfer/ ACHES-MC), für die Forschungsunterlagen und Informationen bezüglich geheimer Experimente; *Dipl.-Ing. Oliver Sidla*; *Christa Tilton* (MILAB-Entführte), für Fotomaterialien; *Tom Thulien* und AFS-DIALOG, für Fotomaterial; *Katharina Wilson* (MILAB-Entführte); der Traumatherapeutin *Valerie Wolf*; *Dan Wright*, dem Leiter des MUFON Abduction Transcription Project, für die Unterstützung und die Bereitstellung von Daten aus seiner Studie; *Mag. Dipl.-Ing. Hannes Fürpaß* und *Mag. Martina Manges-Fürpaß*, für Korrekturarbeiten an dem Manuskript, sowie allen weiteren Forschern und Opfern, die an diesem Buch teilnahmen oder behilflich waren.

UFO-Organisationen

British UFO Research Association (BUFORA): 1 Woodhall Drive, Batley, West Yorkshire, WF17 7SW, England.
Center for the Study of Extraterrestrial Intelligence (CSETI): CSETI, P.O. Box 587, Englewood CO 80151, U.S.A., http://www.cseti.com.
Center for UFO Studies (CUFOS): 2547 West Peterson Avenue, Chicago, Illinois, 60659, U.S.A., http://www.cufos.com.
Deutschsprachige Gesellschaft für UFO-Forschung (DEGUFO): P.O. Box 2831, D-55516 Bad Kreuznach, Deutschland.
Fund For UFO Research (FUFOR): P.O. Box 277, Mount Rainier, Maryland 20712, U.S.A., http://www.fufor.org.
Mutual UFO Network (MUFON): 103 Oldtowne Road, Seguin, Texas 78155-4099, U.S.A., http://mufon.com.
Mutual UFO Network Central European Section (MUFON-CES): Bahnhofstraße 5, D-83620 Feldkirchen-Westerham, Deutschland.
Society for Scientific Exploration (SSE): P.O. Box 5848, Stanford, CA 94309-5848, U.S.A., http://www.jse.com.
Quest International: Lloyds Bank Chambers, West Street, Ilkley LS29 9DW, West Yorkshire, England, http://www.ufomag.co.uk.

UFO-Journale/UFO-Informationen

DEGUFORUM (DEGUFO): P.O. Box 2831, D-55516 Bad Kreuznach, Deutschland.
International UFO Reporter (CUFOS): 2547 West Peterson Avenue, Chicago, Illinois, 60659, U.S.A.
MUFON UFO Journal (MUFON): 103 Oldtowne Road, Seguin, Texas 78155-4099, U.S.A., http://mufon.com.
MUFON-CES Berichte (MUFON-CES): Gerhart-Hauptmann-Straße 5, D-83620 Feldkirchen-Westerham, Deutschland.
Journal of Scientific Exploration (SSE): P.O. Box 5848, Stanford, CA 94309-5848, U.S.A., http://www.jse.com.
Wilson, Katharina: Puzzle Publishing, P.O. Box 230023, Portland, OR 97281-0023, U.S.A., World Wide Web: http://alienjigsaw.com.
UFO MAGAZINE (Quest International): Lloyds Bank Chambers, West Street, Ilkley LS29 9DW, West Yorkshire, England, World Wide Web: http://www.ufomag.co.uk.
UFO Reality: P.O. Box 1998, Glastonbury, Somerset, BA6 9FE, England.
UFO Times (BUFORA): BM BUFORA, WC1N 3XX, England.
Flying Saucer Review: FSR Publications Ltd., P.O. Box 162, High Wycombe, Buckinghamshire, HP13 5DZ, England.
UFO-Kurier: Kopp Verlag, Hirschauer Straße 10, D-72108 Rottenburg, Deutschland, World Wide Web: http://www.ufos.de.
Wissenschaft ohne Grenzen: WOG-Verlag, Weisser Stein 11, D-07973 Greiz, Deutschland.
Jones, Rick: Cartoons & Illustration for Printed Media, 38 ODO Road, Dover, Kent CT17 0DP, England.

Organisationen gegen Mind-Control-Experimente

Advocacy Committee for Human Experimentation Survivors-Mind-Control (ACHES-MC): P.O. Box 108, Syosset N.Y. 11791, U.S.A., http://www.aches-mc.org.
Gruppen: P.O. Box 136, 114 79 Stockholm, Schweden.
Freedom of Thought Foundation: P.O. Box 35072, Tucson, Arizona, 85740-5072, U.S.A.
International Committee on Offensive Microwave Weapons: P.O. Box 58700, Philadelphia, P.A. 19102-8700, U.S.A.
Human Rights Watch: c/o Mr. William Arkin, 1522 K St, NW 910 Washington, DC 20005-1202, U.S.A.
ai amnesty international: Apostelgasse 25–27, A-1030 Wien.

Informationen über Mind-Control-Experimente

Mind-Control-Forum: World Wide Web: http://www.mk.net/~mcf.
MindNet Journal: Ftp Archive site: ftp://idiom.com/users/veri-comm/mindnet/.
Vericomm: P.O. Box 23314, Oakland, CA 94604-2314, U.S.A.
Wilson, Katharina: Project Open Mind, Puzzle Publishing, P.O. Box 230023, Portland, OR 97281-0023, U.S.A., World Wide Web: http://alienjigsaw.com.
BoycotBrazil: World Wide Web: http://members.aol.com/Brazil-Byct.
Kats Family: World Wide Web: http://www.jps.net/edwardj

Bibliographie

Literatur zum Vorwort

1 Prince, Morton: *A World Consciousness and Future Peace,* Talk before The Concordia Association of Japan in Tokyo at a garden party given by Baron Shibusaya, 13. Juni, 1916, published in: The Journal of Abnormal Psychology, 1917.

2 Hund, Linda: *Secret Agenda*, St. Martin's Press, New York, 1991.

3 US-Army-Dokumente über PSYWAR-Operationen, erhalten durch den Freedom of Information Act (FOIA).

4 Estabrooks, George H.: Brief an den Direktor der Royal Canadian Mountain Police (RCMP), Superintendent E. W. Bavin, 7. Oktober, 1940.

5 Estabrooks, George H.: *The Possible Use of Hypnotism*, *Personality*, Symposia on Topical Issues, 1, 294, 1951.

6 Ambassador James Conant to Secretary of State, State Department Operation *Paperclip* microfiche, Civil Reference Brance, RG59, NARS, 13. Juli, 1956.

7 Harrock, Nicholas: *CIA Documents Tell of 1954 Project to Create Involuntary Assassins*, The New York Times, 9. Februar, 1978.

8 Estabrooks, George, H., und Gross, Nancy, E.: *The Future of the Human Mind*, Dutton and Inc., New York, 1961.

Literatur zur Einleitung

1 Lammer, Helmut und Lammer, Marion: *Verdeckte Operationen: Militärische Verwicklungen in UFO-Entführungen*, Herbig, München, 1997.

2 *Schweden: 4500 gegen ihren Willen gehirnoperiert*, Kurier, Wien, Dienstag 7. April, 1998.

3 *An Tausenden Patienten: Hirnoperationen an Ahnungslosen*, Kleine Zeitung, 9. April, 1998.

4 Weiner, Tim: *Blank Check – The Pentagon's Black Budget*, New York, Warner Books, 1991.

[5] Lammer, Helmut und Sidla, Oliver: *UFO-Geheimhaltung: Die Hintergründe des weltweiten Komplotts,* Herbig, München, 1995 (als Taschenbuch: Wilhelm Heyne Verlag, München, 1996).
[6] Lammer, Helmut und Sidla, Oliver: *UFO-Nahbegegnungen: Unidentifizierte Flugobjekte hinterlassen Spuren,* Herbig, München, 1996 (als Taschenbuch: Wilhelm Heyne Verlag, München, 1998).
[7] Osborne, William B. (LTC), Bethel, Scott A. (Maj), Chew, Nolen R. (Maj), Nostrand, Philip M. (Maj), Whitehead, Yulin G. (Maj): *Information Operations: A New War Fighting Capability. A Research Paper Presented to Air Force 2025*, August, 1996.
[8] *Remarks by the President at 1997 Medals of Science and Technology Awards Ceremony*, White House Briefing Room, The White House Office of Press Secretary, December 16, 1997.
[9] Bochdansky, Alexander: *Ein Chip im Kopf schlägt Alarm*, Modern Times, ORF 2, 9. Januar, 1998.
[10] *Microchips to Help to Keep track of Lost Pets.* CNN, Science and Technology, Reuters, 15. Januar, 1998.
[11] *Gadget Warefare: High-tech Anti-terrorism*, CNN, Science and Technology, 6. Januar, 1998.
[12] Lammer, Helmut: *Preliminary Findings of Project MILAB: Evidence for Military Kidnappings of Alleged UFO-Abductees*, MUFON UFO Journal, Nr. 344, Dezember, 1996.
[13] Lammer, Helmut: *More Findings of Project MILAB: Looking Behind in the Alien/Military Abduction Agenda*, MUFON UFO Journal, Nr. 355, November, 1997.

I Von Atombomben, Psychotronik, Antigravitation, verschwundenen Schiffen und Experimenten mit Raum und Zeit

[1] Weiner, Tim: *Blank Check – The Pentagon's Black Budget*, New York, Warner Books, 1991.
[2] Victorian, Armen: *The Department of Energy's Guinea Pigs: A Preliminary Report*, Lobster 27, Juni 1994.
[3] Toohey, Cacic, Oldham, Larsen: *The Concentration of Plutonium in Hair Following Intravenous Injection*, Health Physics, Vol. 40, 881–886, DOE-Albuquerque Field Office Record, 1981.

[4] Voltz, Stebbings, Hempelman, Haxton, Tork: *Studies on Persons Exposed to Plutonium*, International Atomic Energy Authority, SM-224/508, 13–17, März, 1978.

[5] Victorian, Armen: *The CIA and Radiation Experiments on Humans*, Lobster 32, Dezember 1996.

[6] Faden, Ruth R.: *Human Radiation Interagency Working Group*, Chair of the Advisory Committee on Human Experiments, Oktober 1995.

[7] Ostrander, Sheila und Schroeder, Lynn: *Psychic Discoveries*, Marlowe and Company, New York, 1970, 1997.

[8] Bloom, Christopher: *Soviet Psychic Warfare?* in: *Psychic Warfare Fact or Fiction?* Biddles Limited, England, 1988.

[9] Bearden, Thomas E.: *Soviet Psychotronic Weapons: A Condensed Background*, in: *Psychic Warfare Fact or Fiction?* Biddles Limited, England, 1988.

[10] Thomas, Timothy L.: *The Mind has no Firewall*, PARAMETERS, US Army War College Quarterly, Vol. XXVIII, Nr. 1, Frühjahr 1998.

[11] Chernishev, I.: *Can Rulers Make Zombies and Control the World?* Orienteer, Februar 1997.

[12] Lammer, Helmut und Lammer, Marion: *Verdeckte Operationen: Militärische Verwicklungen in UFO-Entführungen*, Herbig, München, 1997.

[13] Electroportantion, Project Code 441k708-04, The Atlantic, Vol. 259, März 1987.

[14] Bank, Harvey: *Selective Destruction of Bacteria and Cancer Cells Using Modulated Light*, Journal of the United States Psychotronics Association, Nr. 6, 1993.

[15] Hill, Paul R.: *Unconventional Flying Objects – A Scientific Analysis*, Hampton Roads Publishing Company Inc., 1995.

[16] *Man Knocked Down*, APRO Bulletin, Januar-Februar, 1971.

[17] Lorenzen, Coral und Lorenzen, Jim: *UFO: The Whole Story*, New York, Signet Books, 1969.

[18] Skeggs, Pete: *Quantum Cavorite-Gravity Shielding and Superconductors: The Podkletnov Experiments:* http://www.inetarena.com/~noetic/pls/gravity.html, 7. November 1997–1999.

[19] Lammer, Helmut und Sidla, Oliver: *UFO-Geheimhaltung: Die Hintergründe des weltweiten Komplotts*, Herbig, München, 1995 (als Taschenbuch: Willhelm Heyne Verlag, München, 1996).

[20] Campbell, Glenn: Persönliches Gespräch mit Dr. Lammer, 1996.
[21] Zunneck, Karl-Heinz: *Geheimtechnologien, Wunderwaffen und die irdischen Facetten des UFO-Phänomens – 50 Jahre Desinformation und die Folgen*, CTT-Verlag, Stadelstraße 16, D-98527 Suhl, 1998.
[22] Coats, Callum: *Who was Victor Schauberger? – Part 1*, NEXUS, New Times Magazine, Vol. 3, Nr. 3, April-Mai, 1996.
[23] Coats, Callum: *Who was Victor Schauberger? – Part 2*, NEXUS, New Times Magazine, Vol. 3, Nr. 4, Juni-Juli, 1996.
[24] *Die Realität der Deutschen Flugscheiben*, WOG-Exklusivinterview mit Joseph Andreas Epp, dem deutschen Erfinder und Konstrukteur der Flugscheiben, Wissenschaft ohne Grenzen, Nr. 2, April, Mai, Juni, 1997.
[25] Brown, Townsend T.: *How I Control Gravity*, in: *Anti-Gravity and the Unified Field*, Adventures Unlimited Press, Stelle, Illinois 60919, 1992.
[26] King, Moray, B.: *Is Artificial Gravity Possible?* In: *Anti-Gravity and the Unified Field*, Adventures Unlimited Press, Stelle, Illinois 60919, 1992.
[27] Vesco, Renato and Childress, Hatcher, D.: *Man-Made UFOs 1944–1994: 50 Years of Suppression*, AUP, Publishers Network, 1994.
[28] Beck, H.: *The Generation of Antigravity*, in: *Interdisciplinary UFO Research*, MUFON-CES-Report Nr. 11, 1993.
[29] Berlitz, Charles und Moore, William, L.: *Das Philadelphia-Experiment*, Knaur, München, 1982.
[30] Zeilinger, Anton: *Fundamentals of Quantum Information*, Physics World, März, 1998.
[31] Hagley, E., Maitre, X., Nogues, G., Wunderlich, C., Brune, M., Raimond, J., M., Haroche, S.: *Generation of EPR Pairs of Atoms*, Phys. Rev. Lett., Vol. 79, 1–5, 1997.
[32] Vallée, Jacques: *Anatomie eines Schwindels: 50 Jahre nach dem Philadelphia-Experiment*, Wissenschaft ohne Grenzen, Nr. 3, 1996.
[33] Vallée, Jacques: *Hoaxed Science and UFO Community with His Anatomy,* World of the Strange, Weekly Newsletter of the Paranormal, 29. Juni, 1998.
[34] Mullins, Justin: *The Vanishing Point*, New Scientist, Nr. 2111, 6. Dezember, 1997.
[35] Preston, Nichols und Moon, Peter: *The Montauk Project: Experiments in Time*, Sky Books, 1992.

[36] Preston, Nichols und Moon, Peter: *Montauk Revisited: Adventures in Synchronisity*, Sky Books, 1994.
[37] Preston, Nichols und Moon, Peter: *Pyramids of Montauk: Explorations in Consciousness*, Sky Books, 1995.
[38] Preston, Nichols und Moon, Peter: *Encounter in the Plejades: An Inside Look at UFOs*, Sky Books, 1996.
[39] Preston, Nichols und Moon, Peter: *The Black Sun: Montauk's Nazi-Tibetan Connection*, Sky Books, 1997.
[40] Peat, David, F.: *Superstrings: And the Search for the Theory of Everything*, Abacus, London, 1995.
[41] Walker, Gabrielle: *Here Comes Hypertime*, New Scientist, Nr. 2106, 1. November, 1997.
[42] Brown, Julian: *Faster than the Speed of Light*, New Scientist, Nr. 1971, 1. April, 1995.
[43] Chown, Marcus: *Planes, Trains and Wormholes*, New Scientist, Nr. 2022, 23. März, 1996.
[44] Alexander, John B.: *The New Mental Battlefield: Beam me up Spock*, Military Review, Dezember 1980.
[45] Meckelburg, Ernst: *PSI-Agenten*, Langen Müller, München, 1994.
[46] Gruber, Elmar: *Die PSI-Protokolle*, Langen Müller, München, 1997.
[47] Ralphs, John D.: *Exploring the Fourth Dimension*, Quantum, London, New York, 1992.
[48] Talbot, Michael: *The Holographic Universe*, HarperCollins, 1992.
[49] Lammer, Helmut und Lammer, Marion: *Der Entführungsfall Michelle: Einblicke in das wahre Montauk-Projekt*, UFO-Kurier, Nr. 38, Dezember, 1997.
[50] Michelle: Persönliche Mitteilungen und Kopie der Hypnosemitschriften, 1997.
[51] Grof, Stanislav: *Realms of the Human Unconscious – Observations from LSD Research*, The Viking Press, New York, 1975.
[52] Lilly, John: *The Scientist: A Metaphysical Autobiography*, Ronin Publishing, 1997.
[53] Jones, Scott, C. B.: *UFO Matrix of Believes*, Human Potential Foundation, Oktober, 1992.
[54] Lammer, Helmut und Sidla, Oliver: *UFO-Nahbegegnungen: Unidentifizierte Flugobjekte hinterlassen Spuren*, Herbig, München, 1996 (als Taschenbuch: Willhelm Heyne Verlag, München, 1998).

II Psycho-Spione

1 Lammer, Helmut und Lammer, Marion: *Verdeckte Operationen: Militärische Verwicklungen in UFO-Entführungen*, Herbig Verlag, München, 1997.

2 *Report: Nazis Entered Argentinia with Red Cross Passports*, CNN World News, 9. März, 1998.

3 Hunt, Linda: *The Secret Agenda: The United States Government, Nazi Scientists and Project Paperclip*, 1945 to 1990, St. Martin's Press, New York, 1991.

4 Bronskill, Jim: *Manchurian Candidates of Our Own: When RCMP Flirted With Brainwashing*, The Ottawa Citizen, 28. Dezember, 1997.

5 Estabrooks, George H. und Gross, Nancy E.: *The Future of the Human Mind*, Dutton and Co., Inc., New York, 1961.

6 Lockridge, Richard und Estabrooks, George H.: *Death in the Mind*, Dutton E. P. and Company, Inc., New York, 1945.

7 Estabrooks, George H.: *Hypnosis Comes of Age*, Colgate College, Hamilton, New York, Science Digest, April 1971.

8 Ross, Colin: *The CIA and Military Mind-Control Research: Building the Manchurian Candidate*, CKLN-FM 88.1, Toronto Kanada, 16., 23., 30. März, 1997.

9 Lammer, Helmut: *Bio-Chips: Wächter für unsere Gesundheit oder Wegbereiter für eine kontrollierte Gesellschaft?* Wissenschaft ohne Grenzen, 3. Jahrgang, Nr. 2, April, Mai, Juni, 1998.

10 Bochdansky, Alexander: *Ein Chip im Kopf schlägt Alarm*, Modern Times, ORF 2, 9. Januar, 1998.

11 Ross, Colin: *The CIA and Military Mind-Control Research: Building the Manchurian Candidate*, 18. April, 1996, held at: The 9th Annual Western Clinical Conference on Trauma and Dissociation TRAUMA and MEMORY, Clinical Implications for Treatment, April 17.–20., 1996.

12 Boward, Walter H.: *Operation Mind-Control*, Researchers Edition, Tucson Arizona, 18. Juni, 1996.

13 Marks, John: *The Search for the Manchurian Candidate: The CIA and Mind-Control – The Secret History of the Behavioral Sciences*, Norton and Company, 1979.

14 Schnabel, Jim: *Remote Viewers: The Secret History of America's Psychic Spies*, Dell Books, Februar, 1997.

[15] CIA-Dokument vom Projekt *ARTICHOKE* über den Einsatz von experimenteller Hypnose, 6. April, 1954.

[16] Die Autoren lasen über 300 durch das FOIA-Gesetz freigegebene CIA-*Mind-Control*-Dokumente, die sie vom Adcovacy Committee for Human Experimentation Survivors-*Mind-Control* (ACHES-MC) erhielten.

[17] CIA-Dokument vom Projekt *ARTICHOKE* über ein Hypnoseexperiment in einem Safe House, 20.–23. Januar, 1955.

[18] Moss-Sharman, Lynne: *Nancy Drew Meets the Exorcist*, The Stone Angels, 369 Pearl St. 2, Thunder Bay, Ontario, Kanada, P7B 1E9, 20. Januar, 1996.

[19] Moss-Sharman, Lynne: Persönliche Mitteilungen an die Autoren.

[20] Scheflin, Alan: *The History of Mind-Control: What we can prove and what we can't*, CKLN-FM 88.1, Toronto Kanada, 13. Januar, 1998.

[21] Wolf, Valerie: Presentation at Believe the Children Conference Chicago, April, 1997.

[22] Denicola, Chris: Transcript of Testimony given by Chris Denicola and Valerie Wolf to the Advisory Committee on Human Radiation Experiments, Washington, D.C., 15. März, 1995.

[23] Mullen, Claudia: Transcript of Testimony given by Claudia Mullen and Valerie Wolf to the Advisory Committee on Human Radiation Experiments, Washington, D.C., 15. März, 1995.

[24] Wolf, Valerie: Persönliche Mitteilungen an die Autoren.

[25] Wolf, Valerie: Transcript of Testimony given by Valerie Wolf to the Advisory Committee on Human Radiation Experiments, Washington, D.C., 15. März, 1995.

[26] Hammond, Corydon D.: *Hypnosis in MPD: Ritual Abuse*, Fourth Annual Eastern Regional Conference on Abuse and Multiple Personality, 25. Juni, 1992.

[27] Hammond, Corydon D.: *The Greenbaum Speach*, Fourth Annual Eastern Regional Conference on Abuse and Multiple Personality, 25. Juni, 1992.

[28] Lovern, John D.: *Spin Programming: A Newly Uncovered Technique of Systematic Mind-Control*, 5. Februar, 1993.

[29] *Reports on Government-Sponsored Remote-Viewing Programs*, Journal of Scientific Exploration, Vol. 10, Nr. 1, 1996.

[30] Gresch, Hans-Ulrich: *Mind Control and the Satanic Cult of National Security: Memories of a Victim*, Nürnberg, Oktober, 1995.

[31] Gresch, Hans-Ulrich: Persönliche Mitteilungen an die Autoren.
[32] Osrander, Sheila und Schröder, Lynn: *Psychic Discoveries*, Marlow and Company, New York, 1997.
[33] Gruber, Elmar R.: *Die PSI-Protokolle*, Langen Müller, München, 1998.
[34] Mind Control Survivor Testimony: A Conformist Special, 15. April, 1998.
[35] Cavoustie, Blanche: Advocacy Committee for Human Experimentation Survivors-*Mind-Control*: Videotaped Request for Presidential Hearing on *Mind-Control* Experiments on Human Subjects, P.O. Box 108, Syosset, New York, 26. Mai, 1997.
[36] Cavoustie, Blanche: Persönliche Mitteilungen an die Autoren.
[37] Lammer, Helmut und Sidla, Oliver: *UFO-Nahbegegnungen: Unidentifizierte Flugobjekte hinterlassen Spuren*, Herbig, München, 1996 (als Taschenbuch im Heyne Verlag, München, 1998).
[38] Murphy, Michael R.: *Biological Effects of Non-Lethal Weapons: Issues and Solutions*, Directed Energy Bioeffects Division, Human Effectiveness Directorate, Air Force Research Laboratory, Brooks Air Force Base, Texas 78235-5102, USA, Februar 1998.
[39] Girard, Harlan: Brief an den Internationalen Direktor des Mutual UFO Networks (MUFON), Walter Andrus, bezüglich angeblicher Waffentests an Besuchern von UFO-Konferenzen, International Committee on Offensive Microwave Weapons, P.O. Box 58700, Philadelphia, PA, 19102-8700, 18. Dezember, 1996.
[40] Girard, Harlan: Persönliche Mitteilungen an die Autoren.

III Satanische Alien-Projekte

[1] Ross, Colin: Persönliche Mitteilungen an die Autoren.
[2] Wolf, Valerie: Persönliche Mitteilungen an die Autoren.
[3] Grandt, Guido und Grandt, Michael: *Schwarzbuch Satanismus: Innenansicht eines religiösen Wahnsystems*, Pattloch Verlag, Augsburg, 1995.
[4] Lammer, Helmut und Lammer, Marion: *Verdeckte Operationen: Militärische Verwicklungen in UFO-Entführungen*, Herbig Verlag, München, 1997.
[5] Ross, Colin: *The CIA and Military Mind-Control Research: Buil-*

ding the Manchurian Candidate, CKLN-FM 88.1 Toronto, 16., 23., 30., März 1997.

[6] Boward, Walter: *Operation Mind-Control*, Researchers Edition, 18. Juni, 1996.

[7] Katherine, Sullivan: Persönliche Mitteilungen an die Autoren.

[8] Katherine, Sullivan: Interview with Wayne Morris, CKLN 88.1 FM, Ryerson Polytechnical University, Toronto Ontario, Kanada, 1998.

[9] McKinney, Julianne: *Microwave Harassment and Mind-Control Experimentation*, Dezember, 1992.

[10] Aquino, Michael A.: *From PSYOP to MindWar: The Psychology of Victory*, submitted to Military Review and Parameter, Publications of the U.S. Army War College, 1981.

[11] *The Second Beast of Revelation*, Newsweek, November, 1987.

[12] Army Intelligence Document, Memo for the File, Intelligence: Temple of Seth, 21. Juli, 1981.

[13] Dean, Gwen L.: *Comparison of Abduction Accounts with Ritual Maltreatment,* in: *Alien Discussions Proceeding of the Abduction Study Conference helt at MIT*, North Cambridge Press, Post Office Box 241, Cambridge, MA 02140, 1994.

[14] Hendry: *The UFO Handbook*, 1979.

[15] Bullard, Thomas E.: *UFO Abductions: The Measure of a Mystery; Volume 1 and* 2, Fund For UFO Research (FUFOR), P.O. Box 277, Mount Rainier, Maryland 20712, USA.

[16] *Psychologie: Feld voller Fußangeln*, Der Spiegel, 31/1994.

[17] Marks, John: *The Search for the Manchurian Candidate*, Norton, London, 1991.

[18] Constantine, Alex: *Psychic Dictatorship in the USA*, Feral House, P.O. Box 3466, Portland, OR 97208, 1995.

[19] Winkelmann, Frank: *Die magische Welt: Der Schamane, die Hexe und die Geister*, in: Anno Domini Jahrbuch 1998, könig communication, Greiz, 1998.

[20] Springmeier, Fritz und Wheeler, Cisco*: The Illuminati Formula Used to Create an Undetectable Total Mind-Control Slave*, Vol. 2, Springmeier and Wheeler, 1996.

[21] Hund, Linda: *Secret Agenda: The United States Government, Nazi Scientists and Project Paperclip, 1945 to 1990*, St. Martin's Press, New York, 1990.

[22] U.S. Army Intelligence Document: *Witchcraft, Sorcery, Magic, and*

Other Psychological Phenomena and their Implications on Military and Paramilitary Operations in the Congo, 1964.
[23] Lilly, John: *Deep Shelf: Profund Relaxation and the Tank Isolation Technique*, Simon and Schuster, New York, 1977.
[24] Lilly, John: *The Scientist: A Metaphysical Autobiography*, Ronin Publishing Inc., Berkeley, 1988.
[25] Cohn, Gary und Thompson, Ginger: *Series about CIA's Covert Involvement in Latin America*, Baltimore Sun, Juni, 1995.
[26] CIA guidebook on interrogation, KUBARK Counterintelligence Interrogation, 1963.
[27] Wright, Dan: Persönliche Mitteilungen an die Autoren.
[28] Lisa: Persönliche Mitteilungen an die Autoren.
[29] Carlsberg, Kim: *Beyond my Wildest Dreams*, Bear and Company Publishing, Santa Fe, New Mexico, 1995.
[30] *Fluid Breathing*, Science Web, Starry Messenger Communications Feedback, 1996.
[31] McKenna, Terence: *Tryptamine Hallucinogens and Consciousness*, Talk held at the Lilly/Goswami Conference on Consciousness and Quantum Physics at Esalen, Dezember, 1983.
[32] McKenna, Terence: Persönliche Mitteilungen an die Autoren.
[33] *Enter the DMT Room*, DMT/Harmaline Reports, Juli, 1993.
[34] Zarkov: *A Hit of DMT*, 10. September, 1984.
[35] Lawson, Alvin H.: *The Birth Memories Hypothesis: A Testable Theory for UFO Abduction Reports*, alaw@pipeline.com, http://www.geocities.com/Area51/Vault/6521, 1998.
[36] Grof, Stanislav: *Realms of the Human Unconscious: Observations in LSD Research*, The Viking Press, New York, 1967.
[37] *Alien Discussions Proceeding of the Abduction Study Conference helt at MIT,* North Cambridge Press, Post Office Box 241, Cambridge, MA 02140, 1994.
[38] Jacobs, David M.: *Secret Live: Firsthand Accounts of UFO Abductions*, Simon and Schuster, New York, 1992.
[39] Mack, John E.: *Abduction: Human Encounters with Aliens*, Simon and Schuster, New York, 1994.
[40] Lawson, Alvin H.: Persönliche Mitteilungen an die Autoren, alaw@pipeline.com.
[41] Ludwiger, Illobrand von: Vortrag auf der MUFON-CES-Tagung in Reutlingen, November, 1997.

[42] Lammer, Helmut und Sidla, Oliver: *UFO-Nahbegegnungen: Unidentifizierbare Flugobjekte hinterlassen Spuren*, Herbig Verlag, München, 1996 (als Taschenbuch bei Heyne, 1998).

[43] Brenda: Persönliche Mitteilungen an die Autoren.

[44] Leslie, Melinda: Persönliche Mitteilungen an die Autoren, Hypnosemitschriften und Tonbänder.

[45] Haley, Leah: Persönliche Mitteilungen an die Autoren und Hypnosemitschriften.

[46] Turner, Karla: *Into the Fringe: A True Story of Alien Abduction*, Berkley Books, New York, 1992.

[47] Michelle: Persönliche Mitteilungen an die Autoren und Hypnosemitschriften.

[48] Lisa: Persönliche Mitteilungen an die Autoren und Tagebuchaufzeichnungen.

[49] Lammer, Helmut: *Preliminary Findings of Project MILAB: Evidence for Military Kidnappings of Alleged Alien Abductees*, MUFON UFO Journal, Nr. 344, Dezember, 1996.

[50] Lammer, Helmut: *More Findings of Project MILAB: Looking Behind the Alien/Military Abduction Agenda*, MUFON UFO Journal, Nr. 355, November, 1997.

[51] Wilson, Katharina: Persönliche Mitteilungen an die Autoren und Tagebuchaufzeichnungen, http://www.*Alien*jigsaw.com.

[52] *Ritual Abuse and Mind-Control in the Modern Age*, The Stone Angels, Thunder Bay, Ontario, Vol. 6(a), 31. Januar, 1996.

[53] Advocacy Committee for Human Experimentation Survivors-Mind Control, Videotaped Request for Presidential Hearing on *Mind-Control* Experiments on Human Subjects, 26. Mai, 1997.

[54] Carlsberg, Kim: Tagebuchaufzeichnungen und Ausschnitte, die in dem Buch »Beyond my Wildest Dreams« veröffentlicht sind, Bear and Company Publishing, Santa Fe, New Mexico, 1995.

[55] Wright, Dan: Five Themes: *Further Findings of the Abduction Transcription Project*, in: 50th Anniversary of UFOlogy, MUFON International Symposium Proceedings, Grand Rapids, Michigan, 11.–13. Juli, 1997.

[56] Amy: Persönliche Mitteilungen an die Autoren und Tagebuchaufzeichnungen.

[57] Putnam, F. W.: *Diagnosis and Treatment of Multiple Personality Disorder*, Guilford, New York, 1989.

[58] Hammond, Corydon, D.: *Hypnosis in MPD: Ritual Abuse*, delivered at the Fourth Annual Eastern Regional Conference on Abuse and Multiple Personality, held at the Radisson Plaza Hotel, Mark Center, Alexandria, Virginia, 25. Juni, 1992.
[59] Fowler, Raymond E.: *The Andreasson Legacy: UFOs and the Paranormal – The Startling Conclusion of the Andreasson Affair*, Marlowe and Company, New York, 1997.
[60] Jacobs, David M.: *The Threat: The Secret Agenda – What the Aliens Really Want... And How They Plan to Get it*, Simon and Schuster, New York, 1998.
[61] Persönliche Mitteilungen an die Autoren, von mehreren Personen, die militärische Kidnappings erlebten.
[62] Alexander, Victoria: *MILAB Misdemeanor?* MUFON UFO Journal, Nr. 346, Februar, 1997.
[63] Stoecker, William B.: *MILABs*, MUFON UFO Journal, Nr. 347, März, 1997.
[64] Wilson, Katharina: *MILAB Misdemeanor? Rebuttal*, MUFON UFO Journal, Nr. 348, April, 1997.
[65] Lammer, Helmut: *Awaits Another AAA*, MUFON UFO Journal, Nr. 348, April, 1997.
[66] Thompson, Angela: *Multiple Entity Abuse (MEA)*, MUFON UFO Journal, Nr. 349, Mai, 1997.
[67] Alexander, John B.: *The New Mental Battlefield: Beam Me Up Spock*, Military Review, Vol. LX, Nr. 12, Dezember, 1980.

IV Bio-genetische Experimente und geheime Klon-Projekte

[1] Van der Gaag, Nikki: *Gene Dream*, The New Internationalist, Nr. 293, August, 1997.
[2] Desai, Sitaram: *Essence of Gandhi*, The New Internationalist, Nr. 293, August, 1997.
[3] Mead, Aroha Te Pareake: *Resisting the Gene Raiders*, The New Internationalist, Nr. 293, August, 1997.
[4] Lammer, Helmut und Lammer, Marion: *Verdeckte Operationen: Militärische Verwicklungen in UFO-Entführungen*, Herbig Verlag, München, 1997.
[5] Clay, Catherine und Leapman, Michael: *Master Race: The Lebens-*

born Experiment in Nazy Germany, Coronet Books, England, 1988.

[6] Bryce, Susan: *Governments vs the People*, Nexus, Vol. 5, Nr. 2, Februar/März, 1998.

[7] Hamann, Sibylle: *Hoher Seegang*, Profil extra, Stockholm, Folge 5, März, 1998.

[8] *Big Brother auf Island,* Der Spiegel, Nr. 28, 6. Juli, 1998.

[9] Kevles, Daniel J. und Hood, Leroy: *Der Supercode: Die Genetische Karte des Menschen*, Artemis Verlags GmbH, München, 1993.

[10] Kent, Theodore C.: *Genetic Engineering Yes, No or Maybe?*, Book-WorldPress, Inc., Sarasota, Florida, 1997.

[11] *Human Genome Program*, U.S. Department of Energy, Office of Energy Research, Office of Biological and Environmental Research, http://www.ornl.gov/hgmis, Oktober, 1997.

[12] Marks, John: *The Search for the Manchurian Candidate*, W. W. Norton and Company, New York/London, 1979.

[13] *Human Tissue Trade has Ethical*, Commercial and Military Implications, RAFI Press Release, 20. Mai, 1996.

[14] *Genkrieg*, Kleine Zeitung, Montag, 6. Oktober, 1997.

[15] Beardsley, Tim und Hoefer, Inge: *Entschlüsseltes Leben*, Spektrum der Wissenschaft, Juli, 1996.

[16] Horowitz, Leonard G.: *Emerging Viruses: Aids and Ebola – Nature, Accident or Intentional?*, Tetrahedron, Inc., Rockport, USA, 1997.

[17] Hornblum, Allen M.: *Skin Trade*, Philadelphia's Largest Weekley, Vol. XXVII Nr. 18, 6. Mai, 1998.

[18] Department of Defense Appropriations Hearings for 1970 on the Development of Immune-System Destroying Agents for Biological Warfare. Hearings Before a Subcommittee of the Committee on Appropriations House of Representatives for 1970.

[19] Lederberg, Joshua: *Biological Warfare: A Global Threat*, American Scientist, Vol. 59, Nr. 2, 1971.

[20] Robert, M. S., Smith, R. G., Gallo, R. C., Sarin, P. S. und Abrell, J. W.: *Viral and Cellular DNA Polymerase: Comparison of Activities with Synthetic and Natural RNA Templates*, Science, Vol. 176, 1972.

[21] Herrera, F., Adamson, R. H. und Gallo, R. C.: *Uptake of Transfer Ribonucleic Acid by Normal and Leukemic Cells*, Proc. Nat. Acad. Sci., Vol. 67, Nr. 4, 1970.

[22] Delora: Persönliche Mitteilungen an die Autoren.

[23] Leslie, Melinda: Persönliche Mitteilungen und Hypnosetonbänder.
[24] Buchmacher, Robert: *Copyshop des Lebens*, Profil, Nr. 10, 3. März, 1997.
[25] Kolata, Gina: *Dolly: Her True Story*, London Sunday Times, 19. Oktober, 1997.
[26] Krauthammer, Charles: *A Special Report on Cloning*, Time, 10. März, 1997.
[27] Cadbury, Deborah: *Headless Frog Opens Way for Human Organ Factory*, London Sunday Times, 19. Oktober, 1997.
[28] *Scientists Grow Monkeys from Cloned Embryos*, CNN-interactive, 2. März, 1997.
[29] *Coning Human Beings*, Report and Recommendations of the National Bioethics Advisory Commission, Rockville Maryland, Juni, 1997.
[30] *U.S. Scientist Wants to Clone Humans*, CNN-interactive, 6. Januar, 1998.
[31] *U.S. Scientist Seeks Patent to Bar Human-Animal Mix*, CNN-interactive, 2. April, 1998.
[32] *Rael Creates the first Human Cloning Company*, Press release from the Raelian Movement, 10. März, 1997.
[33] Dewitt-Elmer, Philip: *Cloning Human Embryos*, Time, 8. November, 1993.
[34] Wright, Dan: Persönliche Mitteilungen an die Autoren.
[35] Wright, Dan: *Five Themes: Further Findings of the Abduction Transcription Project*, in: 50th Anniversary of Ufology, MUFON International UFO Symposium Proceedings, 11.–13. Juli, 1997.
[36] GEO: *1976–1996: 20 Wiederbegegnungen*, Nr. 10, Oktober, 1996.
[37] *Here's Looking at You Kid*, New Scientist, Nr. 2092, 26. Juli, 1997.
[38] Hopkins, Budd: *Missing Time*, Ballantine Books, New York, 1981.
[39] Hopkins, Budd: *Eindringlinge*, Kellner, Hamburg, 1991.
[40] Jacobs, David M.: *Secret Life*, Fourth Estate Limited, England, 1993.
[41] Mack, John E.: *Abduction: Human Encounters with Aliens*, Simon and Schuster, London, New York, 1994.
[42] Tilton, Christa: Persönliche Mitteilungen an die Autoren.
[43] Future, Fantastic, PRO7, 18. Januar, 1998.
[44] Boyce, Nell: *Us and Them*, New Scientist, Nr. 2133, 9. Mai, 1998.

[1] McCall, Gene H. und Corder, John A.: *New World Vistas, Air and Space Power for the 21th Century,* A forcast of a potential future for the Air Force, 15. Dezember, 1995.

[2] Kelley, Jay W.: *Air Force 2025 Executive Summary*, Prepared by the 2025 Support Office Air University Air Education and Training Command, Air University Press, Maxwell Air Force Base, Alabama, August, 1996.

[3] Kelley, Jay W.: *Air Force 2025, The Alternative Futures*, Prepared by 2025 Support Office Air University Air Education and Training Command, Air University Press, Maxwell Air Force Base, Alabama, August, 1996.

[4] Varni, Jamie G. G., Powers, Gregory M., Crawford, Dan S., Jordan, Craig E., Kendall, Douglas L.: *Space Operations: Through the Looking Glass (Global Area Strike System)*, Prepared by the 2025 Support Office Air University Air Education and Training Command, Air University Press, Maxwell Air Force Base, Alabama, August, 1996.

[5] Delgado, José M. R.: *The Evolution of the Human Brain*, James Arthur Lecture, American Museum of Natural History, 6. Mai, 1965.

[6] Delgado, José M. R.: *Physical Control of the Mind: Toward a Psychocivilized Society*, Harper and Row, Publishers, New York, Evaston and London, 1969.

[7] Delgado, José M. R., Lipponen, Vaino, Weiss, Gerhard, Francisco del Pozo, Monteagudo, McMahon, Robert: *Two-Way Transdermal Communication with the Brain*, Medical University of Madrid, Spain, and Yale University Medical School, USA, 1975.

[8] Lammer, Helmut und Lammer, Marion: *Verdeckte Operationen: Militärische Verwicklungen in UFO-Entführungen,* Herbig Verlag, München, 1998.

[9] Parker, Terry: *ACHES-MC, Videotaped Request for Presidential Hearing on Mind-Control Experiments on Human Subjects*, 26. Mai, 1997.

[10] CIA-MKULTRA-Dokument über Gehirnimplantate zur Fernsteuerung und der Kontrolle von Lebewesen, 22. November, 1961.

[11] Thomas, Kenn und Lawrence, Lincoln: *Mind-Control, Oswald*

and JFK: Were we Controlled?, Adventure Unlimited Press, USA, 1997.

[12] Chaffee, E. L. und Light, R. U.: *A Method for the Remote Control of Electrical Stimulation of the Nervous System*, paper, 1934.

[13] Osborne, William B., Bethel, Scott A., Chew, Nolen R., Nostrand, Philip M., Whitehead, Yulin G.: *Information Operations: A New War Fighting Capability*, Prepared by the 2025 Support Office Air University Air Education and Training Command, Air University Press, Maxwell Air Force Base, Alabama, August, 1996.

[14] Lammer, Helmut: *Bio-Chips: Wächter für unsere Gesundheit oder Wegbereiter für eine kontrollierte Gesellschaft?* Wissenschaft ohne Grenzen, 3. Jahrgang, Nr. 2, April, Mai, Juni, 1998.

[15] Bochdansky, Alexander: *Ein Chip im Kopf schlägt Alarm*, Modern Times, ORF 2, 9. Januar, 1996.

[16] Scott, William B.: *Neurotechnologies Linked to Performance Gains*, Aviation Week and Space Technology, 15. August, 1994.

[17] *Does the United States really want a credible and effective International Criminal Court?* A Statement by the International Committee on Offensive Microwave Weapons, Philadelphia, 30. März, 1998.

[18] Frey, Allen H.: *Human Auditory System Response to Modulated Electromagnetic Energy*, J. Appl. Physiol., Vol. 17, 689-692, 1962.

[19] Wall, Judy: *U.S. Military Use of Mind-Control Weapons Confirmed*, 684, C.R. 535, Sumterville, Fl. 33585, USA, 1998.

[20] Issraelyan, V. L.: Letter from the representative of the Union of Soviet Socialist Republics to the Committee on Disarmament addressed to the chairman of the Committee on disarmament on the negotiations on the question of the prohibition of new types of weapons of mass destruction and new systems of such weapons, UN, 10. Juli, 1979.

[21] Pasternak, Douglas: *The Pentagon's quest for non-lethal arms is amazing. But is it smart?* U.S. News and World Report, 7. Juli, 1997.

[22] Thomas, Timothy L.: *The Mind has no Firewall*, PARAMETERS, U.S. Army War College Quarterly, Vol. XXIII, Nr. 1, Frühjahr, 1998.

[23] Jones, Janine: Persönliche Mitteilungen, inklusive medizinischer Statements bezüglich ihrer Implantate, an die Autoren.

Eine Bitte der Autoren

Wenn Sie selbst außergewöhnliche Erfahrungen, wie sie in diesem Buch geschildert wurden, hatten, schreiben Sie an:

Dr. Helmut Lammer und Marion Lammer
c/o Herbig Verlag
Thomas-Wimmer Ring 11
D-80539 München

Register

M

N

O

P

Q

R

S

T

U